F. W. Battenberg

Die alte und die neue Peterskirche zu Frankfurt am Main

F. W. Battenberg
Die alte und die neue Peterskirche zu Frankfurt am Main
ISBN/EAN: 9783743490895
Hergestellt in Europa, USA, Kanada, Australien, Japan
Cover: Foto ©ninafisch / pixelio.de

Manufactured and distributed by brebook publishing software (www.brebook.com)

F. W. Battenberg

Die alte und die neue Peterskirche zu Frankfurt am Main

Die alte und die neue

Peterskirche

zu

Frankfurt am Main

von

F. W. Battenberg
Pfarrer.

Leipzig,   Frankfurt a. M.,
Seeburgstraße 38.   Opernplatz 10.

Kesselringsche Hofbuchhandlung (E. v. Mayer)

===== Verlag. =====

1895.

Inhaltsverzeichnis.

		Seite
Vorrede		VII

1. Teil.
Die alte Peterskirche.

1. Kapitel.	Die „nuwe Stab Frangkford"	3
2. „	Die Vorgeschichte der Kirche	18
3. „	Der erste Zeitraum der eigentlichen St. Peterskirche 1417—1453	24
4. „	Die Peterskirche als katholische Kuratkirche von der Mitte des 15. Jahrhunderts (1453) bis zur Reformation (1531)	36
5. „	Johannes Lupi (Wolff), der erste Pfarrer der zur Kuratkirche erhobenen Peterskirche	59
6. „	Die Peterskirche während der Reformationsbewegung	67
7. „	Die Peterskirche als Bau; Reparaturen, Glocken, Kirchenschmuck	103
8. „	Über die Pfarrer und die kirchlichen Offizianten an der Peterskirche; auch Orgel und Musikwesen	130
9. „	Geldwesen der Kirche; Geldwert im 15. Jahrhundert	144
10. „	Der Peterskirchhof und die Peterskirche als Begräbnisstätte	161

2. Teil.
Die neue Peterskirche.

1. Kapitel.	Die Vorgeschichte der neuen Peterskirche	195
2. „	Bauausführung, Technisches, Werkmeister; Kosten	221
3. „	Beschreibung des fertigen Baues	245

		Seite
4. Kapitel.	Die Schenkungen und Stiftungen in der neuen Peterskirche	275
5. „	Die Backofen'sche Kreuzigungsgruppe auf dem Peterskirchhof	292
Anhang 1.	Stiftungsurkunde der Peterskirche vom Jahre 1417.	301
„ 2.	Bulle des Papst Nikolaus V., betr. die Erhebung der Peters- und Dreikönigskirche zur Pfarr= bezw. Curatkirche	305
„ 3.	Urkunde des Kardinallegats Nikolaus Cusanus, betr. die Gründung der Peterskirche	312
„ 4.	Amtseid des Pfarrers Wedekint vom J. 1475	317
„ 5.	Verzeichnis der Musikalien in den Frankfurter Kirchen	321
	Nachtrag	337

Vorrede.

Das vorliegende Büchlein ist zunächst bestimmt, als Festschrift zur Einweihung der neuen St. Peterskirche zu dienen. Die Stadt hat diese Kirche gebaut in Übereinstimmung mit der gesamten Bürgerschaft, welche ihre Sympathie für diesen Neubau von Anfang bis zu diesem Tag in lebhafter Weise bekundet hat. Reiche Schenkungen wurden ihr zuteil, sowohl in großem Maßstabe von Seiten begüterter Familien, als auch durch die kleineren und kleinsten Beiträge des Mittelstandes und selbst der Armen. Sogar aus der Fremde sandten uns dort lebende Frankfurter Gaben zur Ausschmückung dieses Baues, aus Liebe zu der alten Peterskirche, aus Liebe zur Vaterstadt.

Es ist im Augenblick, da wir diese Zeilen schreiben, noch nicht endgültig bestimmt, ob die alte St. Peterskirche wird abgerissen werden. Wir wünschen es mit derjenigen Pietät, in welcher auch ein guter Sohn seiner greisen Mutter das Ende wünschen kann, wenn einmal für sie ein lebenswertes Dasein doch nicht mehr möglich ist. Aber ob nun der alte Bau stehen bleibt oder abgerissen wird, jedenfalls wird er nach menschlichem Erwägen dem Gottesdienst der evang. luth. Gemeinde für immer entzogen sein, und wenn wir nun in den Neubau einziehen, so bedeutet dies zugleich einen Abschied von der alten St. Peterskirche. Wir nehmen diesen Abschied von einer Stätte reichen Gottessegens, welche der Geschichte eines halben Jahrtausends sich rühmen darf, nicht ohne innere Bewegung voll Dankes gegen Gott und in dem Gefühl einer gewissen Ehrfurcht vor dem alten Bau. Denn wenn irgend welche Gegenstände oder Bauten eine persönliche Teilnahme beanspruchen dürfen, so sind es solche Kirchen. Dem Zwecke entsprechend, für welchen sie bestimmt sind, bergen sie ein reiches Innenleben — verborgenes Leben in Gott! Wieviel Segen, wieviel Trost, wieviel Erhebung ein solches Kirchlein den wechselnden Geschlechtern gebracht habe, das weiß nur Gott allein; er allein kennt auch die Irrtümer, die Thorheiten, die Sünden, die Verzerrungen des Heiligen, deren sich in solch einem Kirchlein während des Laufes der Jahrhunderte die Menschenkinder schuldig gemacht haben.

Aber wie die Menschen, so hat auch eine solche Kirche ihr Außenleben. Sie ist Zeuge, oft auch Trägerin der Geschicke, welche das Leben der Menschen bewegen; was da draußen in der Welt vorgeht, das bringt zum guten Teil auch in ihre Hallen, bewegt die Herzen ihrer Besucher, findet seinen Ausdruck in deren Fühlen, Denken, Beten und Handeln. Es ist ja bekannt, einen wie wesentlichen Teil der Geschichte die Kirchengeschichte ausmacht, besonders im Mittelalter, wo die Kirche im Mittelpunkt alles öffentlichen Lebens steht. Was aber in dieser Hinsicht für die Beziehungen der Kirche und der Welt im Großen gilt, das gilt auch im Kleinen und zeigt sich in jedem einzelnen Ausschnitt des öffentlichen Lebens wieder.

In diesem Sinne wäre die Geschichte jeder Kirche ein Beitrag auch zu der Profangeschichte ihrer Umgebung, mittelbar also zur Weltgeschichte, wenn auch nur in dem Verhältnis, wie der Tropfen ein Teil des Meeres ist. Gilt dies aber im allgemeinen schon, so trifft es in ganz besonderem Maße und Grade für die Geschichte der Peterskirche zu: der aufmerksamere Leser dieses Büchleins wird bald den Eindruck gewinnen, daß diese Kirche, sowohl in ihrer Entstehung, als auch an den Hauptabschnitten ihrer Entwickelung in besonders inniger Beziehung zum Bürgertum steht. Mitglieder des Rates haben sie in ihren ersten Anfängen gestiftet. Der Rat und die Bürgerschaft haben sie weiterhin gefördert und zu höherer Rangstufe erhoben und das alles ohne Zuthun, ja zeitweilig unter dem Widerspruch und im ausgesprochensten Gegensatz zum Klerus. Hier spielte für Frankfurt ein Hauptteil jener Bewegung der Reformation sich ab, in welcher vor allem der Gegensatz der Gemeinde zur bevormundenden Priesterschaft sich geltend machte, und dieser Kampf endete, auch was diese Kirche angeht, mit dem Sieg des Gemeindeprinzips. Als sie dann später in Besitz der Protestanten überging, gewann diese Kirche insofern eine besondere Bedeutung für die Bürgerschaft, als ihr Friedhof die Grabstätte der protestantischen Bevölkerung der Stadt, sie selbst aber die letzte Ruhestätte für die Vornehmen, die Ratsmitglieder und die Angehörigen alter Geschlechter wurde, und wenn sie nun augenblicklich ihren Ersatz und somit ihr ideelles Fortleben in einem Neubau gefunden hat, welcher nicht nur für Frankfurt allein, sondern für ganz Mittelwestdeutschland eines der schönsten protestantischen Gotteshäuser bedeutet, — haben wir das nicht wieder der Bürgerschaft und ihrer Vertretung zu danken, welche in weitgehender Liberalität der Kirche zu diesem Bau die Mittel bewilligte, obwohl die Kultusbedürfnisse der Gemeinde auch auf weniger kostspielige Weise hätten befriedigt werden können? — So dürfen wir mit Stolz sagen: Gerade diese unsre Peterskirche ist von jeher so recht eigentlich eine Kirche des Rats und der Bürgerschaft Frankfurts gewesen, obwohl nicht sie, sondern die vor dem Römer liegende St. Nikolaikirche die offizielle Ratskapelle gewesen ist.

Oder sollte diese Auffassung nur durch den persönlichen Standpunkt des Autors gegeben oder beeinflußt sein? Er gesteht es, sein Ideal ist nicht Weltflucht, sondern Weltdurchdringung, nicht Priesterherrschaft, sondern das allgemeine Priestertum aller Gläubigen, nicht eine vermeintlich göttliche Kirche als Selbstzweck inmitten des heidnischen Staates, den sie zu beherrschen habe, sondern Kirche wie Staat als schwache, menschliche Mittel im Dienste des Gottesreiches, mit einem Wort, nicht das römisch-katholische, sondern das evangelische Ideal, so sehr auch in neuerer Zeit viele Protestanten, geblendet von den Erfolgen der römischen Kirche als Weltmacht, und wegen der Verquickung politischer Tendenzen mit den religiösen Bestrebungen, dieses römische Ideal sehnsüchtig verfolgen mögen.

Aber so gewiß es auch ist, daß jede Geschichtschreibung von der persönlichen Auffassung und Sinnesart ihrer Urheber mehr oder weniger bedingt ist, und daß es also eine durchaus objektive Geschichtschreibung überhaupt nicht giebt, so darf sich doch der Herausgeber das Zeugnis ausstellen, daß er mit redlichem Willen versucht hat, möglichste Objektivität zu erreichen. Er sah sich dabei um so mehr auf die reichen Quellen, die Urkunden unseres historischen Archivs der Stadt Frankfurt angewiesen, als zusammenhängende Darstellungen des in Rede stehenden Gebietes so gut wie vollständig fehlen. Nur für einzelne Fragen konnte er die gediegenen Bücher und Schriften von Männern wie Kirchner, Kriegk, Grotefend, Bücher, Steitz, Jung und andere benutzen. Gerade aber bei der Verwertung der sehr zahlreichen Originalurkunden wurde sich der Herausgeber der Unzulänglichkeit seiner Kraft so recht deutlich bewußt: denn Geschichte zu schreiben, ist doch recht eigentlich ebenso sehr Sache der Kunst in des Wortes höchster Bedeutung, wie es eine schwierige Aufgabe der Wissenschaft ist. Denn es gilt nicht nur die Thatsachen zu entwirren, und aus dem dunklen Schoß der Vergangenheit hervorzuheben und zu registrieren, sondern wie der Künstler den toten Stoff begeistigt und durchlebt, so muß auch der Historiker den geistigen Zusammenhang der einzelnen Thatsachen erschauen und darzustellen wissen, soll anders seine Arbeit den Anspruch auf bleibenden Wert gewinnen. So gewiß ich nun weiß, daß mir zu dieser hohen Aufgabe die Kraft gebricht, so sicher beherrscht mich das peinigende Gefühl, nur sehr Unzulängliches geschrieben zu haben, und ich bitte darum die Fachleute um freundliche Nachsicht mit dieser Lehrlingsarbeit. Denn was bleibt übrig, wenn solch eine Schrift der äußeren Veranlassung wegen überhaupt geschrieben werden muß, und es findet sich kein Meister, als daß ein Lehrling die Arbeit übernimmt, wenn auch streng genommen zur Geschichtschreibung nur Meister sollten zugelassen werden? Immerhin brachte ich es nicht über mich, etwa auf die Darstellung jenes geistigen Zusammenhangs vollständig zu verzichten, weil durch das bloße Registrieren der Thatsachen mein Schriftchen gar zu interesselos geworden wäre. Erst in dem geistigen Zusammenhang mit dem Benachbarten und dem Ganzen gewinnt das Einzelne Leben. Daher sah ich mich zu beständigen Ausblicken auf die Umgebung genötigt, und mein Büchlein gewann dadurch einen Umfang, den ich selbst ursprünglich nicht beabsichtigt hatte.

Auch die Ungleichmäßigkeit in der Bearbeitung einzelner Partien und Seiten wird sich auffällig bemerkbar machen. Von eigentlicher Geschichte der Peterskirche habe ich im Grunde genommen nur bis zum Jahr 1531 Wesentliches zu melden. Das erklärt sich aber z. T. aus dem Umstand, daß unsre Kirchen in Frankfurt von den Tagen der Reformation an nur noch eine sehr bedingte Selbständigkeit besitzen. Ihre Geschichte geht vielmehr von da an in der Geschichte unseres gesamten protestantischen Kirchenwesens auf. Dies letztere aber darzustellen, wäre zwar eine recht interessante und lohnende, zugleich aber auch eine recht schwierige Aufgabe, die wenn überhaupt, erst dann einigermaßen gelöst werden kann, wenn einmal das reiche Actenmaterial des luth. Prediger-Ministeriums auf unserem Archiv gesichtet und bearbeitet sein wird. Andererseits fließen die Quellen unserer Urkunden aus dem 17. und der ersten Hälfte des 18. Jahrhunderts überhaupt nicht mehr so reichlich, wie die früherer Zeit, und insbesondere fehlen Bauakten aus dieser Zeit vollständig.

Zu besonderem Dank fühle ich mich bei meiner Arbeit dem städtischen Archivar, Herrn Dr. Rudolf Jung, verpflichtet. Derselbe hat mir nicht nur das nötige Urkunden- und Aktenmaterial zur Verfügung gestellt, sondern mich auch in der, zumal für einen Neuling, recht schwierigen Entzifferung und Beurteilung alter Handschriften mit großer Freundlichkeit und Zuvorkommenheit unterstützt und mir über so manchen Stein des Anstoßes hinweggeholfen.

Das Vorhergesagte gilt alles nur für den ersten Teil meiner Arbeit, für die Geschichte der alten Peterskirche. Der zweite Teil, die Geschichte der neuen Kirche, war in sofern wesentlich leichter, als es sich hier nur um die Beurteilung des Gegenwärtigen handelt. Dagegen kamen hier vielfach Fragen so ausschließlich technischer Art in betracht, daß hierzu das Wissen eines Pfarrers nicht ausreicht. Für diese Partien suchte und fand ich den Rat und die Unterstützung von Fachleuten, wie des Herrn Walcker u. a., vor allem aber die thätige Mitarbeiterschaft des Architekten Herrn Claus Mehs, welcher mir den wesentlichen Stoff des zweiten und dritten Kapitels des zweiten Teiles geliefert hat.

Noch ist ein Wort über die Bilder in diesem Buch zu sagen.

Die Vignetten am Anfang der Vorrede und vor dem 1. Kapitel des 2. Teils, die beiden Schlußvignetten am Ende des ersten und des zweiten Teils, die Kopfleiste zu I, 3 und sämtliche Kopfleisten des 2. Teils enthalten in der Kirche selbst verwandte Motive und wurden nach Handzeichnungen der Herren Gathemann, Höck und Mehs gefertigt. Die übrigen Kopfleisten des 1. Teils sind im Original von der Meisterhand des Malers Seitz in München entworfen.. Die Clichés zu diesen Seitz'schen Kopfleisten, den Initialen sowie den Schlußvignetten sämmtlicher Capitel sind uns von dem Besitzer der Schriftgießerei Flinsch, Herrn Stadtrat Flinsch geschenkt worden, wofür wir demselben zu lebhaftem Danke verpflichtet sind. Die Bilder sind zu bei weitem dem größeren Teil von der Firma C. F. Fay, z. T. auch von anderen Photographen und von Herrn Linnemann junior aufgenommen, in der xylographischen Kunstanstalt des Herrn Closheim clichiert und durch Autotypie vervielfältigt.

Endlich ist noch die Deutung der Archivzeichen zu geben:
A. A. bedeutet Akten des Archivs betr. Peterskirche.
A. B.   „   Akten des Bartholomäusstifts.
B. B.   „   Bürgermeister-Bücher.
R. P. oder E. R. P. bedeutet Ratsprotokolle (Extrakt. der Ratsprot.)
A. K. A. bedeutet Akten des Kastenamts.
U. K. A. (bisweilen auch O. U. K. A.) bedeutet Urkunden (Originalurkunden) des Kastenamts.
R. K. (oder ähnliche Abkürzungen) bedeutet die Aktenreihe unsers Archivs. Religions- und Kirchenwesen betr., bisweilen auch libr. eccl. (libri ecclesiastici) genannt.

„Faust's Colleitanea" sind wichtige chronistische Aufzeichnungen, die Bände XXX und XXXI der Uffenbach'schen Handschriftensammlung unsers Archivs bildend. Diese Aufzeichnungen sind nicht immer ganz zuverlässig, bisweilen offenbar unrichtig. Ob dieselben wirklich von Johann Friedrich Faust von Aschaffenburg (1569—1621) herrühren, scheint mir nicht über allen Zweifel erhaben. — Andere Handschriftensammlungen, wie die Fichard'schen Geschlechtsregister, den liber jurs Canonicorum des Latomus, die Akten der Coments=Stiftung, das Privilegiumbuch u. a. m., sowie die Druckwerke habe ich an ihrem Ort besonders erwähnt. Alle diese Akten und Urkunden sind im Besitz unsers Archivs. Was ich oben insbesondere „Akten des Archivs" genannt habe, gehört zu einer besonderen Sammlung, die Peterskirche betreffend.

I. Teil.

Die alte Peterskirche.

1. Kapitel.

Die „nuwe Stad Frangkford."*

Bevor wir uns anschicken, eine Anschauung der alten St. Peterskirche zu Frankfurt am Main, ihrer Geschichte und ihrer Vorgeschichte zu gewinnen, wird es zweckdienlich sein, wenigstens in groben Umrissen den Hintergrund zu zeichnen, von welchem sich dieselbe abhob.

Die Stadt hatte im Jahre 1333 unter Ludwig dem Bayern die Erlaubnis erhalten, ihre Stadtmauern zum zweiten Male hinauszurücken; bis dahin bildete ihre Grenzen

---

* Die Schreibart des Ortsnamens „Frankfurt" ist im Mittelalter äußerst verschieden; die von uns gewählte ist nur eine unter vielen. Dieselbe Willkür gestattete man sich auch sonst bei Eigennamen, besonders auch bei Personennamen. Man schrieb oft lediglich nach dem Gehör und wählte nicht nur nach Belieben die Konsonanten, sondern auch die Vokale verwandter Lautklassen, — ein Sachverhalt, der manchesmal der Sicherheit bei der Beurteilung urkundlicher Nachrichten zum Nachteil gereicht.

jener Straßenzug, der durch die verschiedenen „Graben", Hirschgraben, Holzgraben, Wollgraben ꝛc. noch heute bezeichnet wird. Was außerhalb dieser alten Stadt bis zu der späteren Festungsmauer, unseren heutigen Promenaden liegt, hieß Neustadt — „die nuwe Stab". Aber die Grenzmauern der Altstadt wurden nicht etwa bei dieser Erweiterung abgerissen; sicherlich noch im 16. Jahrhundert waren beide Stadtteile durch Gräben und turmgekrönte Mauern getrennt und die den Verkehr ermöglichenden Pforten zur Nachtzeit geschlossen.*

Nicht etwa die Menge der Bevölkerung hatte diese Stadterweiterung notwendig gemacht. Frankfurt, d. h. die Altstadt, die Neustadt und Sachsenhausen zusammen, zählte nach der umsichtigen und gewissenhaften Berechnung Büchers** im Jahre 1440 nur 9000 Einwohner, eine um reichlich 600 geringere Zahl, als es im Jahre 1387 besessen hatte. Zieht man davon die 1300 Einwohner Sachsenhausens ab, so, sollte man denken, hätten die übrigbleibenden 7700 wahrlich in der Altstadt bequem Platz gefunden. Viele Häuser, mit geistlichen Zinsen und Gülten überlastet, waren von ihren Besitzern aufgegeben und wurden z. T. abgebrochen; also Raummangel war sicherlich nicht vorhanden. Vielmehr scheint die Hinausschiebung der neuen Mauern einesteils durch das Bedürfnis veranlaßt, die allmählich, und schon vor 1333, vor den Thoren der Altstadt erbauten Häuser und Gehöfte an den nach den benachbarten Städten und Dörfern führenden Landstraßen durch die Stadtmauern

---

* „Fossatis et clausuris munita." Siehe die Urkunden im Anhang 2 und 3.

** Bücher, die Bevölkerung von Frankfurt im 14. und 15. Jahrhundert.

zu schützen; zeigt doch noch das heutige Straßennetz jenes Stadtteiles ganz deutlich diese seine Entstehung, und noch der Faber'sche Belagerungsplan vom Jahre 1552 weist in der Neustadt fast lediglich die Besiedelung dieser nach Hanau, Vilbel und Friedberg, Eschersheim, Bockenheim, Höchst und Mainz führenden Straßen auf. Andernteils mochte aber vor Allem der landwirtschaftliche Betrieb der Stadt und das damit nicht ganz leicht zu vereinigende Interesse der Messe und des Fremdenverkehrs die Stadterweiterung wünschenswert gemacht haben. Denn nicht der Welthandel und der Warendurchgangsverkehr bildete die Quelle von Frankfurts Blüte und Reichtum — Großkaufleute gab es, wie Bücher nachweist, nur ganz wenige — sondern einmal die produzierende Arbeit, das Handwerk und die Landwirtschaft und sodann die Messe und das durch sie veranlaßte Geldwechselgeschäft.

Wir können uns das Frankfurt des 14. Jahrhunderts kaum ländlich und primitiv genug vorstellen. Im 14. Jahrhundert hat noch jeder einigermaßen wohlhabende Bürger sein eigenes Vieh; die Misthaufen liegen vor den Häusern;* diese sind mit Stroh oder Schindeln bedeckt. An Straßenpflaster ist noch nicht zu denken; noch i. J. 1323 wird eine Prozession zwischen dem St. Leonhardts- und dem St. Bartholomäusstift von der Bedingung abhängig gemacht, daß der Zug durch den Koth der Straßen hindurchkönne.** Erst 1414 wird die Strecke vom Dom nach der Kannengießergasse, also doch wohl die verkehrsreichste Straße, gepflastert. 1415 wird die Straße vor dem Liebfrauenstift, und erst 1519 die Schäfergasse*** dieser Wohlthat teilhaftig,

---

* Siehe die Bemerkung zu S. 48 aus dem Jahr 1452.
** Würdtwein, Dioec. Mogunt II. pag. 693.
*** A. A.

während die Zeil noch gegen das Ende des 16. Jahrhunderts, der Roßmarkt noch zur Zeit der Hinrichtung Fettmilchs (1616) ohne Straßenpflaster war. Erst 1450 wird die Peterskirche mit Ziegeln gedeckt — nach „lude des gesetzes."* Diese ländlich primitiven Zustände dauern noch sehr lang. Noch im Jahre 1506 beschwert sich der Kaplan der Peterskirche, daß das Kirchhofthor schadhaft geworden sei, und die Säue auf den Friedhof liefen und dort die Gräber aufwühlten, ein Beweis, daß sich dieselben damals ungeniert auf den Straßen umhertummelten.** Die Besiedelung der Stadt vollzog sich sehr langsam und allmählich. Erst gegen das Ende des 18. Jahrhunderts werden die Stadtwälle von der Bebauung erreicht. Zeigen doch noch die Reiffenstein'schen Bilder aus der Mitte dieses Jahrhunderts in der unmittelbaren Nähe der Peterskirche ausgedehnte Gärten, und ältere Personen unter uns wissen uns zu erzählen, daß in ihrer Kindheit die Wallstraßen nur ganz dünn und vereinzelt mit Häusern bestanden waren. Es ist nicht unnötig, hieran zu erinnern, denn in unserer schnelllebigen Zeit, da es einem, der vielleicht mehrere Jahre hindurch in einen entfernteren Stadtteil nicht gekommen ist, leicht passieren kann, daß er sich inmitten eines neu entstandenen Straßenviertels kaum zurecht findet, verliert man gar zu leicht den Maßstab zur richtigen Beurteilung der so unendlich viel langsamer vorschreitenden Entwickelung in der Vorzeit.

In der Vorstadt hatten vor Allem die Patrizierfamilien ihre Gehöfte, die sie wohl bis zum 14. Jahrhundert selbst bewirtschafteten, von da an bewirtschaften lassen. Freilich erstrecken sich diese Besitzungen auch über die Mauern der

---

* F. R. P. 1450. 394.

Neustadt hinaus, in das Gebiet unserer heutigen Vorstadt, ja noch weiter auf die umliegenden Dörfer bis ziemlich weit hinaus in die Orte und Flecken der Umgegend, besonders nach der Wetterau zu. Im Uebrigen waren es vor Allem die Gärtner und Winzer, welche ihr Gewerbe in der Neustadt betrieben. Weinberge ziehen sich um die ganze Stadt herum bis in die unmittelbarste Nähe der St. Peterskirche, vielleicht war sogar diese selbst mit Wein umrankt, wie uns ein Aktenstück aus dem Jahre 1513 vermuten läßt, wonach ein junges Mädchen mit Gefängnis bestraft wird, weil sie einer Weinrebe zu St. Peter Schaden gethan.* Nicht Sachsenhausen lieferte damals die Gartenprodukte; wohl gab es dort landwirtschaftlichen Betrieb, besonders im Besitz des Deutschherrenordens, aber der ganze Sachsenhäuser Berg war bis zum letzten Viertel des 14. Jahrhunderts mit Wald und Buschwerk bestanden und wird erst von 1374 an ausgerodet und mit Weinreben bepflanzt. Auch auf der rechten Seite des Mains tritt der Wald weit näher an die Stadt heran. Bornheim ist am Ende des 14. Jahrhunderts noch mit Wald umgeben.

Es waren also vor Allem die kleinen Leute, die in der Neustadt wohnten. Außer den Gärtnern und den stets in Verbindung mit ihnen genannten Heckern (wohl Weinbauern, daher der Name Heckenwirtschaft!) sind es die mit der Gärtnerei in näherer oder weiterer Beziehung stehenden Gewerbe, dann die für alle Stände notwendigen Produzenten, wie Bäcker, Schuster, Schneider u. a., im Uebrigen aber mehr die Angehörigen des Proletariats, die hier ihren Sitz haben.

Für diese Bevölkerung also wird gegen das Ende des 14. Jahrhunderts die kleine Betkapelle an der Schäfergasse in der

---

* A. A.

Nähe der Friedbergerpforte erbaut. Es war freilich nicht das einzige Gotteshaus in der Neustadt und noch weniger das älteste. Abgesehen von den zwei dicht an der alten Stadtgrenze stehenden Kapellen des Katharinenklosters und von der etwas später (1454) entstandenen St. Maternkapelle auf dem Roßmarkt war schon vorher in einem gewissen Ansehen die Kapelle „Aller Heiligen", in der Straße, der sie den Namen gegeben hat. Nachdem die Peterskapelle aber einmal zur Kirche und später gar zur Pfarrkirche erhoben war, überragt sie alle diese Gotteshäuser an Bedeutung. Auch die Bewohner der Galgengasse und Bockenheimergasse sind hinsichtlich der gottesdienstlichen Handlungen an sie gewiesen, wie wir aus einem Aktenstück des Archivs aus dem Jahre 1506 entnehmen, wonach der Pfarrer der Peterskirche ein Haus für den Glöckner erbittet, unter Anderem auch aus dem Grund, weil die Bewohner jener entfernten Straßen, wenn sie zur Nachtzeit einmal den Glöckner brauchten, ihn nicht finden könnten. Und als erst in der Mitte des 15. Jahrhunderts ein Kirchhof um die Peterskirche eingerichtet wird, der 1530 zum alleinigen städtischen Gottesacker für die beiden christlichen Konfessionen, von 1547 an zum alleinigen protestantischen Kirchhof der rechtsmainischen Stadt bestimmt wird, erlangt dies Gotteshaus auch für die Altstadt eine hervorragende Bedeutung, wie wir später des Genaueren sehen werden.

Es kann nicht unsere Aufgabe sein, an dieser Stelle ein genaueres Bild der geschichtlichen Entwickelung jener Zeit zu entwerfen. Nur soweit es zum Verständnis der Situation unserer Kirche notwendig ist, sei hier daran erinnert, wie nach den mancherlei Heimsuchungen des 14. Jahrhunderts mit seinen Epidemien, seinen beständigen Kämpfen und Fehden und sonstigen Unglücksfällen, — selbst von Heuschreckenschwärmen erzählen die Chronisten, z. B. Lersner, — im 15. Jahrhundert, wo diese Calamitäten zwar nicht aufhören, aber doch geringer werden, eine Epoche, verhältnismäßiger Blüte und aufstrebenden Wohlstandes zu konstatieren ist. Für die Entstehungszeit der Peterskirche insbesondere ist bemerkenswert jene unglückliche Schlacht bei Eschborn i. J. 1389, welche der Stadt nicht nur den Verlust vieler und z. T. hochvornehmer Bürger kostete, sondern auch eine Kontribution von 73000 Goldgulden nach sich zog, einer Summe, die in Anbetracht des hohen Geldwerts und andererseits der geringeren Bevölkerungszahl und des nur schwach entwickelten Geldverkehrs für bedeutender erachtet werden muß, als die Kontribution des Jahres 1866. Aber auch dieser Schlag wurde bald verwunden, und Dank einer ebenso strengen wie weisen Finanzwirtschaft des Rats, kamen Stadt und Bürger bald zu größerem Reichtum als zuvor. Besonders bemerkenswert und auch in der Entstehungsgeschichte unserer Kirche sich äußernd, waren die Fehden zwischen der Geistlichkeit und der Stadt um die Wende des 14. und 15. Jahrhunderts. Die Habsucht der Geistlichkeit, von der schon Walther von der Vogelweide singt, ihr gewaltig anwachsender Reichtum auf Kosten der Bürger, ihre Abgabenfreiheit und ihr Zehntenrecht gegenüber der schweren Steuerlast, die der gemeine Mann zu tragen hatte, ihre durch den Schutz der geistlichen Behörden gesicherte Ausnahmsstellung gegenüber dem gemeinen Recht der Weltlichen und auf der anderen Seite ihre geringe Teilnahme an der Seelsorge des Volkes, ihr Wohlleben und ihre Verweltlichung — das alles macht es begreiflich, daß sich der Klerus jener Zeit gar wenig der Liebe und Achtung der Bürger erfreuen konnte. Wir werden das später öfters im Einzelnen bestätigt finden; wir werden insbesondere sehen, daß die Peterskirche bei ihrer Entstehung und in den bedeutsamsten Stadien ihrer Entwicklung stets den heftigsten Widerstand der geistlichen Behörde fand und nur von den Weltlichen unterstützt wurde, welche mehr Verständnis für das wahrhaft geistliche Wohl bewiesen, als der Stand, dem dies von Berufs wegen obgelegen hätte. — Noch aber wird es notwendig sein, auf den damaligen Zustand unseres Frankfurter Kirchwesens überhaupt einen Blick zu werfen.

Frankfurt war mit seinem kleinen Umfang und seiner geringen Einwohnerzahl geradezu übersät mit Kirchen und Gotteshäusern aller Art. Dieselben sind besonders auf dem Grund und Boden der ältesten Stadt häufig kaum einen Steinwurf von einander entfernt. So war z. B. dem Dom unmittelbar gegenüber die jedenfalls sehr alte St. Michaelskapelle, und wenige Schritte von da, im Hainerhof die der Sage nach vom heiligen Bernhard, oder doch aus dem Anlaß seines Hierseins im J. 1152 gegründete St. Bernhardskapelle; ganz in der Nähe nach Norden zu stand der ausgedehnte St. Johanniterhof und ebenso nahe nach Osten die Dominikanerkirche, dazwischen noch die St. Jakobskapelle im Arnsburgerhof und gleich dabei von 1446 an das Kloster zur Rosenberger Einigung. Ebenso häuften sich die Gotteshäuser nach Westen; da war die Heilige Geistkapelle in der Nähe unseres heutigen Heilig=Geist=Pförtchens, gleich darauf zu St. Nikolas, zu den Barfüßern am Anfang der neuen Kräme; sodann St. Leonhard, zu den Karmelitern, zu den Weißen Frauen oder Reuerinnen; im damaligen Norden der Stadt das Katharinenkloster, von 1454 an auch die St. Maternkapelle, die Stiftskirche zu Unserer lieben Frauen Maria, das Anthonitter Kloster, endlich im äußersten Osten der Stadt die Kapelle „Aller Heiligen". Auch in Sachsenhausen waren mehrere Gotteshäuser, nämlich vor Allem das

Deutsch-Ordenshaus, die Brückenkapelle zu St. Katharinen, die Kapelle zu St. Elisabeth und von 1340 an die Dreikönigskirche. Die meisten dieser Gotteshäuser stammten aus dem 13. Jahrhundert, einige wenige, wie Liebfrauen, Katharinen und Dreikönige erst aus dem vierzehnten. — Außerdem gab es noch eine ganze Reihe Niederlassungen fremder Klöster und Stifter, die hier Niederlagen ihrer Güter besaßen und damit gewöhnlich auch ein Absteigequartier für ihre durchreisenden Mitglieder und Anverwandte verbanden. Zu diesen Niederlassungen gehörten auch die oben erwähnten Kapellen im Hainer- und Arnsburgerhof.

Es wäre aber unrichtig, all diese Gotteshäuser als gleichgeartet und gleichgeordnet zu betrachten. Eigentlicher Kirchen gab es doch nur drei, die Stifter zu St. Bartholomäi, zu Liebfrauen und zu St. Leonhard, und unter diesen wiederum war die St. Bartholomäuskirche die einzige Pfarrkirche für die Stadt. Sie allein hatte das Recht der Taufen und Copulationen, das Recht der Seelsorge, soweit in damaliger Zeit überhaupt von einer solchen geredet werden konnte.* Man könnte fragen, worin dieser auffallende Vorzug besonders auch gegenüber den beiden anderen sonst gleichberechtigten, wenn auch weniger reichen Collegiatstiften begründet war. Jedenfalls verdankt ihn das Stift zufälligen Verbriefungen alter Zeit, aber es ist uns nicht bekannt, ob dieselben urkundlich nachweisbar sind. So entstand ein, wie uns von kompetenter katholischer Seite versichert wird, in der ganzen Welt einzig dastehendes Verhältnis, daß noch

---

* Freilich die eigentliche und wirkliche Seelsorge, d. h. der persönliche Verkehr zwischen Priester und Gemeindeglied und vor allem der Beichtdienst, wurde damals auch hier sicherlich weit mehr von den damals noch beliebteren Ordensmitgliedern geleistet.

heute eine so große katholische Bevölkerung, wie sie Frankfurt aufweist, nur einen einzigen eigentlichen Pfarrer hat, während alle Amtshandlungen, die von seinen Collegen verwaltet werden, dieselben mögen an Titeln, an persönlichem Wert, an Ansehen bei den Leuten noch so hoch stehen, lediglich in seinem Namen ausgeführt werden.

In diesen 3 Stiftern wurde dann vor Allem der sogenannte Chordienst geübt. Die Mitglieder des Stifts waren Kanoniker, vielfach vornehme Herren aus adeligen Geschlechtern, die ihre Stelle oft mehr als eine Pfründe, denn als eine Arbeitsstelle* betrachteten, ja die häufig genug nicht einmal studiert hatten.** Jede dieser Stiftskirchen hatte eine Reihe von Altären mit an sie geknüpften Vikarieen, d. h. Stiftungen wohlhabender Bürger, die an einem bestehenden oder zu stiftenden Altar Messen lesen, Salve singen ließen, sogenannte Seelgerette, wodurch sich die Stifter das ewige Heil zu sichern suchten, jedenfalls aber das zeitliche Wohl der Stiftsherrn und Cleriker begründeten.***.

---

* Aus der mehrfach ergehenden Aufforderung an die Stiftsherren, daß sie in Frankfurt auch wohnen müßten, geht hervor, daß dies nicht immer geschah, auch daß der Kirchendienst möglich war trotz der Vakanz einzelner Stellen des Chors.

** Vergl. S. 55.

*** Die Kanoniker konnten zugleich im Besitz einer Vikarie entweder in der eignen oder einer andern Kirche sein. So wird z. B. 1471 ein Anniversar in der Peterskirche zu Gunsten eines Dechanten der Liebfrauenkirche gestiftet, oder es erhielt 1478 der Scholastiker zu St. Bartholomaei Niklas Wißbeder eine Frühmesserstelle zu St. Peter, die nach seinem Tode auch Theologen niedern Grades erhielten. Meist wurden aber diese Vikarien von einfachen Kaplänen verwaltet. Das Bartholomäusstift hatte um 1355 41 solcher Vikarien (Vgl. Müller, Histor. Nachricht rc.. S. 31). Bücher scheint bei seiner Berechnung der Personen geistl. Standes (a. a. O.

Solche Altäre und Vikarieen konnten auch in anderen Kirchen liegen und doch einem der Collegialstifte untergeordnet sein. Diese Kirchen oder Kapellen galten dann gewissermaßen als dem betreffenden Stift inkorporirt, waren nur örtlich entferntere Teile desselben. Dieser Herkunft waren von den Frankfurter Kirchen die Michaelskapelle, die Allerheiligen-, Heiligegeist-, Nikolai-,* St. Matern-,** St. Elisabeth- und die Brückenkapelle und bis zum Jahr 1452 St. Peter und Dreikönige, welch beide letzteren aber auch später noch, bis zur Reformationszeit, in einer gewissen Abhängigkeit vom St. Bartholomäusstift blieben, wie wir das des Genaueren weiter unten sehen werden.

Neben diesen Stiftern hatten vor Allem die Klöster eine Bedeutung. Wir hatten in Frankfurt drei Männerklöster, nämlich die um 1230 hier gegründete Niederlassung der Barfüßer, das Prediger- oder Dominikanerkloster seit 1233 mit seiner prächtigen, an kostbaren Bildwerken und seltenen Handschriften reichen Kirche, und ungefähr aus derselben Zeit das Kloster der Karmeliter. Diese Klosterleute standen mit dem Volk in näherer Beziehung, als die Weltgeistlichen, sie waren auch im Großen und Ganzen mehr aus den eigentlichen Volksklassen hervorgegangen, und in den Streitigkeiten, welche besonders um die Wende des 14. und 15. Jahrhunderts zwischen weltlicher und geistlicher Macht geführt wurden, standen sie öfters auf Seite des Raths und der Bürgerschaft. In den Klosterkirchen und in den kleinen Friedhöfen um dieselben herum haben besonders die vornehmen und reicheren Familien ihre Begräbnißstätten, bis dann später die Peters-

---

S. 507 ff.] diese Verwaltung von Kanonikats- und Vikariatsstellen durch ein und dieselbe Person nicht berücksichtigt zu haben.

* St. Nikolai war die Ratskapelle.

** Die Armesünderkapelle.

kirche und ihr Friedhof zur letzten Ruhestätte besonders bevorzugt wird. Die Zahl der Ordensleute wechselt, es mögen durchschnittlich 20 bis nahe an die 40 gewesen sein.

Auch der Frauenklöster hatten wir in Frankfurt drei, nämlich das der Jungfrauen des Weißfrauenklosters, auch Reuerinnen oder poenitentes genannt, aus dem Anfange des 13. Jahrhunderts, das Katharinenkloster vom J. 1345 und endlich auch noch eine weibliche Abteilung der Dominikaner, die Rosenberger Einigung, gestiftet von dem Schöffen Heinrich Rosenberger um das Jahr 1446. Bekanntlich wurden die beiden ersteren dieser Frauenklöster zu protestantischen Stiftungen umgewandelt und gereichen seitdem als Pensionsanstalten für Witwen und Töchter verdienter lutherischer Bürger der Stadt zu großem Segen.

Zu den Klöstern kamen dann noch die Niederlassungen der Ritterorden, nämlich die Deutschherren aus dem J. 1221, die Johanniter gegen das Ende des 13. Jahrhunderts, und die Anthonitter, die in der Töngesgasse im J. 1236 hier sich niedergelassen hatten. Die Ordensmitglieder standen unter einem Comthur oder Meister, hatten eine Anzahl Ritterbrüder, einige Ordenspriester und eine größere Anzahl Personen für ihre wirtschaftlichen Bedürfnisse. Die Anthonitter waren die am wenigsten einflußreichen unter diesen drei, immerhin noch recht begütert, und, wie ihre Bruderanstalten, im Besitz von Ordenshäusern, Friedhof, Kapellen und außerdem von zahlreichen Gütern in und vor der Stadt.*

Im ganzen waren es dem Bücher'schen Nachweis zu-

---

* Vgl. über diese geistlichen Anstalten das zum Jungen'schen Manuskript in der Uffenbach'schen Handschriftensammlung auf dem Stadtarchiv Nr. 5; Ritter, evangelische Denkmäler; Bücher, die Bevölkerung von Frankfurt; die Lersner'sche Chronik; Johann Bernhard Müller, Historische Nachricht ꝛc. u. a. m.

folge wohl 300 Personen geistlichen Standes um die Mitte des 15. Jahrhunderts, d. h. also etwa auf je dreißig Seelen eine geistliche Person. Zwar weist Bücher mit Recht darauf hin, daß aus solchen Zahlen nicht auf das gottesdienstliche oder gar seelsorgerische Bedürfnis geschlossen werden dürfte, weil ja die Personenzahl des Clerus einfach durch die Anzahl der Pfründen bestimmt worden sei, die wiederum lediglich von der Freigebigkeit der reichen Familien abgehangen habe. So richtig dies auch ist, so ändert dies Verhältnis doch nicht den eigentümlichen Charakter, den das damalige Gemeinwesen durch solch starkes Hervortreten des geistlichen Elements erhielt. Zwar lehrt uns dies Zeitalter so deutlich, wie kaum irgend sonst eines, daß Kirchlichkeit nicht zusammenfällt mit Frömmigkeit, oder auch nur mit Sittlichkeit. Trotz all dieser geistlichen Anstalten und daneben trotz einer in barbarischer Grausamkeit geübten Justiz bot das Kulturleben in sittlicher Hinsicht kein erfreuliches Bild. Beständig ergehen Erlasse gegen die zunehmende Üppigkeit und Verschwendungssucht; die Fleischessünden im engeren Sinn des Wortes stehen in so weitem Umfang im Schwunge und werden nicht nur auf weltlicher Seite von Vornehm und Gering, sondern auch ziemlich ungescheut von dem Clerus geübt, daß man offenbar die Empfindung für ihre Häßlichkeit und Unstatthaftigkeit verloren haben muß. Entsprechend der geringen naturwissenschaftlichen Erkenntnis und einer besonders von strengen Mönchsorden eifersüchtig überwachten starren Rechtgläubigkeit ist die Gesamtweltanschauung eine sehr primitive. Alles Geschehen spielt sich auf den drei Bühnen Himmel, Erde und Hölle ab, und aus Angst vor der Hölle sucht man sich auf Erden mit dem Himmel durch kirchliche Leistungen im Kleinen und Stiftungen im Großen abzufinden und zu sichern. Daher jene immer wiederkehrende Versicherung bei kirchlichen Stiftungen — „zum Heile der armen Seelen". Freilich verlangt die Gerechtigkeit es anzuerkennen, daß solche Weltanschauung auch mit dem Eintritt der späteren Reformation nicht schwindet, ja daß sie z. T. bis in die Gegenwart wirksam ist, und andererseits darf nicht vergessen werden, daß die Erfahrung der allgemeinen Kirchen- und Kulturgeschichte, wonach wirkliches Leben in Gott zu keiner Zeit und sicher auch damals nicht ausgestorben war, auch bei der näheren Betrachtung unseres Frankfurter kirchlichen und sittlichen Lebens jener Periode seine Bestätigung findet. Männer, wie der erste Pfarrer der Peterskirche, Johannes Wolff, (siehe unten das Genauere über ihn), christlich humanitäre Stiftungen, wie die später zu erwähnende des Johann Ockstadt, waren auch damals zwar selten, aber doch nicht ganz vereinzelt.

Wie herzlich fromm und, bei aller Naivität der Begriffe, wie wohlthuend und achtunggebietend sind doch z. B. die Worte mit denen des Laien Neuhaus Stiftungsbrief für die Allerheiligenkapelle beginnt! (Vgl. B. A. 1452 Nr. 1748):

„In dem namen der heilgen und undeilsamen drivaldikeit des vaters und des sones und des heilgen geistes seliclichen. amen. kund sy allermenlich, die diesen brieff ummer sehen, lesen oder hören lesen, das ich conrad Nuhus burger zu Franckenfurtt angesehen han, das wir alle werden stehen vor dem jungesten gerichte unsers lieben herren Jhesu Christi und ribbe und antwurt geben vo allem dem, das wir inn dem lichenam getan han, iß sy bose oder gut, und das darnach ein iglicher off dieser erden gesewet hat, darnach wirdet er in der andern wernde mewen, auch das myn voraltern willen und liebe gehabt han, das in der vorstab der stat Franckfurt die Nuwe stat genant den armen luden do-

felbft wonende defte follenkommelicher godesdinft geschee
. . . . Got zu lobe, armen luden doselbft wonende, die
gemeinlich arbeidende lude fin, des morgens zu felbe und
an ir arbeit gehn und zu keynem godesdinfte des dages
funder verfumeniffe mogen komen, und auch andern man=
nes= und frauwenperfonen zu gute, das fie doch des morgens
nach dem gebotte unfers erlofers, der in fyme ewangelio
fprichet: zum erften follent ir fuchen das riche Gotts, by
einer meffe fin und das lobeliche facramente des heiligen fronen
lychenams und koftbaren bludes unfers lieben herren Jhefu
Chrifti fehen mogen ꝛc."

2. Kapitel.

Die Vorgeschichte der Kirche.

Unsere alte St. Peterskirche stammt, wie unsere evangelisch-lutherischen Stadtkirchen sämtlich,* aus den Tagen vor der Reformation, aus katholischen Zeiten. Sie ist entstanden aus einer Betkapelle, welche früher an deren Platz stand, sei es, daß sie nach Abbruch derselben an deren Stelle erbaut wurde, sei es, was mir wahrscheinlicher dünkt, daß sie nur die Erweiterung derselben darstellt. Auf den ersten Blick wäre man vielleicht geneigt, das Alter dieser ursprünglichen St. Peterskapelle weit hinauszusetzen; denn sämtliche Chronisten des Mittelalters und, auf ihnen fußend, die Darsteller der Geschichte der Kirche aus neuerer Zeit, berichten uns, daß 1417 diese Kapelle verfallen und dem Einsturz

---

* Die Katharinenkirche wurde freilich im J. 1678 von Grund aus neu gebaut, die Paulskirche zum Ersatz der Barfüßerkirche an der Neuen Kräme, die Dreikönigskirche an Stelle der älteren Kirche gleichen Namens und auf derselben Stelle errichtet.

2. Kapitel. Die Vorgeschichte der Kirche.

nahe gewesen wäre. Aber auf die Einmütigkeit dieses Zeugnisses ist nicht allzuviel Gewicht zu legen, denn schon aus der Gleichförmigkeit der Ausdrucksweise ist zu schließen, daß alle diese Berichterstatter aus einer Quelle geschöpft haben. Sie haben alle unmittelbar oder auch mehr mittelbar den Johannes Latomus aus dem J. 1598 abgeschrieben, und dieser hat in einer kurzen Zusammenfassung der Stiftungsurkunde vom J. 1417 gerade die auf die bauliche Verwahrlosung der Kapelle bezügliche Stelle, von der er doch selber keine Anschauung mehr hatte, in etwas starken Ausdrücken geschildert. Eine von Haus aus nicht besonders massiv angelegte Kapelle konnte indes, zumal in einer Zeit wirtschaftlichen Rückganges (siehe oben Seite 9), wo schwerlich etwas zu ihrer Instandhaltung geschah, auch in kürzerer Frist baulich verwahrlosen.

Denn zu der Annahme, daß die ursprüngliche Peterskapelle nicht allzu lang gestanden habe, führt uns nicht nur der Umstand, daß sie in den Urkunden des 14. Jahrhunderts sonst nicht erwähnt wird, sondern vor Allem der Inhalt der einzigen bisher kaum beachteten urkundlichen Notiz aus dem Ende dieses Jahrhunderts. Das Testament der Geschwister Luckart und Katharine Stockarn vom Jahre 1393 nämlich, auch sonst bekannt durch viele kirchliche Stiftungen, und auf unserem Archiv in mindestens 2 Abschriften vorhanden, enthält auch die folgende Stelle: „Auch sollen die andern 2 Vikarieen gelegt werden uf 2 Altar in der Capellen, die Peter Apothekers seeligen Truwenhender gebunet han in der Nuwen stab frankfurt zuschen Biefferborn und friebberger porten, ob dieselbe Capelle gewihet wird. Wers aber, daz derselben Capellen Vormunder umb die Belegunge der zweier Vikarieen zu viel haben wulden, so mogen unser Truwenhender die 2 Vikarieen legen in ein ander gewihet

Gotshus in der alden oder in der nuwen Stadt frank." Da hören wir also, daß die Truweuhender oder Testamentsvollstrecker des Peter Apotheker diese Kapelle gebaut haben, und dieses Zeugnis ist seiner Natur nach durchaus zuverlässig und einwandsfrei. Nun kennt die Geschichte des 14. Jahrhunderts nach Ausweis des Fichard'schen Geschlechtsregisters 4 Peter Apotheker; der hervorragendste unter ihnen war der letzte, der im J. 1381 verstorbene Ratsherr Peter Apotheker. Er war verheiratet im J. 1360 mit Klara Knoblauch; im J. 1371 war er jüngerer Bürgermeister. Er war offenbar ein einflußreicher, wohlhabender Mann. Neben 5* anderen Abkömmlingen der allervornehmsten Geschlechter gehörte er zu den Rechenmeistern der Stadt, welchen der Verkauf des während der Jahre 1374 bis 1380 früher Wald gewesenen Sachsenhäuser Berges anvertraut war. Einem solchen Mann könnte also wohl die Stiftung einer Kapelle zugetraut werden. Es ist aber auch an und für sich wahrscheinlich, daß er, und nicht etwa einer der älteren Peter Apotheker, der Stifter jener Kapelle gewesen ist; denn wenn in dem oben erwähnten Testament die einfachen, wiewohl reichen Bürgersleute Stockarn auf Peter Apotheker hinweisen, so haben sie doch sicherlich ihre Kenntnis nicht etwa durch archivarische Studien, sondern durch persönliche Erfahrung gewonnen; und sie hätten, wenn sie nicht den kürzlich verstorbenen, allen Leuten bekannten, sondern einen älteren Peter Apotheker gemeint hätten, gewiß nicht unterlassen, diesen näher zu bezeichnen. Diese Erwägungen berechtigen

---

* Locje von Holzhausen, Heilmann zu Glauburg, Hartwin Wieße, Henne Knobelauch, Peter Apotheker und Thomas von Bebera. Wenn Kirchner (Gesch. d. St. Fr. I, 370) anzunehmen scheint, daß diese Familie erst nach der Mainzer Mordnacht im J. 1462 von Mainz nach Frankfurt gekommen sei, so irrt er darin offenbar.

uns also wohl zu dem Schlusse, die Entstehungszeit der alten Peterskapelle recht bald nach dem Todesjahr des Peter Apotheker, vielleicht schon in dasselbe, also etwa in die Jahre 1381—1383 zu setzen.

Aus dem Inhalt jener Testamentsstelle ersehen wir ferner, daß diese Kapelle nicht etwa herrenlos war; sie hatte ihre Vormünder oder Verwalter. Wer diese waren, ist freilich nicht gesagt. Wir könnten an die Testamentsvoll= strecker und ihre Nachkommen oder an den Rat, oder an das Bartholomäusstift denken. Die letztere Annahme scheint mir die wahrscheinlichste zu sein. Denn wie wäre sonst der Ausdruck zu erklären, daß „die Vormunder umb die Be= legunge der 2 Vikarieen zu viel haben wulden"? Wer sollte überhaupt das Recht und das Interesse gehabt haben, für eine Stiftung auch noch etwas haben zu wollen? Der weitere Verlauf der Geschichte der Peterskirche wird uns zeigen, daß gerade das Bartholomäusstift stets von dem Interesse geleitet gewesen ist, durch die Stiftung solcher Vikarieen nicht nur nichts zu verlieren, sondern möglichst viel zu gewinnen. Das Kapitel verlangt auch später in einem sehr energischen Protest die ausreichende Dotierung dieser Stelle. Wir dürfen somit wohl annehmen, daß die Oberaufsicht schon über diese Betkapelle der Mutterkirche, dem Bartholomäusstift, anvertraut war, daß dieselbe somit in den kirchlichen Organismus einbezogen war.

Wir können ferner aus dieser Testamentsstelle schließen, daß diese Kapelle nicht allzuklein war. Denn sie bot jeden= falls Platz für 2 Altäre, die nach den Bedürfnissen des Meßgottesdienstes doch nicht allzu nah neben einander liegen konnten.

Endlich vermögen wir aus jener Testamentsstelle einen Schluß über den Charakter jener Kapelle zu ziehen. Waren damals in derselben keine Altäre, so fehlte auch die Erfordernis für die Hauptfunktion des katholischen Kultus, den Meßgottesdienst. Von der Predigt ganz zu schweigen. Offenbar diente das vielleicht mit einem Muttergottesbild ausgestattete Kirchlein während des 14. Jahrhunderts den frühmorgens aus der Altstadt in die Neustadt wandernden und abends wieder zurückkehrenden Feldarbeitern zur Betkapelle, wie benn auch später in einer zu St. Peter gestifteten Frühmesse gerade auf diese Feldarbeiter ausdrücklich Rücksicht genommen ist.* Eine spezielle Aufsicht oder irgendwelcher Gottesdienst war nicht vorhanden. Und auch aus diesem Umstand erklärt sich die baldige Verwahrlosung des Gebäudes.

Für die Zeit vor 1417 haben wir bezüglich der Peterskirche nur noch eine urkundliche Nachricht. Würdtwein druckt in seiner „Dioecesis Moguntina etc" II pag. 823 eine Urkunde des J. 1410, den sogenannten „processus Kempe" ab. In diesem Schriftstück von unzweifelhafter Ächtheit befiehlt der damalige Propst des Bartholomäusstiftes, Dr. Johannes Kemp, sämtlichen Besitzern von Vikarieen, Rechenschaft abzulegen über die Herkunft und das Präsentationsrecht ihrer Stellen, jedoch ohne Angabe der Stiftungszeit. Es folgt dann in dem Aktenstück das Ergebnis dieses Befehls, eine lange Aufzählung von Vikarieen und zum Schluß derselben auf pag. 842 auch die Erwähnung dreier Altäre in der Peterskapelle, deren zwei ein gewisser Johannes Grunauer, den dritten Kuno von Ryffenberg inne hätten. An und für sich wäre es wohl möglich, daß diese Personen schon 1410 diese Stellen inne gehabt hätten, und, diese Thatsache angenommen, würde ja allerdings der alten St. Peterskapelle eine andere Bedeutung zugesprochen werden müssen. Wir haben uns lange bemüht, den Thatbestand dieser Urkunde unserer sonstigen Kenntnis der Sachlage einzuordnen. Wir nahmen eine Zeit lang an, daß diese Vikarieen ursprünglich, also vor dem Jahre 1410 gestiftet und verwaltet gewesen, dann aber verlassen und erst später nach besserer Dotierung wieder auf-

---

* Vergl. S. 31. Vergl. auch S. 16 f.

genommen worden wären. Aber angesichts der klaren und unzweifelhaften Nachrichten anderer Urkunden, wonach die Altäre, die Grunauer inne gehabt hat, erst 1419, der Altar des Kuno von Rhffenberg (Reiffenberg) erst 1425 nicht etwa aufgebessert, sondern neu gestiftet wurden, erscheinen diese Combinationen doch zu künstlich. Wir nehmen daher an, daß die Aufforderung des Propstes Kemp allerdings schon aus dem J. 1410 herrühren mag, daß aber die Antworten der Stellbesitzer erst nach und nach einliefen, und daß insbesondere später errichtete Vikarieen nachträglich zu dieser Aufzählung hinzugeschrieben wurden. Eine Jnaugenscheinnahme der Original-Urkunde müßte ja freilich jeden Zweifel in dieser Annahme beseitigen; leider ist es uns aber nicht gelungen, dieselbe ausfindig zu machen und einzusehen.

3. Kapitel.
Der erste Zeitraum der eigentlichen St. Peterskirche.
1417—1453.

Sahen wir in dem Bestand der ursprünglichen St. Peterskapelle die Vorgeschichte unserer Kirche, so beginnt die Geschichte der eigentlichen St. Peterskirche mit dem J. 1417. Denn aus diesem Jahre rührt die Urkunde, in welcher der Erzbischof von Mainz, Johannes von Nassau, den beiden Frankfurter Patriziern, dem Schöffen Johann Ogstadt (auch Ockstadt oder Ofstadt geschrieben) und dem Jakob Hombrecht (richtiger Humbracht) die Erlaubnis zum Bau dieser Kirche giebt.* Im Eingang dieser Urkunde sagt der Bischof, „daß

---

* Die gleichzeitige Abschrift der Originalurkunde ist erst dieser Tage aus den Urkunden des Kastenamts wieder gefunden worden. Bisher hatten wir eine alte, schwer lesbare Abschrift derselben auf unserem Archiv in dem Gefällbuch der St. Peterskirche aus der zweiten Hälfte des 15. Jahrhunderts. Wir haben die Urkunde im Anhang 1 abgedruckt. Sodann haben wir noch eine

3. Kapitel. Der erste Zeitraum der eigentlichen St. Peterskirche.

es nützlich sei, daß die Cleriker in den Kirchen die heiligen Gesänge singen" — ein Hinweis darauf, daß dies bisher noch nicht geschah. Er erwähnt, „daß die Kirche einigermaßen verwahrlost sei (quodammodo devastata) und daß sie von Tag zu Tag mehr außer Gebrauch komme (die in diem desoletur)." Die Bitte der beiden Bürger gehe auf einen Ausbau (ulterior erectio), eine Wiederherstellung (reformatio), eine Weihung (consecratio) und eine (von ihnen in Aussicht gestellte) Dotierung (dotatio) und die Errichtung von Altären. Ebenso sollte in der Kirche ein Opferstock errichtet werden, dessen Erträgnisse zum Baufonds (ad fabricam), zur Erbauung (structura) und Wiederherstellung (reparatio) verwendet werden sollten. Er hoffe, daß dies Werk durch die ewige Wiedervergeltung und den Lohn zukünftiger Herrlichkeit zum Heile der Seelen belohnt werde, da unter andern frommen und heilsamen Werken besonders die nützlich wären, welche auf die Vermehrung des Gottesdienstes abzielten. Weil nun die Kapelle soweit von der Mutterkirche entfernt liege, daß die umwohnende arbeitende Bevölkerung ohne Vernachlässigung ihrer Lebensinteressen dieselbe nicht besuchen könnten, so entspreche es der kirchlichen Pflicht, zu Ehren und zum Lobe des allmächtigen Gottes und der glorreichsten Jungfrau und Mutter Maria und der ganzen himmlischen Heerschaar und ihrem eigenen

---

andere sehr deutlich geschriebene aber nicht ganz vollständige und genaue Abschrift bei Johannes Latomus in dessen Lib. jur. can. 1598. Dieser Abschrift des Latomus geht eine kurze aber nicht ganz korrekte Inhaltsangabe voraus, und auf diese stützen sich, wie schon oben erwähnt, die Nachrichten sämtlicher späterer Berichterstatter, von denen außer Battonn schwerlich einer die Stiftungsurkunde selbst gesehen und geprüft hat. Auch Battonn bringt wörtlich jene Inhaltsangabe des Latomus. Lib. jur. can. f. 135.

Heil dem bedürftigen Volk mit Gewährung dieser Bitte zu willfahren und den Bittsuchern zu erlauben, die genannte Kirche umzubilden, (reformare), wieder herzustellen (restaurare), zu erbauen, sie den Aposteln Petrus und Paulus zu widmen und 3 Altäre darin zu weihen. Vor der Weihung müßte indes eine ausreichende Dotation festgesetzt und die Ausgaben für die (Wachs=)Lichter, (ein im katholischen Kultus nicht geringer Posten), gesichert werden. Auch solle der Opferstock gewährt und den beiden Bürgern die freie Verfügung (natürlich für die Zwecke des Baufonds) über denselben zugestanden werden, jedoch unter der Bedingung, daß sie jährlich dem Dekan der Bartholomäuskirche und dem älteren Schöffen der Stadt eine genaue Rechenschaft ablegten über die Erträgnisse desselben. Ebenso müßten sie über alle sonstigen für die Kirche bestimmten oder noch zu bestimmenden Einkünfte und Maßregeln der kirchlichen Oberbehörde ihres Bezirkes Rechenschaft ablegen. Auch dürften sie andere an ihre Stelle setzen, und wenn einer von ihnen den Weg alles Fleisches gegangen wäre, so dürfe sich der andere einen geeigneten und willigen Genossen erwählen. Um jedoch der Mutterkirche die gebührende Ehre nicht zu entziehen, so möchten sie den auf dieselbe kommenden Census (d. h. wohl die ungefähre Abschätzung der Gesamteinkünfte) abkaufen oder wenigstens alljährlich ihr etwas aus den Einkünften und der Dotation der Kirche bezahlen. Endlich versichert der Erzbischof für alle aufrichtig Reumütigen und Bußfertigen, die an genanntem Ort ihre Almosen darbrächten, einen Ablaß von 40 Tagen. Die Urkunde ist vom 5. Oktober 1417 datiert.

Auffallend erscheint uns in dieser Urkunde vor allem die Fürsorge für das Bartholomäusstift. Warum sollten diesem die Einkünfte oder doch wenigstens ein Teil derselben zugesichert werden? Wie sehr diese Fürsorge geboten war, erkennen wir aus einem in unserem Archiv befindlichen Aktenstück des Domstiftes aus dem J. 1419, worin das Stift feierlichst protestiert, daß die neue Kirche in seinem Sprengel geweiht worden sei; die Bedingung der Dotation sei nicht erfüllt, und es erwachse ihm, dem Stifte, daraus ein Schaden von mehr als 1000 Mark Goldes, wofür es den Humbrecht von Schönstein und den Johann von Ockstadt verantwortlich mache.*

Die Kirche war eben wider den Willen der Mutterkirche errichtet, denn es entging der letzteren damit nicht nur der Betrag des Opferstockes, sondern auch die zahlreichen „Gülten", d. h. Gefälle, welche in hypothekarischer Form auf einzelne Häuser der Stadt zu Gunsten des neuen Gotteshauses niedergelegt wurden. Mochten immerhin die Besitzer der an der Kirche zu errichtenden Vikariatsstellen Kanoniker von St. Bartholomäi sein (wie der später zu erwähnende Kuno von Ryffenberg) und somit deren Einkünfte wenigstens mittelbar der Mutterkirche zufallen, — die eben erwähnten Gefälle gingen ad fabricam, d. h. in den Baufonds, und waren somit der Mutterkirche verloren. Das war sicherlich kleinlich gedacht. Aber wie fast aus allen Urkunden jener Zeit hervorgeht, spielte das pekuniäre Interesse bei jenen Pfründenbesitzern die Hauptrolle. Vielleicht mochte man auch damals schon die Befürchtung hegen, es möchten auch die Sporteln für geistliche Amtshandlungen, welche an und für sich durchaus nicht dem funktionierenden Geistlichen, sondern dem Stift gehörten, in dessen Dienst sie verdient waren, durch die Errichtung jener Kirche, deren Selbständigkeitserklärung

---

* Diese Protesturkunde ist unterschrieben und untersiegelt von Johannes Lupi, dem Notar des Stiftes. (Siehe darüber S. 65.)

wohl damals schon geplant war, gefährdet erscheinen. Wenigstens bestätigen die Verhandlungen, welche im J. 1451 bis 1453 bezüglich der Selbständigkeitserklärung der Peterskirche geführt wurden, diesen Verdacht. Wenn auch in den Urkunden dieses Jahrhunderts (auch in der Stiftungsurkunde vom J. 1417) immer auch hier und da die Sorge um die Seelen der Lebenden und noch mehr um die erwartete Belohnung im Jenseits erwähnt wird, so geschieht dies doch stets nur beiläufig und in phrasenhaftem Stil. Daneben tritt die Betonung des Geldinteresses so deutlich und nachdrücklich hervor, daß es gar keinem Zweifel unterliegt, von welchen Beweggründen die geistliche Behörde geleitet gewesen sei. Jenem erwähnten Protest nach zu urteilen, wäre auch im J. 1417 die Errichtung dieser Kirche schwerlich durchgesetzt worden, wenn nicht die Ratsfreunde jenen an sie verschuldeten Erzbischof von Mainz, einen würdelosen Priester, mit Geld bestochen hätten. Sie hatten ihm früher schon seine bei seinem Amtsantritt kontrahierte Schuld im Betrage von 2000 Gulden, die mittlerweile, da er die zehnprozentigen(!) Zinsen nicht bezahlt hatte, auf 4000 angewachsen waren, geschenkt und gaben ihm noch 600 Gulden hinzu, wofür sie ihn nach jahrzehntelangem Kampf mit dem Bartholomäusstift wegen der von demselben verlangten Zehnten aus den Erträgnissen des neuen „Wingarten" auf dem Sachsenhäuser Berg für sich gewannen. So gut dem Rat das gelungen war, mochte der Erzbischof auch in der Frage dieses Kirchbaues die Wünsche der Gemeinde entgegen den Interessen und Protesten des Stiftes berücksichtigen. Es berührt uns aber eigentümlich, wenn wir in diesen Zeiten die wahrhaft kirchlichen Interessen nicht sowohl von dem Clerus, als vielmehr von den Laien vertreten sehen.

Jakob, oder wie man damals gewöhnlich sagte, Jeckel

Humbracht,* war ein tüchtiger Mann, der Sohn eines Goldschmiedes und verband selbst mit diesem Gewerbe das Amt eines beeidigten Geldwechslers, nach unseren Begriffen eines Bankiers u. zw. des ersten Bankiers den Frankfurt kennt. Seine Familie gehörte, später wenigstens, ebenso wie die der Ockstadt und der sogleich zu erwähnenden Burggrafen und Glauburg zu der um jene Zeit in ihren ersten Anfängen sich befindenden adeligen Gesellschaft Alt=Limpurg, die somit recht wohl als die eigentliche Begründerin der Peterskirche bezeichnet werden kann. Er starb 1420 und wurde im Chor zu den Barfüßern begraben, da die Peterskirche damals noch nicht das Begräbnisrecht hatte. Er vermachte der Kirche ein Legat.

Johannes Ockstadt war eine noch hervorragendere Persönlichkeit. Er war Schöffe und im J. 1418 und 1426 älterer Bürgermeister. Er wird häufig in den Urkunden jener Zeit genannt und gehörte bis zu seinem im J. 1443 eingetretenen Tod zu den „Buwenmeistern" oder Pflegern (auch Vormünder genannt) der Peterskirche.** In seinem 1442 abgefaßten Testament vermachte er neben anderen kleineren Stiftungen auch der Peterskirche 100 Gulden, deren Flüssigmachung indes einige Schwierigkeiten bereitet zu haben scheint, da nach den Ratsprotokollen von 1444 mehrfach davon die Rede ist, daß dieses Legat schuldig geblieben sei und beigetrieben werden solle.*** Seinen milden Sinn zeigt er in diesem Testament unter anderem auch durch ein Ver-

---

* Vergl. über ihn und die anderen näher bezeichneten Familien die Fichardschen Geschlechtsregister des Frankf. Archivs.

** Die Kirche hatte um diese Zeit 6 solcher Buwenmeister, d. h. Vorsteher der Fabrica. S. E. R. P. 1440 ff.

*** Item Johann Glauburg ist uff heut bei seinem eid vom rat vermahnet, die 100 gulden von St. Peters wegen in diesen 14 tagen auszurichten, habe er einige rechte zu jemand, davon zuzusprechen, gönne ihm der rat wohl. E. R. P. 1445.

mächtnis von 200 Gulden für einen rein humanitären Zweck, nämlich zu Duche (Tuchen), Schuhe und Speisen für die Armen, und empfiehlt auch seinen Personalerben sparsam zu leben, um dereinst etwas für milde Stiftungen übrig zu haben.

Aber auch schon bei seinen Lebzeiten hat Ockstadt und seine Familie in freigebiger Weise für die St. Peterskirche gesorgt.

Wir haben soeben erwähnt, daß das Bartholomäusstift im J. 1419, also zu einer Zeit, wo die Kirche kaum fertig gestellt sein konnte, einen Protest einlegte, weil sie noch nicht dotiert sei. In demselben Jahre stifteten nun die Nachkommen von Irmele im Saal und Konne zum Burggraffen (auch Burggraven), nämlich Katharine von Spangenberg im Saal, die Gattin Ockstadts, und eine Nachkomme jener Konne eine Vikarie auf die beiden Nebenaltäre der Peterskirche, nämlich St. Petri und Andreä und der heiligen Barbara.* Den Betrag dieser Vikarie kennen wir nicht. Genau bekannt ist uns dagegen eine noch bedeutendere Stiftung Ockstadts, welche er in Gemeinschaft mit Johann von Glauburg und Johann von Neuenhain, genannt Ryffenberg, im J. 1425 machte. Diese drei zusammen stifteten nämlich ein Gotteslehen für den dem heiligen Martinus (St. Matern) geweihten Hauptaltar der Kirche. Und zwar gaben dazu Ockstadt und Glauburg zusammen 30 Gulden jährlicher Gülte, Hans von Ryffenberg 9 Gulden Gülte, sodann 14 Achtel mit 100

---

* Konne zum Burggraven gestorben 1393 und Irmele von Spangenberg im Saal, geborene von Dachstüel waren Schwestern; Irmele heiratete den Wycker von Spangenberg, deren Tochter Katharine war die Gattin Ockstadts. Der erste Inhaber jener Vikarie war Johannes Grunauer (Würdtwein Dioec. Mogunt. II), derselbe stirbt 1437 als Vikar eines anderen Altars im Katharinenkloster, wohin sich seine Gönnerin Konne Burggraven, die Enkelin des oben erwähnten, zurückgezogen hatte. Im Jahre 1450 lebt letztere dort als Priorissin. (Siehe Fichards Geschlechtsregister.)

Gulden ablösbare Korngülte, außerdem nochmals 15 Pfund Hellerzins und 200 Gulden anzulegendes Kapital, also noch etwas mehr als die beiden anderen zusammen.* Dieses Gotteslehen wird dem Bruder des Johann von Neuenhain, dem Kuno von Neuenhain, genannt Reiffenberg (Ryffenberg), verliehen mit der Bestimmung, daß er selbst, falls er die Stelle niederlegte, berechtigt sein sollte, dereinst seine Nachfolger dem Rat zu präsentieren; späterhin sollte dann der Rat das alleinige Besetzungsrecht, natürlich in Übereinstimmung mit dem Bartholomäusstift, besitzen.**

Der Inhaber der Stelle übernimmt dafür die Verpflichtung, „fliesiglich zu bitten für alle die seelen, von denen das herkommen ist und dazu alle woche zum mynsten 3 messen zu lesen bestellen in der neuen kapelle, zu St. Peter genannt, in der neuen stadt Frankenfort morgens fruh, so man die Stadtporten daby uffdut, uff daz wandern und arbeitende lude, in das feld gehörende, daselbis messe gehoren mögen.***

Die Familie Ryffenberg (oder Reiffenberg, eigentlich Neuenhain zum Ryffenberg genannt) tritt hiermit von zwei Seiten in unsern Gesichtskreis, nämlich als Mitstifter und als erster Besitzer der Hauptstelle an der Kirche. Im

---

* Die Dotationssummen erscheinen ja freilich wie auch die vorhergenannten Ziffern geringfügig zu sein. Aber wir müssen bedenken, daß ein Gulden damaliger Zeit wohl reichlich 30—36 Mark heutigen Geldes Kaufwert hatte. Siehe darüber unten S. 148 ff.

** Siehe Lersners Chronik 2, II. 97 und Fichards Geschlechtsregister unter Nuwenhain.

*** Wir sehen zugleich daraus, wie gering die Obliegenheiten der Priester, wie bescheiden überhaupt der Gottesdienst zu jener Zeit in solch kleineren Kirchen gewesen ist. Der ganze Unterschied gegen den früheren Zustand besteht darin, daß einige Messen gelesen werden, von Predigt oder gar von Seelsorge ist nicht im entferntesten die Rede.

17. Jahrhundert und vielleicht noch bis zum Anfang des 19. Jahrhunderts hingen an der Wand der Kapelle auf der Westseite der Kirche zwei Epitaphien; das eine meldet uns den Tod Kunos von Neuenhain, sonst genannt Ryffenberg, eines Ritters (Armigers) aus dem J. 1409. Es war der Vater unseres Ritters und dessen Bruders, des Priesters Kuno von Ryffenberg. Das andere Epitaph trug die Inschrift:

Anno D̄n̄i MCCCC... obiit Johāns de Nuvven hayne alias dctus Riffenberg requiescat in pace. Amen. Anno Domini MCCCCXXXIX obiit honesta Alheid de Bonstehe uxor Johas d'Nuvven hayne alz dcs Riffeberg fria sex. an. nat. marie. requiescat in pace cum Christo. (Vergl. Lersner 2, II. 97.)

Es ist damit unser Johann Ryffenberg, der Stifter, und seine erste Gattin gemeint. Er ließ dies Epitaphium selber machen, daher steht die Jahreszahl seines Todes offen. Er starb später (in den 70er Jahren) in hohem Alter nach seinen Kindern, wahrscheinlich auch ohne viel Freunde zu hinterlassen, denn niemand befliß sich, sein Todesjahr nachträglich auf dem Leichenstein zu bemerken. Wir haben ebensowenig wie von seinen Mitstiftern Ockstadt und Glauburg eine zusammenhängende Lebensdarstellung. Aber die einzelnen Notizen über ihn in Fichards Geschlechtsregistern, in der Lersnerschen Chronik und vor allem in den Ratsprotokollen lassen vermuten, daß er kein steter und zuverlässiger Charakter gewesen sei. Schon das ist auffällig, daß sowohl bei dem Gotteslehen, wie nachher bei der Stiftung von Kapellen Ockstadt und Glauburg vereint auftreten, und Riffenberg in beiden Fällen allein. 1439, also im Todesjahre seiner ersten Frau, macht Riffenberg sein Testament und vermacht darin „zu der neuen ewigen Messe und Gotteslehen, als ihm sein

Bruder, Herr Kuno seliger, vormals bei seinem Leben befohlen hat zu machen in der Kirche zu St. Peter in der Nuwen Stadt," eine ganz bedeutende Stiftung im Wert von reichlich 1200 Gulden. Geringere Einkünfte vermacht er in diesem Testament seinem unehelichen Sohn Kuno, seinem Knecht und seiner Magd. Außerdem trifft er Kautelen, seine Kinder (er hat noch eine Tochter Mergen), und deren Vermögen vor den Nachstellungen der Verwandten seiner verstorbenen Frau zu schützen. Im Jahre 1447 ist er aber wieder verheiratet, er widerruft sein Testament vom Jahr 1439 und vermacht sein Vermögen seiner zweiten Hausfrau „Fychen" (Sophiechen), seinem Sohn und der Tochter Mergen, d. i. Mariechen, nebst derem Manne. Es scheint aber, daß nicht nur die berechtigte Fürsorge gegen seine nächsten Angehörigen ihn zu dieser Willensänderung geführt hat, sondern daß auch eine gewisse Feindseligkeit gegen den Rat, oder die Peterskirche oder deren Vormünder vorlag, denn in diesem Testament erläßt er außerdem, wir möchten fast sagen in ostentativer Weise, seinen Schuldnern zu Soden, Münster und Hornau die Hypotheken, welche er auf ihren Grundstücken liegen hatte, ganz oder teilweise. Dabei befand sich der Mann damals wahrscheinlich nicht in glänzenden Vermögensverhältnissen, denn er muß Geld leihen.. Noch im Jahre 1443 war ihm der Rat willfährig gewesen; das Gotteslehen seines Bruders Kuno war damals erledigt, wahrscheinlich auch eine zeitlang unbesetzt gewesen, und obwohl Johann von Reiffenberg kein eigentliches Präsentationsrecht hatte, so gestattet ihm doch der Rat, „dieweil er für den kaplan Sturzeisen bitte und begehre, diesen zu präsentieren, nachdem sich der rat verschrieben habe, so wolle der rat ihn präsentieren, jedermann unschädlich an seinen rechten und wolle das fordern als sich gebühre."* Im Jahre 1446 bezeugt uns dann eine Notiz des Ratsprotokolles, „daß dem Johann Reiffenberg 100 Gulden geliehen werden sollen zum Bau St. Peters-Kapellen und daß er die in zweyen Jahren wiedergebe und bezahle; dazu soll und will ihm der Rat 12 Haufen Steine geben." Ins Jahr 1447 fällt nun, wie gesagt, der Widerruf jenes Testamentes. Auch die Rückzahlung der geliehenen 100 Gulden macht Schwierigkeiten. Nach Ausweis des Ratsprotokolles wird Reiffenberg 1450 an die Schuld gemahnt. Aber erst 1453 meldet uns eine Ratsnotiz, daß „die Rechenmeister sollen die 200 Gulden von St. Peters wegen einnehmen." Während jener Zeit von 1447 an bestanden eifrige Verhandlungen zwischen Reiffenberg und dem Rat; bald heißt es, daß die Buwenmeister mit Reiffenberg reden sollen wegen des Benefizium, bald soll er vor den Rat beschieden werden, bald sollen sie unter Zuziehung seines Sohnes die Briefe besehen wegen des Benefiziums, — kurzum es gab damals zwischen dem Stifter und der Behörde manche Schwierigkeiten, deren genauen Anlaß wir freilich aus den kurz gefaßten Protokollen nicht ersehen können. Erst 1456 werden des Rates Freunde, Buwenmeister und Werkleute aufgefordert, Reiffenbergs Kapelle zu St. Peter zu besehen und abzumessen, und 1457 heißt es, „Reiffenberg auff ein ratstag zu verbeten von der kapellen wegen." Aus dem Jahr 1471 haben wir dann noch eine Notiz in den Akten des Bartholomäusstiftes, daß Johannes von Nuvvenhayn von Riffenberg nach dem Tode seiner Kinder Kuno und Mergen eine kleine Gülte als Seelengerett der Pfarre zu St. Peter zu Gunsten des Dechanten zu U. L. Frauen, Nicolas Hemingis geschenkt habe.** Die Kapelle, von der hier die

---

* E. R. P. von 1443.
** A. B. 1471. Fol. 466.

Rede war, ist der kleine, jetzt zur Kirche gezogene Raum auf der Nordfront. Eine andere Kapelle neben dem Chor trägt in den Kreuzungen des Deckgewölbes noch die Wappen der Familie von Ockstadt und von Glauburg. Auch in der Reiffenbergschen Kapelle sollen sich am Gewölbe die Wappen derer von Reiffenberg und ihrer Ehegatten befunden haben, die aber „durch den Pentzel des Mahlers korrumpiert und etwas unkantbar worden." (Lersner 2, II. 97.) Wann die Ockstadt=Glauburgsche Kapelle errichtet wurde, wissen wir nicht. Später übernahm die Familie von Glauburg auch die Reiffenbergsche Kapelle und verlegte in dieselbe ihr Erb= begräbnis, und Jahrhunderte lang führt diese Familie so= zusagen das Patronat unserer Kirche, insofern ihre Mitglieder am häufigsten unter den Pflegern derselben angetroffen werden, ihre Toten fast sämtlich in der Kirche oder deren Friedhof begraben werden, ihre Epitaphien sich bis vor kur= zem in der Glauburgkapelle selbst finden, ihre Wappen ebenfalls in der Kapelle und auch sonst in den Fenstern und in dem Deckgewölbe der Kirche häufig vorkommen. Aus dem Umstand jedoch, daß die Glauburgs späterhin diese ursprüng= lich Reiffenberg'sche Kapelle, wahrscheinlich durch Kauf gleich= falls übernahmen und sie neben der von ihnen in Ge= meinschaft mit Ockstadt gestifteten besaßen, entstand für die spätere Beurteilung dieser Kapellen eine gewisse Verwirrung. Man schrieb bald die eine, bald die andere der Familie von Holzhausen zu, wohl aus dem Grunde, weil der Name der mit den Glauburg vielfach verschwägerten Holzhausen öfters auf den Epitaphien der Kapelle vorkommt. Im übrigen aber haben die Holzhausen mit diesen Kapellen durchaus nichts zu thun, während die Stiftung derselben durch die obenge= nannten Familien urkundlich vollkommen gesichert ist.

4. Kapitel.

Die Peterskirche als katholische Kuratkirche von der Mitte des 15. Jahrhunderts (1453) bis zur Reformation (1531).

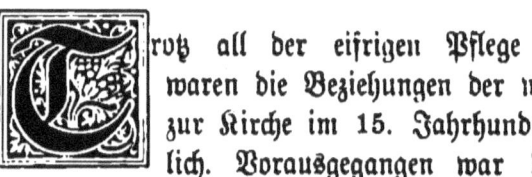rotz all der eifrigen Pflege der Kirchlichkeit waren die Beziehungen der weltlichen Behörde zur Kirche im 15. Jahrhundert wenig erfreulich. Vorausgegangen war das „babylonische Exil" der Päpste in Avignon, dann das große Schisma der Kirche und die Reformkonzilien zu Pisa, Konstanz und Basel, da man vor allem unter der Führung ernstgesinnter Laien die Kirche „an Haupt und Gliedern" zu reformieren suchte. Solche Zustände in der Gesamtkirche spiegeln sich naturgemäß in allen ihren Teilen wieder. In Frankfurt mußte das um so mehr der Fall sein, als, wie wir früher (S. 9 u. 29) gesehen haben, schon seit sehr langer Zeit der Streit um die den gewöhnlichen Menschen am lebhaftesten berührenden Fragen, nämlich die des „Mein und Dein" so heftig geführt und nur durch verwerfliche,

wenn auch in jener Zeit sehr gewöhnliche Mittel, die Bestechung eines ehrlosen, lebsüchtigen Prälaten, zum leiblichen Vorteil des Rats und der Gemeinde entschieden worden war. Die moralische Niederlage, welche die Kirche dabei erlitt, mußte noch weit größer sein. Denn es handelte sich nicht nur um einen Streit zwischen gleichgeordneten Behörden, sondern zugleich damit um einen Kampf der sogenannten Hirten mit ihrer Herde, der „Pfaffheit" mit ihrer Gemeinde; das Streitobjekt sind nicht etwa Prinzipien, die bei allem Gegensatz doch nicht die Achtung des Andern auszuschließen pflegen, sondern um die schnödesten weltlichen Interessen, um welche die Vertreter der Kirche die Gemeindemitglieder schädigen wollten, während sie doch von Haus aus berufen und wahrscheinlich auch thatsächlich beflissen waren, in der Theorie und in der Predigt die Verachtung dieser Weltdinge und ihre Zurückstellung hinter die idealen Lebenszwecke zu vertreten. Welche Erbitterung mußte es doch beim gemeinen Mann hervorrufen, wenn er, der mit Steuerlasten überbürdet war, dem Klerus nicht nur den Zehnten von allen Erträgnissen seiner schweren und sauren Arbeit geben, sondern auch zusehen mußte, wie dieser etwa den kostenlos erworbenen Wein auch noch steuerlos verkaufte, ja geradezu Wirthschaften in den Klöstern anlegte, wobei es denn auch sonst nicht immer so streng geistlich mag zugegangen sein.*

Sicherlich war von diesem Klerus kaum zu erwarten,

---

* Der Weinverkauf der Klöster dauerte bis zu deren Saekularisation i. J. 1803. Die Dominikaner, die öfters auch wegen Unzucht in Rede stehen, brauen außerdem Bier und geben es andern ab; B. B. 1490 f. 97 b; Kriegl, Bürgerzwiste, S. 107. Vgl. außerdem viele Notizen darüber in den Bürgermeisterbüchern, z. B. 1438 f. 54; 1442 f. 105.

daß er, der nur gegen seinen Willen (S. 28) entstandenen Peterskirche noch weitere Macht und Freiheit geben sollte. Ebenso natürlich war es andererseits, daß Rat und Gemeinde, deren ganze Lebensanschauungen ja doch kirchlich bestimmt waren, sich Pfarrkirchen in möglichster Unabhängigkeit von dem allmächtigen Bartholomäusstift wünschten. Sicherlich waren es auch späterhin, zur Zeit der Reformation, nicht nur die dogmatischen Meinungsverschiedenheiten, welche das Volk, besonders in den größeren Städten, so schnell der neuen Lehre zuführten, sondern mindestens ebensosehr die seit langen Jahrzehnten gebildeten Gefühle der Abneigung und Mißachtung, welche sie ihren bisherigen Hirten entfremdet hatten. Ein Glück nur war es für die Gemeinde, daß dieser Klerus in sich selbst nicht so geeint und gefestigt war, daß man nicht Gelegenheit gehabt hätte, das eine mal wie 1417 gegen einen schlimmen Faktor einen noch schlimmeren auszuspielen, das andere mal auch eine wahrhaft würdige und frommkirchliche Strömung zu benutzen, um zu dem erwünschten Ziele zu gelangen. Und, Gott sei Dank, fehlte es an solch besseren Richtungen und würdigeren Persönlichkeiten zu jener Zeit auch nicht. Nach Frankfurt kamen gegen die Mitte des 15. Jahrhunderts bei zwei Anlässen hervorragende Vertreter einer würdigeren Kirchlichkeit, nämlich zu den Reichstagen, die da im J. 1442 und 1446 abgehalten wurden.*
Unser Bürgermeisterbuch vom J. 1442 bringt uns mehrere Notizen über Verhandlungen und Besprechungen, die der Rat damals mit den Kardinälen pflog. 1446 schickte der Papst Eugen IV. vier hervorragende Prälaten zum Reichs-

---

* Es handelte sich bei diesen Reichstagen um die Durchsetzung der Beschlüsse des Baseler Konzils; der päpstlichen Politik gelang es jedoch, besonders auf das Betreiben des Aeneas Sylvius, den Sieg davonzutragen.

Die Peterskirche als katholische Kuratkirche.

tag, unter ihnen die Bischöfe Thomaso Parentuccelli,* den späteren Papst Nicolaus V., und den hochberühmten Nicolaus von Cusa, von welchem wir später des Genaueren reden werden. Auch von weltlicher Seite wirkte bei diesen Verhandlungen in Frankfurt mit ausschlaggebendem Erfolge einer der hervorragendsten Männer der Zeit mit, der früher auf dem Baseler Konzil die Autorität des Papsttums bekämpft hatte, jetzt aber zur päpstlichen Partei übergetreten war, um später selbst die Tiara zu empfangen, — Aeneas Sylvius Piccolomini. Was war natürlicher, als daß der Rat mit diesen Kirchenobersten über eine Sache verhandelte, die ihm so sehr am Herzen lag? Mochte er doch dabei nicht nur die kirchliche Versorgung seiner beiden Vorstädte im Auge haben, sondern vielleicht in noch höherem Grade die Schaffung neuer, von den Stiftskirchen unabhängiger Parochien. Was war natürlicher, als daß die schon 1442 angeknüpften Verhandlungen weiter gepflogen wurden, wahrscheinlich im Jahre 1446, sicherlich später auch schriftlich, als die Gesandten des Jahres 1446 mittlerweile zu Rom die höchsten kirchlichen Würden erlangt hatten. Aus dem Jahre 1449 überliefern uns das Bürgermeisterbuch und die Akten des Kastenamts mehrere Notizen über solche Verhandlungen.** Auch der Papst scheint zunächst eine Botschaft

---

* Siehe Pastor, Gesch. d. Päpste, S. 255.

** Von der botschafft gein Rome umb mer parren und conservatoren, die frunde an meister Nicolaus de Cusa, so er gein Mentze kommet, von der botschafft gein Roma; B. B. 1449 fol. 64b. (Die Entsendung Cusas nach Deutschland scheint also schon damals beschlossen gewesen zu sein), die sache czu Rome mit einer eignen botschafft czu enden; B. B. 1449 fol. 67. Meister Johann Quentin gein Rome fertigen, so es so besser und privilegia und anders vom thorn bun; B. B. 1449 fol. 69.

untergeordneter Bedeutung nach Frankfurt geschickt zu haben.* Auch 1450 ist dieser direkte Verkehr mit Rom nach Ausweis des Bürgermeisterbuchs und der Akten des Kastenamts fortgesetzt worden.**

Wir besitzen noch die Konzepte, in denen die einzelnen Mitglieder des Rats ihre Vorschläge zur Begründung des städtischen Verlangens nach zwei neuen Pfarrkirchen machen. Aus diesen einzelnen Vorschlägen wird dann das Gesamtgutachten des Rats zusammengestellt, und dieses nimmt der Gesandte der Stadt mit nach Rom. Dieser Gesandte war der Prokurator der Stadt, Meister Johann Quentin von Ortenberg zum Lämmchen. Wir haben noch einen Brief von ihm, den er aus Rom an den Stadtschreiber in Frankfurt schickt,*** und worin er die anfänglichen Schwierigkeiten zum Papste zu gelangen, aber auch seinen schließlichen Erfolg dieser Bemühungen schildert. Zu Ostern 1451 ist er dann wieder in Frankfurt. Die mitgebrachte Bulle, die der Rat dann später dem Kardinal präsentiert, ist ihrem Hauptteil nach die wörtliche Übersetzung jener eben erwähnten Ausarbeitung des Rats.† Wir haben das Original dieser Bulle in den Urkunden des Kastenamts und außerdem mehrere gute Abschriften derselben z. B. im Frankfurter

---

* B. B. 1449 fol. 88.
** Vgl. B. B. 1450 fol. 60 b. vom 14. Nov. und 4. Dez.
*** A. K. A.

† Man erkennt daraus die geschichtliche Behandlung solcher Angelegenheiten überhaupt. Es wäre auch viel verlangt, wollte man dem Papste die persönliche Erledigung aller solcher verhältnismäßig gleichgiltiger Dinge zumuten. Auf diese Weise erklärt sich auch das schlechte Latein dieser Bulle mit ihrem entsetzlichen Periodenbau. Der gelehrte Humanist auf dem päpstlichen Stuhl hätte sicher besser geschrieben.

Privilegienbuch I, 248. Sie ist unterm 23. Febr. 1450* von Papst Nikolaus V. erlassen, demselben, der früher als Legat nach Frankfurt gekommen war.

Es heißt darinnen dem wesentlichen Inhalt nach: Der Rat, der Bürgermeister, die Schöffen und die Gemeinde von Frankfurt hätten kürzlich an den Papst eine Petition gesandt des Inhalts, daß die bevölkerte Stadt nur eine Pfarrkirche, nämlich zu St. Bartholomäi, besitze, zu der mehr wie 12000 Kommunikanten** gehörten, daß die Seelsorge durch einen von dem Stift dazu Erwählten besorgt würde. Zu dieser

---

* Nach bürgerlicher Zeitrechnung war es natürlich 1451. Da aber das päpstliche Jahr zu jener Zeit im März anfing, so tragen alle päpstlichen Urkunden des ersten Quartals die Jahresziffer des vorigen Jahres. So lange man diesen Sachverhalt nicht beobachtet, kommt man natürlich, (wie es uns erging), in unlösbare chronologische Schwierigkeiten.

** Schon Bücher weist an diesem Beispiel die völlige Unzuverlässigkeit solcher kirchlichen Angaben nach. Er hätte noch hinzusetzen können, daß, wenn man diese Ziffer ernst nehmen wollte, eine noch viel größere Einwohnerzahl angenommen werden müßte, da in den anderen Stiftskirchen und Klöstern gleichfalls die Kommunion gefeiert würde. (Siehe das unten erwähnte Aktenstück vom Jahre 1451 des Bartholomäusstifts). Aber die Angabe der Kommunikantenzahl ist schon darum für eine Bevölkerungsstatistik vollständig unverwendbar, weil unter den Kommunikanten gar nicht sowohl die einzelnen Personen zu verstehen sind, als vielmehr die ausgegebenen Abendmahlspenden. So rechnen wir heute noch in der evangelischen wie in der katholischen Kirche, so hat man damals erst recht gerechnet. Sicherlich gingen aber viele Personen mehrmals des Jahres zur Kommunion. Endlich wird diese Kommunikantenziffer nicht nur in dem oben erwähnten Aktenstück ausdrücklich als zu hoch bezeichnet, sondern der erste Pfarrer der Peterskirche, der unten näher zu besprechende Lupi, giebt in seinem berühmten, vor 1468 geschriebenen Beichtbüchlein die Zahl der Kommunikanten, freilich immer noch zu hoch, auf 8000 an.

einen Pfarrei gehörten die zwei Vorstädte Sachsenhausen und die Neustadt, die durch Mauern und Befestigungen mit dazwischen liegenden Thoren von der Stadt getrennt seien, Sachsenhausen außerdem durch den Main, die Neustadt durch einen tiefen Graben, und wegen der Messen wären die dazwischenliegenden Thore verschlossen und zur Nachtzeit der Verkehr abgeschnitten. So komme es dann, daß die Gefahr der Vernachläſſigung des Gottesdienstes und der Sakramente nahe liege. Außerdem entstehe an Festtagen in der Kirche ein großes Gedränge zum Nachteile der Andacht. Zu Zeiten der Epidemien, die ja jetzt gerade wieder besonders gefährlich wären,* müſſe es vermieden werden, daß sich große Menschenmassen an einem nicht sehr weiten Orte versammelten. Ebenso sei es schwer, die Toten alle in der einen Kirche und in dem sie umgebenden Kirchhof in anständiger Weise zu begraben. Endlich aber pflegten in Frankfurt wegen des übergroßen Zulaufs zur österlichen Kommunion viele diese kirchlich gebotene Feier vor oder nach der Fastenzeit zu begehen. Diese Mißstände würden durch die Errichtung zweier neuer Parochien gehoben. Außerdem hätten die städtischen Behörden sich bereit erklärt, die Katharinenkapelle in Sachsenhausen (auf der Brücke), über welche sie das Patronat hätten, mit der Dreikönigskirche zu verschmelzen und deren Einkünfte im Betrage von 4 Mark Silber (28 Gulden) dieser Kirche, welche über ebensoviel Einnahmen verfüge, zu Gute kommen zu lassen, wozu der Papst seine Genehmigung geben möge. Er, der Papst, sei an und für sich geneigt, dieser Bitte zu willfahren, kenne jedoch die ihm vorgetragenen Verhältnisse nicht genau und wolle nicht, daß etwa andere

---

* Damals wütete gerade in Italien und besonders in Rom die Pest, und Nikolaus V. wich ihr mit besonderer Ängstlichkeit immer aus.

durch die Neuordnung geschädigt würden. Er beauftragt daher den Kardinal, alle Interessenten zu vernehmen und sich genau zu erkundigen. Wenn es ihm dann gut scheine, möge er die Dreikönigs- und die Peterskirche in Pfarrkirchen mit Taufsteinen und Friedhöfen umgestalten, nachdem er zuvor das Stift für den Ausfall der Einkünfte, welche demselben aus der kirchlichen Versorgung jener Bevölkerung geflossen seien, in geeigneter Weise entschädigt habe. Nachdem dies geschehen, solle er in Vertretung des Papstes die Kirchen stiften und die seelsorgerlichen und rechtlichen Verhältnisse zwischen Geistlichen und Gemeinde in geeigneter Weise ordnen.

Wenn indessen eine solche Neuerrichtung auf die angegebene Weise sich nicht wohl durchführen lasse, so möge der Kardinal die Kapellen in Töchterkirchen mit Friedhof und Taufstein umändern, die durch Kapläne des Stifts verwaltet würden. Diese Kapläne seien vom Stift aus zu ernennen und nötigenfalls abzusetzen, hätten von ihm mit Unterstützung des Rats ihre Besoldung zu empfangen und die Seelsorge zu üben und die Sakramente entweder selbst zu verwalten oder auf eine andere, dem Kardinal geeignet scheinende Weise verwalten zu lassen, wenn nur die oben erwähnten Mißstände beseitigt würden. In diesem Falle möchte dem Rat und den Bürgermeistern das Patronats- und Präsentationsrecht, welches sie bisher gehabt hätten, verbleiben, und dennoch die Katharinenkapelle und ihre Einkünfte mit der Dreikönigskirche, ohne daß vorher besondere Erlaubnis von irgend jemand eingeholt werden müßte, vereinigt werden, unter der Voraussetzung, daß im übrigen etwa verbriefte Rechte nicht geschädigt würden.

Soweit der wesentliche Inhalt der Bulle.*

---

* Wir drucken dieselbe nach dem Original im Anhang 2 ab. Der Abdruck bei Würdtwein wimmelt von Fehlern und ist dadurch stellen-

Papst Nikolaus V., der Verfasser derselben, zeichnete sich vor anderen durch Reinheit seines Charakters und besonders durch seine großartige Vorliebe für Kunst und Wissenschaft aus, für die er die größten Opfer fortwährend brachte — für eine Homerübersetzung gab er 10 000 Goldgulden (d. h. nach unserem Geldwert reichlich 300 000 Mark) — legte den Grundstock zur Vatikanischen Bibliothek, gründete zahlreiche Kirchen, ließ die Mauern Roms wiederherstellen und beabsichtigte den Neubau des Vatikans und der Peterskirche in Rom. Aber dies alles waren ihm nur Mittel, das päpstliche Ansehen und damit, wie er wohl glauben mochte, die christliche Religion zu stützen und zu heben. Und das that wahrlich not. Allzu zahlreich und allzu berechtigt waren doch auch auf den Reformkonzilien dieses Jahrhunderts die Klagen über die Verderbnis des Klerus und die Verwilderung der Klöster gewesen. Zwar fehlt der Kirche oder, was für die damalige Zeit fast dasselbe ist, dem Klerus, und vor allem dem Papste Verständnis und Wille, die Ursache dieser Erkrankung im System, im Herzen und Haupt der Kirche zu sehen. Soweit sich dieselbe aber äußerte in den Gliedern, war man gerne geneigt zu kurieren, nötigenfalls sogar zu amputieren.

Zu solcher Reformationsarbeit sandte denn der Papst

weise absolut unverständlich. — Die Datierung dieser Urkunde aus Rom .... anno millesimo quadringentesimo quinquagesimo septimo kal. Mart. pontificatus nostri anno quarto hat einige Berichterstatter, wie z. B. einen Gewährsmann Battonns, zu dem Irrtum geführt, die Urkunde in das Jahr 1457 zu setzen. Aber das Wort septimo ist von quinquagesimo zu trennen und zu kal. Mart. zu ziehen. Ginge es nicht schon aus dem Inhalte hervor, daß das Schriftstück vor der Reise des Cusanus abgefaßt sein muß, so müßte die nähere Bezeichnung „im vierten Jahr unseres Pontifikats" jeden Zweifel heben; denn Nikolaus kam 1447 auf den päpstlichen Stuhl.

nach den verschiedenen Ländern hervorragende Legaten und versah sie mit weitgehender Vollmacht.

Der für Deutschland ausgesandte Legat war der Kardinal Nikolaus Schrypffs (Krebs) aus Cues an der Mosel, bekannt unter dem Namen Cusanus, eine der glänzendsten und großartigsten Erscheinungen des 15. Jahrhunderts. Sein Wissen erstreckte sich auf alle Gebiete der damaligen menschlichen Erkenntnis. Er ist gleichbedeutend als Theologe, wie als Philologe, als Mathematiker und Astronom wie als tiefsinniger Philosoph; aber er verdient noch größere Anerkennung wegen eines sittlich durchgebildeten und herzlich frommen Charakters. Er war ursprünglich nichts weniger als ein Freund der Ultramontanen. In seinem für das Baseler Konzil verfaßten dreibändigen Werk: de catholica concordantia vertritt er die Abhängigkeit der Päpste von den Konzilien, beweist, daß die sogenannte Schenkung Konstantins unhaltbar sei und verlangt die Unabhängigkeit der weltlichen Fürsten von dem Papst in allem, was sich nicht auf den Glauben beziehe. Später aber tritt er zur päpstlichen Partei über und vertritt auf den Reichsversammlungen zu Frankfurt 1442 und 1446 die päpstliche Selbständigkeit. Wir wollen wegen dieser Schwenkung ihn nicht verurteilen. Er mag sich, wie manche seiner Zeitgenossen, die ehrliche Ansicht gebildet haben, daß zu damaliger Zeit nur in der Stärkung des päpstlichen Ansehens die Aussicht auf eine Befestigung der Kirche begründet sei. Jedenfalls war es ihm ein heiliger Ernst mit der sittlichen Reformation der Kirche. Am 31. Dezember 1450 schickte ihn der Papst Nikolaus V. mit weitgehenden Vollmachten versehen nach Deutschland und den Niederlanden zur Inspektion der Kirchen und Klöster. Über Brixen, das ihm zum Bistum gegeben war, zieht er nach Bamberg, Erfurt, Magdeburg, Hildesheim,

Minden, Deventer und Mainz, wo er Mitte November 1451 eintrifft. An mehreren dieser Orte, wie in Bamberg, Erfurt, Magdeburg, Mainz hält er Provinzialsynoden, überall revidiert er die Stifter und Klöster, schreitet ein gegen unwürdige Priester, die er im Notfall sogar dem weltlichen Arm zur Bestrafung überweist, wendet sich gegen den Aberglauben, z. B. bezüglich der blutigen Hostien, den Ablaßmißbrauch, das so weit verbreitete Konkubinenwesen. Überall hält er einbringliche Predigten in deutscher Sprache, sein Auftreten ist einfach, mild und freundlich und doch wieder von unerbittlicher Strenge gegen die Schänder des geistlichen Standes. Gegen das damals so besonders wirksame und weitverbreitete Mittel der Bestechung scheint er, persönlich wenigstens, unzugänglich gewesen zu sein, wenn auch seiner Umgebung das Verständnis für diese klingenden Argumente nicht fehlte. In Mainz erhält er den Auftrag, auch nach England zu gehen, um dort in gleicher Weiser Klöster und Pfarreien zu reformieren. Dieser Auftrag scheint aber aus irgend welchen Gründen nicht zur Ausführung gekommen zu sein. Denn wir erfahren nicht nur nichts von seiner dortigen Thätigkeit, sondern finden ihn auch vom 24. Februar bis zum 8. März 1452 auf einer Provinzialsynode in Köln. Aber schon während er in Mainz war, war der Rat in Verhandlungen mit ihm wegen der Kirche wieder eingetreten. Unsere Bürgermeisterbücher bieten uns dafür wieder mehrere Belege.* Als dann der Kardinal auf

---

* Die notel an den Cardinale Cusa bessern und hernach uber etliche czyt yme dann schicken. B. B. 1451 fol. 14b. 5 p. exuudi. — Dem Cardinale schrieben als meister Johann von Rome kommen. B. B. 1451. — Die notel an den Cardinale fertig und der Babiştskommission ein abeschreiben mitschicken. B. B. 1451. III post Jacobi. — Die frunde czu den sachen von den parren czu Sassen-

Die Peterskirche als katholische Kuratkirche. 47

der Rückreise von der Kölner Synode im März nach Frank=
furt kommen soll, trifft der Rat ausgedehnte Vorbereitungen.
In der Sitzung vom 5. post Oculi 1452 heißt es „dem
Cardinale 100 fl., 30 Achtel habern, ½ fuder wines und
10 gulden wert fische schenken, so er herkommt." Und von
der Ratssitzung 8 Tage später heißt es „die originale Bulle
von der pharren (die damals also publiziert sein muß) wegen
wider czu bestellen."

Aber auch die Herren vom Bartholomäusstift waren
mittlerweile nicht unthätig gewesen. In den Akten des
Bartholomäusstifts finden wir neben einem vereinzelten
Schriftstück** ein ganzes Aktenfaszikel,*** welches Wider=
legungen der dem Papste vorgetragenen Argumente enthält.
Sie wenden ein, daß die Zahl von 12000 Kommunikanten
zu hoch gegriffen sei, es sei immer noch Platz in der Kirche,
und darum könne von der Gefahr einer Epidemie nicht die
Rede sein. Man könne an das Thor, welches die Neustadt
nach der Seite der Peterskirche mit der Altstadt verbinde,
einen Pförtner stellen, der zur Nachtzeit öffne. Den Kirch=
hof zu Bartholomäi könne man erweitern, es sei dort noch

---

hußen und czu Sankt Peter widder darumb czum Cardinale czu
kommen und wie die Sache mit gefug und anders vurczunemen
sy, auch des Cardinales swester son 10 fl. schenken, desgl. Doktor
Rosenberg auch 10 oder 12 fl. (Doktor Rosenberg war der General=
vikar des Erzbischof von Mainz und hatte die Beschlüsse des
Provinzialkonzils dem kurmainzischen Klerus zu übermitteln). So=
gleich darauf: Die frunde widder czum Kardinale gein Mentze
termeny czu halden.

* Zur Charakteristik der Zeit möge der Beschluß desselben
Tages erwähnt werden: Gerlach von Londorff heißen den Mist vor
St. Kathrin abethun.
** A. B. 1451. No. 391.
*** A. B. 1451—1453.

Raum vorhanden; zudem ließen ja so wie so die Reichen und Vornehmen ihre verstorbenen Angehörigen in den Klöstern begraben. Nicht wegen des allzu großen Zudranges zur österlichen Beichte verschöben viele die Hauptkommunion, sondern vielmehr aus Rücksicht auf die Messe; sie könnten ja sonst auch in die Klöster und andere Stiftskirchen gehen. Daneben kommen dann noch lange Aufzählungen der preiudicia, d. h. der pekuniären Nachteile, welche das Stift durch die Errichtung dieser Parochien erleiden würde. Besonderer Widerspruch wird auch gegen die Erteilung des Taufrechts erhoben, weil gerade mit der Taufe beträchtliche Einkünfte verbunden waren. In einem Konzept jenes Aktenfaszikels findet man unter anderem den Vorschlag, es sollten die Kapläne der neuen Kirche „den Dauff" (d. h. wohl die zur Taufe nötigen, vielleicht in einem Kasten vereinigten, Utensilien) von der Mutterkirche holen lassen, so oft sie ihn brauchten und so die Taufe in Vertretung des Stadtpfarrers vollziehen, ein Vorschlag, der, wenn er auch dem Wortlaut nach nicht mehr später vorkommt, doch thatsächlich ausgeführt zu sein scheint.

Man mag zugeben, daß diese Einwendungen, soweit sie sich gegen die behauptete Überfüllung der Kirche und der Kommunion richteten, berechtigt waren; kleinlich sind sie dagegen, sofern sie die Leugnung der Bedürfnisse des Verkehrs und des Beerdigungswesens betreffen, und geradezu unwürdig, wenn man bedenkt, daß lediglich Eifersucht und Habsucht die Mutterkirche zur Feindseligkeit gegen die Tochterkirchen bewegt.

Indeß waren diese Bemühungen des Stiftes nicht vergebens. Wir sahen oben, wie der Papst in seiner Bulle zwei Möglichkeiten offen hielt. In der ersten Hälfte derselben war von Parochialkirchen die Rede. Dann heißt es: „wenn aber eine derartige Errichtung in der vorausgesetzten Weise sich nicht wohl machen läßt, — dann mache du die beiden Kapellen zu Tochterkirchen mit Kirchhöfen und Taufsteinen." Der Kardinal hat nun offenbar die letztere Eventualität vorgezogen. Wir drucken seine in unserem Archiv unter den Bartholomäusakten im Original befindliche Urkunde im Anhang 3 ab.* In dieser Urkunde ist von einer Parochialkirche nie die Rede (nur der unterzeichnende Notar gebraucht einmal das Wort), sondern er nennt von vornherein curatas ecclesias sine tamen preiudiciis ecclesiae matricis. Er führt dann weiter aus, daß das Taufrecht der Mutterkirche verbleiben sollte und in den Tochterkirchen von deren Geistlichen oder „Curaten" im Auftrag und in Vertretung der Mutterkirche ausgeübt werden solle.** Die Curaten sollten abhängig von dem Stift und von demselben absetzbar sein. Sie sollten sich mit einem Gehalt von 75 Gulden begnügen und darüber hinaus weder geistliche noch weltliche Behörden in Anspruch nehmen. Das Patronatsrecht des Rats, welches er bisher in St. Peter, Dreikönig und Katharinen auf der Brücke gehabt hatte, wird ausgelöscht. Die Einkünfte von Dreikönig und Katharinen auf der Brücke, zusammen 56 Gulden und die Einkünfte der Peterskirche (es ist hier das Ockstadt-Glauburg-Reiffenberg'sche Gotteslehen gemeint) werden auf die neuen Kirchen übertragen. Dem Rat wird dafür das Patronatsrecht zweier Vikarien in Bartholomäi verliehen. Das Plebanat, d. h. das Pfarrrecht, bleibt dem Stift; die Unterhaltungs-

---

* Dieselbe findet sich auch bei Würdtwein a. a. 6. pag. 414 (verdruckt statt 514); jedoch daselbst mit mehreren sinnentstellenden Fehlern und geradezu verwirrender Interpunktion.

** In diesem Sinn ist wohl die Stelle von solo baptismo — conferentur zu verstehen.

pflicht, die cura fabricae, der Stadt, im Uebrigen verbleibt alles, wie es bisher gewesen ist.

Man sieht, hiermit war für die neue Kirche nach einer Seite eigentlich herzlich wenig erlangt. Nicht einmal das Taufrecht, welches der Papst in Aussicht gestellt hatte, selbst für den Fall, daß es nicht zur Errichtung von eigentlichen Pfarrkirchen käme, hatte das Domstift den Tochterkirchen vergönnt, und die im Prinzip hier schon erklärte Abhängigkeit der beiden Kirchen und ihrer Geistlichen vom Stift und seinem Stadtpfarrer, haben dann die Ausführungsbestimmungen, wie sie in den uns überlieferten Amtseiden zum Ausdruck kommen, noch weit mehr verschärft. Wir drucken im Anhang 4 einen solchen Amtseid und zwar den des Pfarrers Wedekindt vom Jahr 1475 ab. Daß auch die Praxis an diesem Verhältnis nichts Wesentliches geändert hat, ersehen wir aus dem nahezu gleichlautenden Amtseid des Pfarrers Meusing von Sachsenhausen aus dem Jahre 1524, welchen Würdtwein a. a. O. 529 abdruckt. Fassen wir die Bestimmungen dieser Amtseide der Kürze wegen zusammen, so finden wir zwei Rücksichten, die für ihre Auffassung maßgebend gewesen sind: erstens die absoluteste Abhängigkeit der neuen Kapläne von Stift und Plebanus zu St. Bartholomäi und zweitens das Interesse, möglichst viel Geld aus den neuen Pfarreien zu gewinnen. Der neue Kaplan soll vor Allem nie im stande sein, eigene Kirchpolitik zu treiben, sondern stets sich auf den Standpunkt des Kapitels stellen und die fabrica und das Plebanat von Bartholomäus nach allen Kräften unterstützen. Die Treue für sein Amt kommt dann erst in dritter Linie, und auch hier verpflichtet er sich, nie die Stiftungsbriefe zu überschreiten und in Zweifelsfällen beim Stadtpfarrer sich Rats zu erholen. Will er seine Stelle kündigen, so muß er das ein Jahr vorher thun; umgekehrt muß er gewärtig sein, sich jeden Augenblick ohne Widerrede fortschicken zu lassen, ohne auch nur nach den Gründen fragen zu dürfen, warum das geschieht. Alle Nebeneinkünfte mit Ausnahme der Beichtgelder muß er dem Stadtpfarrer überliefern. Trauungen darf er nur mit Genehmigung des Stadtpfarrers vornehmen und muß die Gebühren hierfür gleichfalls abliefern.

Das entsprach freilich wenig den Absichten des Rats, welcher eine vollständige Pfarrkirche mit dem Taufrecht gewünscht und verlangt hatte. Die Ratsprotokolle jener Zeit geben uns nur über das jeweilige Thema Nachricht, jedoch kaum mehr als ein Stichwort. Doch ersehen wir aus mehrfach vorhandenen Akten, daß der Rat stets von Pfarrern, von Parochien, von Kirchen mit allen Rechten, auch dem der Taufe redet, das Bartholomäusstift dagegen stets nur von Tochter= oder Curatkirche und von Kaplanen. Die Geistlichen selbst nennen sich stets nur Kaplane, nie, wie dies von Latomus an von Seiten der Chronisten geschah „Plebane". Der früher genannte Johann von Reiffenberg steht auch in dieser Sache wider den Rat.* Der Rat ergänzt die bisherigen Ein=

---

* A. B. 1451/53 No. 395: item zu der pfarren die zu sant peter gemacht wurde, darzu wulde der rat nach Johannes von Riffenbergs abegange, obe er sine consenß by sine lebetage dadezu nit tun wulde lassen gedien, und werden die prunde die her Wernher von Erbestat itzund inhort und ire lihungen daran übergeben und der husere eins, das hart an der selbe kirchen gelegen ist, das der kirchen zugehort zu wonunge des pfarrers geben und den großen garten darhinden zu inne kirchhoff und begrebbe, und hat dieselbe prunde (Pfrunde) diese nachgeschrieben gulde" 2c. Der Rat hat sich indeß doch bald darauf mit dem bisherigen Besitzer der ersten Stelle der Peterskirche, mit Wernher von Eberstat, abgefunden. Er pensionirt ihn nämlich mit fl. 30 (d. i. der Hälfte seines Einkommens), wofür Erbstat auf alle Rechte an der Peterskirche verzichtet. A. K. A.

fünfte des ersten Kaplans auf 75 Gulden,* d. h. er zieht einfach die Gotteslehen ein, die für jede Kirche etwa 60 Gulden betrugen und giebt dafür aus dem Aerar je 75 Gulden.**

Aber trotzdem, daß es dem Bartholomäusstift gelungen war, die Pläne des Raths bezüglich dieser Kirche auf ein so bescheidenes Maß zu reduzieren, und trotz der Befehle des Papstes und des Kardinals zögerte dasselbe dennoch, die Neueinrichtungen ins Leben treten zu lassen. Die Bürgermeisterbücher des Jahres 1452 und 1453 geben uns darüber den sichersten Aufschluß. Der Rat fordert zuerst höflich, dann immer bringender, daß die Abmachungen dem Volk verkündigt und die Pfarrer eingesetzt werden sollten, bis endlich im Jahre 1453, nachdem der Rat geradezu gedroht hatte, die Sache selber in die Hand zu nehmen,***

---

* A. B. 1453 No. 446.

** Dieses Gehalt scheint ja allerdings sehr gering. Aber es entsprach durchaus den damaligen Zeitverhältnissen und den sonst ausgezahlten Gehältern. Jedenfalls waren die so ausgestatteten Stellen sehr begehrt und bei jeder Valanz viel umworben. Auswärtige Standesherren empfehlen dazu ihre Günstlinge. Das Gehalt scheint auch bis zur Reformation nicht erhöht worden zu sein. Über den Geldwert vergl. S. 150 f.

*** B. B. 5 post luciae 18. Dez. 1452. „Die frunde czu den herrn czum cappittel czu sant Bartholomäus mit yne czu redden und czu bitten, die verkundinge van den nuwen parren czu tun nach lude der zcedell, slogen sie, das abe, yne sagen an igliche der nuwen parrekirchen einen peruer (Pfarrer) czu geben, so wulle der Rab forter denselben bestellen, und handelage tun nach lude der brieffe daruber besagende; wulden sie die verkundunge als vor nit tun, so wulle der Rab bestellen, das es doch geschehen sulle. auch sal man das in den orben auch bestellen, das das verkundiget wurde." — Wahrscheinlich verlangte das Stift darauf ausdrückliche Verpflichtung des Rats zu seinen Leistungen. Denn Anfang 1453 3 p. circumcis. heißt es dann: „die frunde czum cappittel um die nuwen parrer czu

Die Peterskirche als katholische Kuratkirche.   53

diesem Wunsche willfahrt wurde.* Die bisher geltenden Ansichten, daß um diese Zeit zwei neue Parochien mit Plebanen errichtet worden seien, wie sie die älteren Chronisten und sogar der in katholischen Verhältnissen so gut bewanderte Domherr Battonn giebt, sind somit zu berichtigen. Seitdem es in Frankfurt eine katholische Gemeinde giebt, bis auf den heutigen Tag, kennt sie nur eine Pfarrkirche und nur einen

geen und yne sagen, das der Rad iglichen syn gelt usrichten und bestellen wullte;" und am 5. post circumcisionis: „die frunde czum cappittel und trefflich mit yne redden von der pherner wegen czu geben uffreichunge us irer rechenunge, bis solange die gulde wol bestellt wirb und dabei sagen, das man is der gemeynde die lenge nit verswigen kunde irs guten willen und intrage. — Wie bezeichnend sind diese Noten doch für das Verhältnis sowohl des Domstifts zur Kirche, als auch das des Rats zum Domstift und andererseits zu den Klöstern!

Man mag sich ja wundern, daß ein solcher Widerstand nach der präzisen Verfügung des Kardinals überhaupt noch möglich war. Aber Rom ist weit, und man war es zu jener Zeit gewohnt, seine Befehle nicht allzuernst zu nehmen. Der Kardinal hatte auch den Verkauf in den Klöstern verboten. Aber kaum war er wieder von Frankfurt fort, so petitionieren die bei dem Rat sonst gut angeschriebenen Barfüßer, daß ihnen das Recht wieder zugestanden würde. Der Rat besinnt sich eine Weile, verfügt dann aber doch, daß es bei der Weisung des Cusanus zu verbleiben habe. (E. R. P. 1451 u. 53.) Trotzdem gerät dieser Befehl des Cusannus, daß vor und in den Kirchen und Klöstern und ihren Kreuzgängen Verkaufsstände nicht zu dulden seien, bald genug in Vergessenheit. Die Kirche der damaligen Zeit war eben nicht im stande, Reformen ernstlich durchzuführen, selbst wenn sie es wollte. Wie wenig Erfolg eine beabsichtigte Reform der Klöster durch Cusanus hatte, ersehen wir sowohl früher aus einzelnen Notizen, als besonders auch aus den bekannten Zuständen der Orden unmittelbar vor der Reformation des 16. Jahrhunderts.

* B. B. 1452. 5. post Reminiscere; item 3. post Leonhard. item 5. post Quasimodogeniti, item 3. post Basil. 3. post Cathar.

Pfarrer, und in dieser Hinsicht hat selbst der Pfarrer irgend eines Dörfchens mit selbständiger Pfarrei mehr Rechte, als die Direktoren unserer Stiftskirchen.

Aber andererseits war doch auch wieder das Erreichte recht bedeutend. Das ersieht man schon aus dem äußeren Apparat der Errichtung: Eine spezielle päpstliche Bulle, die besondere Beauftragung eines Kardinal=Legats mit Über=gehung des zuständigen Erzbischofs von Mainz; der außer=ordentliche Eifer in der Betreibung der Sache von seiten des Rats wie in ihrer Bekämpfung von seiten des Dom=stifts! Man erkennt es erst recht bei der Erwägung der inneren oder sachlichen Bedeutung des neu Geschaffenen. Traten doch in diesen Töchterkirchen ganz neue bisher in Frankfurt unbekannte Erscheinungen in den Kreis des kirchlichen Gemeinwesens. Die Klosterkirchen dienten in erster Linie den Orden, zu deren Niederlassungen sie gehörten. Die Stiftskirchen pflegten vor allem den Chor= und Meßdienst, und St. Bartholomäi allein hatte das Plebanat und durch das=selbe den eigentlichen Pfarr= und Seelsorgerdienst.* St. Peter

---

* Das Plebanat oder die Pfarrei zu St. Bartholomäi war erst kurz zuvor, im Jahre 1444 umgestaltet und befestigt worden. Bis dahin hatte einer der Kanoniker und zwar ohne besondere Bezahlung dies Amt verwaltet. Nunmehr ordnet der Erzbischof Theoderich von Mainz an, daß die zunächst frei werdende Präbende des Stifts mit dem Kanonikat und dem Plebanat vereinigt und diese Stelle einem Kanonikus übertragen werde, der sich nicht nur durch reinen Lebens-wandel auszeichnen müsse, sondern auch den Grad eines Magisters oder Baccalaureus in der Theologie oder den eines Doktors oder Licentiaten im kanonischen Recht erworben hätte. Nur bei der ersten Besetzung könne von dieser wissenschaftlichen Qualifikation abgesehen werden, wahrschein-lich weil damals niemand vorhanden war, der diese Bedingung erfüllt hätte, oder weil man den überernsten Bußprediger Hermann Stummel, der 1445 diese Stelle bekleidet, nicht übergehen wollte. (S. Lersner,

und Dreikönige aber waren fast ausschließlich für den eigentlichen Pfarrdienst d. h. für Predigt, Sakramentverwaltung (wozu natürlich die Messe auch gehört) und für die Seelsorge bestimmt, und waren es auch vorerst nur kleine, unansehnliche Töchter, die sich mit der berühmten und in der Gunst des Kaisers und des Reiches strahlenden Mutter sicherlich nicht messen konnten, so lag doch die Gefahr nahe genug, daß diese Töchter dereinst durch die Vorliebe derjenigen Kreise, mit denen man zunächst zu rechnen hatte, des Rates und der Bürgerschaft, gefährliche Nebenbuhlerinnen der Mutter werden konnten, eine Gefahr, die sich späterhin, wenigstens was die Peterskirche betrifft, thatsächlich zum teil verwirklicht hat. Freilich schlug dies Verhältnis auch einmal zu seinem Gegenteil um; im Anfange der Reformationsbewegung hielten sich, wie wir später genauer darlegen werden, eine Zeit lang der Rat und die Majorität der Bürger, als Freunde der neuen Lehre, zu St. Bartholomäi, die Ultramontanen zu der Peterskirche; aber dieser Zustand war nur vorübergehend, war nur bedingt durch die persönliche Stellung der damals an St. Peter wirkenden Kaplane und wurde durch das energische Einschreiten der Evangelischen bald wieder aufgehoben.

Aus der Zeit von 1452 bis zur Reformation erfahren wir nicht sehr viel neues. Von Brixen aus hatte der Bischof Cusanus denen, welche die Kirche an gewissen Festtagen besuchten, einen Ablaß von 100 Tagen bewilligt.* Kleine

---

I, 2, 6) Daß diese mit einer bedeutenden Gehaltsaufbesserung verbundene Reformation des Plebanats durch die bisher oft ungenügende Verwaltung desselben veranlaßt war, geht aus der Stiftungsurkunde hervor. Vergl. dieselbe bei Würdtwein, a. a. O. S. 501, und deren Bestätigung durch den Papst Pius II. im Jahre 1459, ebenda S. 522.

* 1452, 22. Mai. U. K. A.; Priv. B. 250.

Notizen aus dem Bürgermeisterbuch zeigen uns, wie der Rat für seine neue Kirchen Sorge trug; bald hören wir, daß er ein steinernes Thor machen läßt, daß er zwei große Steine für einen Sakramentenschrank hergiebt, daß er ihre Kapläne vom „Salz-, Mahl- und Ungelb" befreit* und ihnen dieselben Rechte zuspricht, wie den Priestern zu St. Bartholomäi, daß er für Pfarrhaus und Friedhof Sorge trägt. Daß in jener Zeit die Ockstadt-Glauburg'sche Kapelle neben dem Chor und die Reifenberg'sche, später gleichfalls in den Besitz der Familie Glauburg übergegangene und von ihr zum Begräbnis erkorene Kapelle auf der Nordseite der Kirche gebaut worden ist, haben wir schon erwähnt, ebenso sei bemerkt, daß während dieses Zeitraumes die Kirche gewölbt wurde (1489 bis 1492). Ueber die Pfarrer, die damals zu St. Peter wirkten, haben wir zwei Verzeichnisse, bei Battonn (VI, 138) und Ritter (Evangelisches Denkmal, S. 151.) Beide stimmen nicht mit einander überein, beide sind aus älteren Chroniken geschöpft und sicherlich nicht ganz richtig. Übrigens kommt Battonn, der seine Kunde aus dem verloren gegangenen Manuscriptum Rühl entnommen hat, der Wahrheit näher. Es kommt auch nicht viel darauf an, die Namen dieser Männer dem Gedächtnis zu überliefern, da sie unseres Wissens keinen besonderen Einfluß übten.

Im Uebrigen blieb es, wie es vor 1450 gewesen war. Insonderheit war der Meßgottesdienst auf den Seitenaltären und damit die Stelle wenigstens eines Nebenpriesters oder „Frühmessers" derselbe wie zuvor.**

---

* B. A. 446 von 1453.
** Man vergl. die oben S. 31 erwähnte Stiftung der Altäre aus dem Jahre 1419. — Bücher findet sogar drei Altaristenstellen in den Beedebüchern von 1463, ich habe sie weder dort, noch sonstwo entdecken können, ohne damit die Möglichkeit leugnen zu wollen, daß sie existierten

Was auch für diesen Zeitraum hinsichtlich der kirchlichen Bediensteten, der Kircheneinkünfte, des Kirchhofs und der Schule zu bemerken ist, werden wir in den diesen Punkten besonders gewidmeten Kapiteln erkennen.

Hier seien nur noch zwei in den Akten des Bartholomäusstifts befindliche Trauungsverzeichnisse erwähnt, welche für uns besonders deswegen interessant sind, weil wir in ihnen die Anfänge einer kirchlichen Buchführung erblicken dürfen. Zunächst haben dieselben freilich nur den Zweck, dem Pfarrer als Notiz über seine aus Trauungen fließende Einnahmen zu dienen. Sie rühren aus dem Jahr 1525/26 mit dem Titel „registrum contrahencium matrimonium" und 1527 mit der Überschrift „recepta sponsalia" also zu einer Zeit, wo es im Volke gewaltig gährte, und wo gerade der Pfarrer an der Peterskirche vielleicht die mißliebigste Persönlichkeit in ganz Frankfurt war.*

Das Jahr 1527 speciell weist 38 Eheschließungen in der St. Peterskirche auf und zwar darunter 8 Fälle „qui dederunt" d. h. welche ein Honorar gezahlt haben, und 30 Fälle solcher, „qui non dederunt." Alle Stände sind darunter vertreten, reiche Ratsherren, wie Dienstboten und Bettler. Die Höhe des Honorars ist nicht bedeutend; sie schwankt zwischen 1 Schilling 5 Heller und 8 Schilling 8 Heller. Interessanter aber sind für uns die Bemerkungen, welche der Pfarrer bei denjenigen Nupturienten macht, die kein Honorar zahlten, und die meistens die Motivierung enthalten, warum dieselben sich dieser Anstandspflicht entzogen haben. Es geht aus diesen Motivierungen eine so große Mißachtung und rohe Rücksichtslosigkeit gegenüber dem Klerus hervor, daß wir schon hieraus die

---

* Vergl. unten S. 87 ff.

Stimmung der Zustände und Ereignisse, welche wir in unserem übernächsten Kapitel zu schildern haben werden, vollkommen begreifen können. Es war eben das auch hier in Frankfurt immer deutlicher empfundene Wehen eines Sturmes, in dem viel Altes und Abgestorbenes weggefegt und statt dessen ver= borgene junge Keime zu frischem Leben angefacht werden sollten.

5. Kapitel.

Johannes Lupi (Wolff), der erste Pfarrer der zur Kuratkirche erhobenen Peterskirche.

Wir haben bereits gesehen, daß zwei hervorragende Männer, der Papst Nikolaus V. und der große Nikolaus von Cusa gewissermaßen Patenstelle bei der Peterskirche vertreten haben. Ein befriedigendes Gefühl ist es, feststellen zu können, daß auch ihr erster Pfarrer, Johannes Wolff, oder, wie man damals lieber auf Lateinisch sagte, Johannes Lupi, ein besonders würdiger und hervorragender Mann gewesen ist. Wenigstens wäre mir kein katholischer Theologe in Frankfurt bekannt, der ein so markantes und für die ganze Zeit bedeutsames Büchlein geschrieben hätte, als Johannes Wolff,* wenn nicht etwa der Verfasser der „Theologie Deutsch" auch

---

* Ist es nicht eine seltsame Laune der Geschichte, daß sowohl der erste als auch der letzte Pfarrer der alten St. Peterskirche Wolff geheißen haben? Daß sich der eine mit f der andere mit ff schreibt, ist durchaus ohne Bedeutung, der Name ist doch ganz derselbe.

ein Frankfurter war. Es war dies ein Beichtbüchlein „vor die anhebenden Kynder und ander zu bichten in der ersten bycht". Das Büchlein gehört zu den berühmtesten Drucken, die wir haben. Es ist nämlich bei den Kogelherrn (Kapuzinern) zu Marienthal am Rhein hergestellt, deren Drucke man einfach Kogeldrucke nennt. Es existiert gegenwärtig nur in drei Exemplaren, die in Mainz, Gießen und Kassel aufbewahrt werden; das saubere Exemplar der Gießener Universitätsbibliothek hatte ich in Händen. Der Titel davon ist, wie dies bei den Inkunabeln meistens der Fall, nicht vorn, sondern hinten angedruckt, das Latein in den (übrigens noch ziemlich sparsam angewandten) Abkürzungen des 15. Jahrhunderts gedruckt.*

---

* Geradezu köstlich ist es, wenn Münzenberger, der in der Nachfolge Janssen es gelernt hat, ein jedes bessere Lebenszeichen der katholischen Kirche des 15. Jahrhunderts als Beweis von deren Herrlichkeit zu verwerten, aus dem Thatbestand dieser Abkürzungen auf die allgemein verbreitete Bildung der Kleriker jener Zeit schließen zu dürfen glaubt. Er habe dies Latein mehreren Philologen und Historikern unserer Zeit vorgelegt, und sie wären nicht im stande gewesen, das zu lesen und zu verstehen, was damals doch jeder Kaplan habe verstehen müssen, in dessen Hände dies Büchlein gekommen wäre. — Alle Achtung vor der Gelehrsamkeit katholischer Theologen des 15. und des 19. Jahrhunderts! Zwar die des 15. läßt sich ertragen; daß selbst in einem Domstift die Leute, welche zwei Jahre studiert hatten, nicht gerade häufig waren, sahen wir schon bei der Reform des Plebanats des Bartholomäusstifts (Seite 54). Aber daß ein geistlicher Literarhistoriker des 19. Jahrunderts solche Urteile fällt und solche Schlüsse zieht, das ist doch schon mehr wie merkwürdig. Hat denn Herr Münzenberger nie eine Urkunde jener Zeit in der Hand gehabt, daß er nicht weiß, daß das Latein jener Zeit überhaupt nur in dieser abgekürzten Form geschrieben wurde, und daß jeder, der überhaupt lesen wollte, diese Abbreviaturen verstehen mußte? So gewaltig groß ist dann schließlich die Gelehrsamkeit nicht, die dazu gehört, solche Schnörkel und Striche zu

Aber in höherem Grad als der seltene Druck interessiert uns der Inhalt dieses köstlichen Büchleins. Es tritt uns daraus eine tiefernste, wahrhaft evangelisch-christliche, durchweg auf das Praktische gerichtete Frömmigkeit entgegen, die nicht trotz, sondern wegen ihrer Innigkeit von so manchen Verirrungen des damaligen Katholizismus frei bleibt. Wir wissen es auch, daß Wolff mit der Vertretung solcher Überzeugungen nicht allein stand, und die Wissenschaft kann Janssen (Geschichte des deutschen Volkes I, Erstes Buch II) nur dankbar sein, wenn er nachdrücklich auf diese Äußerungen des Glaubenslebens hinweist; ja wir müßten, selbst wenn uns geschichtliche Forschung den Erfahrungsbeweis nicht brächte, schon aprioristisch in der Sicherheit religiösen Glaubens gewiß sein, daß das Reich Gottes auch zu jener Zeit in der Kirche nicht tot war. Nur können uns solche Einzelzeugnisse, auch wenn sie geschickt zu einem bestechenden Bild zusammengestellt sind, nicht über den Gesamteindruck hinwegtäuschen, den uns so viel zahlreichere und bedeutsamere Nachrichten geliefert haben. So giebt denn auch Wolff sein Büchlein nicht etwa als eine Probe der damals herrschenden Predigt- und Katechisationsweise heraus, sondern im Gegenteil in der ausgesprochenen Absicht, seine Amtsbrüder zu dieser von ihm bisher vermißten Art zu veranlassen. Wäre die Gesinnung und die Lehrweise eines Wolff und der wenigen mit ihm gleichgearteten die herrschende gewesen, so wäre die Reformation des 16. Jahrhunderts nie nötig geworden, oder hätte doch

---

lesen, und das Erstaunen darüber ist nicht mehr gerechtfertigt, als etwa die Verwunderung eines Illiteraten über die Gelehrsamkeit unserer Sextaner wäre, die da verstehen, das ihm wundersam erscheinende Gewirr ihrer Extemporaliahefte zu entziffern.

nie zu einer so tiefen Umgestaltung und damit zu einer Spaltung der Kirche geführt.

Unter den Fragen, die der Beichtende bei der Gewissenserforschung sich stellen soll, werden z. B. aufgeführt: ob er auch auf Gott allein sein Vertrauen gesetzt habe?* Ist dies nicht der Fall, so soll er sich anklagen: Ich han in Hoffnung des ewigen Heils gesatzt entlichen in einen Heiligen oder in eyne Creatur. Denn in Gott allein muß alle Hoffnung der Verzeihung, der Gnade und des Heils gesetzt werden.

Bezüglich der Verehrung der Bilder wird gelehrt: „Item wir sollen eren die Bylde der Heiligen nit umb yre selbß willen, sondern darumb: wan, so wir sie ansehen, so erzeigen wir Ere den Dingen, die durch solche Bylde bedutet synt nach Gewonheyt der heiligen Kyrchen. Anders ware es Abgöttery." „Die armen alten Lude sin die Vätter des Albers und auch an der Stat Christi." Nachdrücklich wird die Pflicht der Barmherzigkeit hervorgehoben, das „ubrig Gut" ist „der armen Menschen."

In diesem Sinne und Geist ist das ganze Büchlein abgefaßt. Was übrigens Form und Inhalt der Fragestellung betrifft, so erinnert es öfters an Luther's kleinen Katechismus, und es erscheint sehr wahrscheinlich, daß dem großen Reformator bei der Abfassung seines Jugendlehrbuchs, dieses Wolff'sche oder ähnliche Beichtbüchlein vorgeschwebt haben.

Freilich lag dem trefflichen Lupi nichts ferner, als gegen die Kirche Opposition zu machen. In der Nachrede

---

* Ich habe das Wolff'sche Büchlein f. 8. mit großem Interesse gelesen, leider aber damals unterlassen dasselbe zu excerpieren. Eine Wiederauflegung des Druckes wäre ein recht verdienstliches Unternehmen. Die oben citierten Stellen entnahm ich Janssen's Gesch. I p. 46—48.

zu seinem Büchlein spricht er: item wo etwas da geschrieben were, das da offenlich ater ußlegelich mocht seyn wiebber gott ober christlichen glauben, ater H. Kyrchen, ater Heil. Priesterschafft, wolte ich Johannes Wolff, burtig von dem Dorffe kunerstreut, zunebst by peureuth gelegen, zwischen kreusen und peureuth, Capellan zu St. Peter zu Franckfurth wiederruffen, und schriben, und wolt es han vor seyn Schrifft. Mea culpa est, Deus propicius esto Peccatori. Item modus praedicandi subscriptus videtur artificialior ac salubrior communi modo jam in usu existenti.

Bezeichnend für die kirchlichen Verhältnisse der damaligen Zeit ist auch die folgende Schlußbemerkung Wolffs: So acht Dusent communicantes in frankenfurt aber in eyner antern stat sint, vix sechs hundert sint dominica praesentes in denselbigen sermon dar czu man hat geprediget, in particulari von den czehn geboben, die andern han ys aber yne alle nit gehort.*

Was die äußeren Lebensumstände Wolffs betrifft, so lassen ihn seine sämtlichen Biographen (Janssen, Münzenberger, Geffken im historischen Bildersaal, und vor allem die Allgemeine Deutsche Biographie der Akademie zu München) vom J. 1452—1478 an der Peterskirche leben, ja die deutsche Biographie erzählt noch, daß er 1472 in Erfurt studiert habe, und in der Studentenmatrikel dieses Jahres steht unterm 4. November wirklich „Johannes Lupi de Frankoforden." In unversöhnlichem Widerspruch mit dieser

---

* Wir sahen schon früher, daß auch diese Zahl zu hoch gegriffen ist, wenn anders Wolff unter Kommunikanten Personen und nicht etwa verbrauchte Hostien versteht. Interessant ist es immerhin, hier aus maßgebendem Mund zu hören, daß auf 8000 Kommunikanten nur 600 sonntägliche Kirchbesucher kommen.

Nachricht meldet uns aber sein Grabstein, den Faust von Aschaffenburg in seiner Chronik und späterhin der Frankfurter Stadtbibliothekar Waldschmidt in seinem Epitaphienbuch genau beschreibt und abzeichnet, ja den noch Lersner und der am Anfange des vorigen Jahrhunderts lebende Johann Balthasar Ritter gesehen und beschrieben haben, daß Wolff im Jahre 1468 gestorben sei. Man wäre zunächst versucht anzunehmen, daß sich eine X von dem verwitterten Stein losgelöst habe, obwohl uns das Conterfei dieses Epitaphiums so sauber erhalten ist, als wäre es eine Photographie. Aber die Annahme seines früheren Todes wird auch weiterhin bestätigt durch die uns erhaltenen Amtseide seiner Nachfolger Heimbertus und Wedekind vom Jahre 1474 und 1475, vor denen mindestens noch ein Kaplan, nämlich Johannes Usinger (den wir früher einmal als einen Notar des Bartholomäusstifts angetroffen haben) amtiert hatte. Daß Wolff so spät noch studiert hätte, wäre an und für sich kein Widerspruch, denn wir treffen damals häufig ältere Geistliche auf Universitäten, um dort die gelehrten Studien nachzuholen. Andererseits wäre dies aber doch sonderbar bei einem Manne, der schon 1419 Stiftsnotar und in den Fünfziger Jahren doctor decretorum gewesen war. Auch steht in der uns gedruckt vorliegenden Studentenmatrikel sonst bei älteren Leuten stets die Bezeichnung ihres Ranges und ihres Amtes, unter dem 4. November aber bloß der oben erwähnte Name. Auch über den Dienstantritt Wolffs sind die bisher geltenden Annahmen unzuverlässig, ja z. T. geradezu unrichtig. Daß er sicher der erste Pfarrer gewesen sei, wird urkundlich nirgends bestätigt und ist, offenbar bloße, wenn auch gut begründete Wahrscheinlichkeitsannahme; daß er das Amt 1452 angetreten habe, ist sicher unrichtig, denn, wie wir oben sahen, ward Anfang 1453 die neue

Pfarrei ins Leben gerufen. Handschriftlich begegnet uns Wolff nur zweimal, wo er einen kleinen Zettel gleichgültigen Inhalts als Caplanus Lupi unterschreibt.* Endlich ist noch zu bemerken, daß Wolff in der Nachschrift zu seinem Büchlein ausdrücklich erwähnt, daß er seine Testamentsvollstrecker beauftragt habe, dasselbe in die Parochien der Mainzer Diözese zu schicken. Wenn er aber dieses Geschäft nicht selbst, sondern erst durch seine Testamentsvollstrecker besorgt, ist es da nicht naheliegend, daß er dann auch den Druck des Büchleins nicht selbst besorgt, sondern erst für die Zeit nach seinem Tod veranlaßt habe?

Wir waren eine Zeit lang geneigt, auch jenen Johann Lupi der als Notar des Bartholomäusstifts die Protesturkunde des Jahres 1419 unterschrieben hatte, mit unserm Kaplan für identisch zu halten, wodurch die Schwierigkeit einer chronologischen Ordnung natürlich noch gewachsen war. Als wir aber fanden, daß dieser erstgenannte Lupi schon früher, schon 1410 vorkommt und daß 1420 von seinen „truwenhändern" die Rede ist, unter denen wiederum ein Verwandter, ein Schneider, seinen Namen führt, da war alle Schwierigkeit überwunden:

Es gab eben mehrere Männer dieses Namens. Warum auch nicht? Der Name Wolff mochte damals eben so häufig vorkommen wie jetzt, und schon seiner Bedeutung wegen gerne latinisiert worden sein. Johann aber war der allerhäufigste Vorname. Wir nehmen also eine Frankfurter Familie Johannes Wolff an, zu welcher der Notar des J. 1419 und seine gleichzeitigen Verwandten, vielleicht auch der aus Frankfurt stammende Erfurter Student des Jahres 1472 gehörte. Vielleicht verwandt mit diesen, sicher aber nicht

---

* A. A. u. A. K. A.

identisch war unser Kaplan Wolff, doctor decretorum, der sicher nicht vor 1453 in dies Amt kam und sicher 1468 am Tag des heiligen Hieronymus starb, während sein Büchlein erst von seinen Testamentsvollstreckern anno 1478 vollendet wurde.* Der Irrtum der Biographen ist erklärlich, da ihnen nur sein Büchlein, nicht aber sein Grabstein und die Nachricht über seine Amtsnachfolger vorlag, und da die Frist zwischen seinem Tod und der Herausgabe seines Büchleins allerdings auffällig lang erscheint.

* Es heißt in der Nachschrift des Druckes ausdrücklich „completum est anno MCDLXXVIII."

6. Kapitel.
Die Peterskirche während der Reformationsbewegung.

Es kann nicht unsere Aufgabe sein, an dieser Stelle einen Abriß der Reformationsgeschichte, auch nur soweit sie sich in Frankfurt abspielte, zu entwerfen. Aber auch wenn wir nur darstellen wollen, in wie weit die Geschichte der Peterskirche an der großen Umgestaltung der religiösen Weltanschauung im 16. Jahrhundert beteiligt war, sehen wir uns genötigt, uns das eigentliche Wesen, die bewegenden Ursachen dieser Reformation zu vergegenwärtigen.

Da ist es nun zunächst eine recht laienhafte und ungeschichtliche Auffassung, wenn man, wie dies häufig geschieht, annimmt, daß lediglich die Kraft und Wahrheit des evangelischen Gedankens die Reformation ins Werk gesetzt und zum Sieg geführt hätte. Es ist ein, wenn auch noch so verbreiteter Irrtum, wenn behauptet wird, die Nachricht von den Thesen Luthers hätte sich wie ein Lauffeuer über ganz Deutschland verbreitet, alle Welt hätte sofort in diesem Streite Partei ergriffen. Die Quellen unserer Frankfurter Geschichte zeigen uns sehr deutlich, wie der reformatorische Gedanke vor 1521 sich kaum hier wirksam erweist, es sei denn in den Herzen einiger weniger Bevorzugten, wovon uns die Quellen nur wenig melden. Ebenso irren auch diejenigen, welche in allzu naivem Vertrauen auf die Vorzüglichkeit der eigenen Konfession annehmen, in dieser Reformationsbewegung wäre auf evangelischer Seite alles weise und gut und heilige Gotteswahrheit, bei den Katholiken nur alles schwarz und Werk des „leibigen Satans" gewesen, wie sich der vortreffliche Ritter in seinem „evangelischen Denkmal" mit Vorliebe ausdrückt. Wer aufmerksam in die Quellen schaut, wird, wenn anders er sich der Wahrheit nicht verschließt, gar bald es finden, daß in jenen bewegten Zeiten auch auf katholischer Seite, trotz aller Mängel und Gebrechen, recht viel ernste und treue Frömmigkeit, und wiederum auf evangelischer Seite, bei aller Zuversicht eines neu erwachenden, frischen Glaubenslebens, doch auch recht viel Menschliches, recht viel Leidenschaft, Rechthaberei, liebloser Fanatismus, zu finden war. Wir Evangelische wollen dies um der Wahrheit willen um so rückhaltloser bekennen, je weniger wir bei einigen neueren und allerneusten katholischen Schriftstellern diese Objektivität im Dienste der Wahrheit und der Wissenschaft vorfinden, vielmehr statt dessen eine so eminent subjektive, einseitige Auffassung der Vergangenheit, eine so absolute Verkennung jeglichen, selbst des sittlichen, Wertes des Gegners, daß schließlich die Entrüstung über solche Geschichtsschreiberei umschlägt in ein wirkliches und aufrichtiges Bedauern ihrer Urheber.

Wir sagten oben, nicht der religiöse Gedanke allein habe die Reformation hervorgerufen und geleitet. Das ist schon an und für sich selbstverständlich. So gewiß schon das physische Leben nie von einzigen Kräften, sondern stets von einem Zusammenwirken der Ursachen bewegt wird, ebenso sicher wird auch das geistige Leben, der einzelnen sowohl, wie der Völker, mannigfach bedingt. Das gilt natürlich auch von der Reformationsgeschichte. Die religiösen Gedanken allein hätten nie und nimmer so schnell den Sieg erlangt, wenn sie nicht die geeigneten Bedingungen vorgefunden hätten, unter denen sie gediehen, wie der reife Samen, auf dem recht vorbereiteten Nährboden. Es war vor allem der tiefe, oft auf Verachtung gegründete Haß, welchen die Welt gegen den Klerus hegte. Wir finden diesen Haß schon in der Hohenstaufenzeit, schon Walther v. d. Vogelweide u. a. vor ihm wissen von den Pfaffen ein Liedlein zu singen; im 15. Jahrhundert ist die Erkenntnis von der Notwendigkeit einer Reformation an Haupt und Gliedern allgemein geworden, der Unwille über die Herrschsucht, die Habsucht und oft auch die Sittenlosigkeit des Klerus bewegt die Besten und Edelsten, und die Kirche selbst, auch wenn sie sich bemüht diese Gebrechen zu heilen, erweist sich stets machtlos dazu. Wir kennen diese Kämpfe aus der allgemeinen Geschichte, sie haben sich auch im kleinen, aber in um so energischerer Weise abgespielt, bei uns in Frankfurt. Bekannt sind die Kämpfe des Rats mit dem Klerus während der letzten 30 Jahre des 14. Jahrhunderts, und wenn dieselben auch zu Anfang des 15. Jahrhunderts mit einem äußerlichen Friedensschluß endigten, so zeigte uns doch gerade die Geschichte der Peterskirche, wie sehr die Geistlichkeit auch in der Folgezeit von Habsucht und Herrschsucht bewegt war, wie der stille Kampf zwischen Klerus und weltlicher Obrigkeit fort und fort geht, ja wie die Vertretung der eigentlich geistlichen und religiösen Lebensinteressen weit mehr bei den Weltlichen, als den Klerikern zu finden ist.

Wie sehr hatten doch die Väter dieses stolzen Gemeinwesens immerbar zu kämpfen mit diesem Staat im Staat, dem Bartholomäusstift, das seine Befehle von Mainz beziehungsweise von Aschaffenburg erhielt. Was Wunders, wenn der Rat nur allzu bereit war, diese Herrschaft von sich abzuschütteln? Dazu kam das humanistische Interesse. Lange genug hatte die Kirche, zuerst in wohlthätiger und zivilisierender Art und Weise, dann in immer drückender und schwerer empfundener Form das Denken und Empfinden der Völker bevormundet; allmählich aber, und zumal seit dem Fall Konstantinopels, war eine neue, überlegene Bildung nach Europa gekommen, und der ihr innewohnende Geist der Freiheit erweckte je länger, je mehr, das Verlangen nach Freiheit auch in den höchsten Lebensinteressen, den Fragen der Religion. Bekannt ist der Einfluß dieses Humanismus auf die Reformation im Allgemeinen. Auch hier in Frankfurt zeigte er sich wirksam; die Angehörigen unsrer Geschlechter, die Holzhausen, die Frosch, die Neuhauß, die Stallburger, die Glauburg, die Fürstenberger, die Bromm, die Scheydt, und andere Patrizierfamilien wandten sich schon 1520 an den Führer der Humanisten, den berühmten Erasmus v. Rotterdam, mit der Bitte um Empfehlung eines tüchtigen Gelehrten zur Leitung ihrer neu zu gründenden Schule, und der von ihm empfohlene Wilhelm Nesenus ward nicht nur der Gründer unsrer ersten Gelehrtenschule, unsres Gymnasiums, sondern auch das eigentlich geistige Haupt der allmählich beginnenden und immer deutlicher hervortretenden evangelischen Bewegung. Gefördert aber wurde diese Bewegung eben so sehr durch die humanistisch gesinnten Ritter der Umgegend, vor allem durch Ulrich v. Hutten und Hartmut v. Cronberg.*

---

* So oft der Name Huttens erwähnt wird, weisen die Gegner mit Verachtung und Schadenfreude auf das tragische Geschick jenes

Die Peterskirche während der Reformationsbewegung.

Fand die Opposition gegen die Kirche einerseits ihre Nahrung in den humanistischen Bestrebungen der Vornehmen, so wurde sie erst recht gefördert durch die sozialen Wünsche und Bedürfnisse der großen Masse. Gewiß, diese soziale Tendenz richtet sich nicht nur gegen die Pfaffen, sondern auch gegen die weltlichen Herrn, und zwar nicht nur in den Bauernkriegen, sondern auch in den Erhebungen der bürgerlichen Bevölkerung, der Zünfte. Aber so viel demagogische Elemente dieser Bewegung beigemischt sein mochten, so sehr auch die durch junkerlichen und klerikalen Frevel unterdrückte Volksmasse in Gefahr stehen mochte, in ihrem Freiheitskampfe alle Schranken der Weisheit und der Mäßigung zu durchbrechen: erklärlich und berechtigt, zumal dem ausbeutenden Klerus gegenüber war diese Opposition doch nur allzusehr, und es ist leicht begreiflich, daß nun diese Volksmenge gern und begierig in der Aufnahme der religiösen Gedanken die sittliche Berechtigung und die ideale Verklärung ihrer seit Jahrzehnten und Jahrhunderten gebildeten Abneigung gegen den Klerus suchte und fand. Wir sahen es bei der Geschichte

---

Mannes und finden vor allem in seiner häßlichen Krankheit die Berechtigung zu seiner sittlichen Verwerfung. Nun kann und soll diese Verirrung nicht entschuldigt werden, aber welche Heuchelei gehört doch dazu, deswegen den Mann so maßlos zu verdammen! Ja, er hat gesündigt, aber nicht mehr wie tausende seiner Zeitgenossen, weltliche und vor allem geistliche auch; der einzige Unterschied zwischen ihm und jenen bestand in dieser Hinsicht darin, daß ihn die möglichen Folgen dieser Verirrung trafen, von denen die meisten glücklich verschont blieben; er war in seiner Jugend ein leichtsinniger Lebemann, aber in wiefern unterscheidet er sich darin etwa von jenem Aeneas Sylvius Piccolomini, der doch noch Nachfolger Petri und Statthalter Jesu Christi auf Erden wurde? Aber freilich, Hutten hatte einen ehrlichen Haß gegen die Pfaffheit, und „qui mange du pape en meurt."

der Peterskirche im 15. Jahrhundert, wie schwer das Volk bedrückt war durch die Last jener ewigen Gülten, welche ihm sein Besitztum verleideten und schließlich gar vollends wertlos machten, wie es immerdar murrte und klagte wider die Last der geistlichen Abgaben und Zehnten, wie es ungehalten sein mußte, besonders auch in den Städten über den gewaltigen Troß von Pfaffen, Mönchen und geistlichen Rittern, die sich alle von des Volkes Arbeit nährten, und von denen die wenigsten etwas für die geistliche Pflege der Christen wirklich leisteten, ja wie dieser Klerus da, wo es sich wirklich einmal darum handelt, dem gottesdienstlichen Bedürfnis der Bevölkerung entgegen zu kommen, den lebhaftesten Widerstand entgegensetzt, lediglich aus Angst vor Einbuße an Einfluß und Einnahmen. Und dazu kommt endlich der Unwille und der heilige Zorn des Volkes gegenüber der Unsittlichkeit und dem Konkubinenwesen dieses Klerus. Freilich, wenn man das jüngst erschienene Heftchen von Beda Weber-Diefenbach (Zur Reformationsgeschichte der freien Reichsstadt Frankfurt a. M.) liest, so waren damals auf der einen Seite lauter treue, würdige Priester, auf der anderen nur schlechte, sittenlose Subjekte! Wir wollen es auch gerne annehmen, daß viele katholische Kleriker damaliger Zeit makellos waren, wollen in betracht ziehen, wie gern und leicht damals in erregter Zeit eine ohnehin feindselige Volksgemeinde geneigt sein mochte, gerade in dieser Hinsicht den Priestern schlimmes nachzusagen, wenn sie auch nur eine Haushälterin sich hielten, wollen zugeben, daß die Verirrung einzelner zur Beschuldigung des ganzen Standes nicht berechtigen darf, und daß man ähnliche Vorwürfe auch gegen einzelne Prädikanten, z. B. den Sachsenhauser Dillenberger (der freilich offiziell katholischer Kaplan war) und gegen Melander erhoben hat, wenn auch dieselben zum teil im stande waren, diese Vorwürfe zu entkräften. Trotz all dieser Erwägungen reden aber doch die Akten zu deutlich und in zu zahlreichen Fällen von solchen schweren sittlichen Gebrechen, schon im fünfzehnten und erst recht im Reformationsjahrhundert, und gerade auch in der Reformationsbewegung, soweit sie die Peterskirche angeht, spielt diese Frage, wie wir des näheren sehen werden, eine große Rolle. Bemerkenswert aber ist es, daß gerade die niederen Stände, die Sachsenhäuser und die Zünfte (der Neustadt) gegen diese Unsittlichkeit am energischsten auftraten, daß gerade sie am entschiedensten die Priesterehe fordern (vergl. den 2. und den 44. Artikel des Frankfurter Artikelbriefes vom Jahre 1525). Wenn heutzutage manche ultramontane Skribenten die ganze Reformation vorwiegend aus dem Wunsche der Reformatoren, sich zu verheiraten, herzuleiten suchen, so ist an solch niedriger und wenig geschichtlichen Sinn verratender Beschuldigung nur das Fünkchen Wahrheit, daß die schlimmen Folgen des Cölibats zu jener Zeit sich gar zu deutlich bemerkbar machten und die Männer der Reformation mit bestimmten; so weit es sich nur um Befriedigung der Fleischeslust handelte, hätten sie auch als Kleriker es sicher nicht nötig gehabt, aus der katholischen Kirche auszutreten! Wir wiederholen noch einmal: Vor allem die soziale Strömung, der Unwille des Volkes gegen die Habsucht und die unwürdige Haltung des Klerus war, wie in ganz Deutschland, so auch in Frankfurt eine Hauptursache der Reformation. Es ist ja richtig, daß diese Strömung, ebenso wie die einseitig humanistische, die richtige und gesunde Entwickelung der religiösen Bewegung vorübergehend bedrohen mochte; im ganzen aber kamen sie ihr doch so sehr zu statten, daß ohne dieselbe der Sieg des reformatorischen Prinzipes sicherlich nicht so leicht erkämpft worden wäre.

Das zeigt sich in Frankfurt recht deutlich, soweit die Geschichte der beiden Schwesternkirchen zu Dreikönig und St. Peter in Betracht kommt. Und zu diesem Behuf vergegenwärtige man sich noch einmal die eigenartige Stellung dieser beiden Vorstädte, Sachsenhausens und der Neustadt. Noch bestand die Mauer und der Graben, die sie von der Altstadt schieden, wenn sie auch damals an vielen Stellen durchbrochen waren, und diese äußere Grenzmarke war ein Zeichen auch für die Sonderung des inneren Lebens dieser Vorstädte und Bevölkerungsteile. Obwohl mit der Altstadt ein politisches Gemeinwesen, führen doch sowohl die Sachsenhäuser, wie andererseits die Neustädter, die Alt- und Breitegässer, ihr eigentümliches, relativ selbständiges Leben. Spuren dieser Selbständigkeit bleiben bis in unser Jahrhundert, ja, sie zeigen sich sogar in einer gewissen Differenz des Dialektes, die dem genaueren Kenner der vaterstädtischen Sprache wohl bekannt ist. Zu dieser relativen Selbständigkeit des bürgerlichen Lebens kommt die bereits geschilderte Eigenart der kirchlichen Verfassung. Die Peterskirche und die Dreikönigskirche hat allein Pfarrer, die bei aller Abhängigkeit vom Bartholomäusstift doch einen abgesonderten Kirchbezirk verwalten und darum bald, im Volksmund wenigstens, wie der Stadtpfarrer von St. Bartholomäi den Titel „Plebanus" führen.

Unter Berücksichtigung dieser besonderen Bedingungen wird man es verstehen, daß die Dreikönigskirche und ganz besonders St. Peter in der Reformationsgeschichte Frankfurts eine besondere Stellung einnehmen. Dieselbe läßt sich im Großen und Ganzen in dem Urteil zusammenfassen: Während in den entscheidungsvollen Jahren 1525—1531 die altstädtischen Kirchen, besonders St. Bartholomäi, Barfüßer und Katharinen, daneben aber auch die anderen Stifter und Klöster, den Schauplatz der protestantischen geistlichen Aktion bilden, ist die Peterskirche während dieser Zeit die Hochburg der Vertreter des alten Glaubens, der würdigen sowohl, als auch der besonders unwürdigen. Das umgekehrte Verhältnis zeigte sich aber in den Kreisen der Bevölkerung. Während der Katholizismus, zumal unmittelbar nach dem bedenklichen Aufruhrsjahr 1525, unter den konservativeren Bürgern der Altstadt noch einen ziemlichen Anhang hatte, die daher in die Pfarre der Neustadt gingen, standen die Bewohner der letzteren, ihren sozialen Bedürfnissen entsprechend, in der entschiedensten Opposition zu ihrem Pfarrer.

Doch wenden wir uns zur Darstellung der Begebenheiten selbst. Wir setzen als bekannt voraus, was vom Wirken Nesens, Ibachs, Huttens und Hartmuts von Cronberg zu sagen ist,* und beginnen mit dem Jahre 1524. Damals gährte es schon gewaltig, nicht nur in Frankfurt selbst, sondern auch in der Umgegend. Mönche und Nonnen verließen die Klöster, um ein Handwerk zu lernen oder um in die Ehe zu treten.

Vor allem aber regten sich die Sachsenhäuser. Ihr Pfarrer Wilkin Stein war gestorben, und sie kamen bei dem Bartholomäusstift ein, ihnen entweder den Kaplan Matthias Ullmann oder den schon im Katharinenkloster aufgetretenen, der neuen Lehre zugeneigten Dietrich Sartorius zum Pfarrer zu geben. Statt dessen wurde ihnen jedoch ein Kaplan des Plebanus Meyer an der Bartholomäuskirche, namens Jakob Seltzer gesetzt, der ihnen durchaus nicht genehm war. Sie schickten infolgedessen eine Beschwerdeschrift an den Rat, welche für die Beurteilung der Zeit so interessant ist, daß

---

* Man vergleiche darüber die mehrfach citierten Arbeiten von Ritter und Steitz.

wir sie, etwas stilisiert, ins Neuhochdeutsche übersetzt und gekürzt, hier abdrucken:* „Es sollen billig unsere Geistlichen und Prölaten, wo anders sie so genannt werden sollen, uns mit guten, geschickten, ehrbaren und gelehrten Hirten oder Pfarrherrn versehen, welche uns vor allem den rechten Text und Grund der evangelischen Lehre predigen, und ihren Tand mehr, als es bisher, allein ihres Geizes wegen, geschehen ist, auf Seite setzen. Statt dessen sind sie diejenigen, welche die Männer, die das Wort Gottes an den Tag bringen, vertreiben und sie verunglimpfen und Ketzer schelten.

Es ist zum Erbarmen, daß sie uns Armen den lichten Glanz des Evangeliums also verblenden. Und weil nun unserem Schaffresser** oder Pfarrherrn Meyer genannt, der ehrbare und wohlerfahrene*** Herr Jakob (Seltzer) anhängig gewesen ist, und er (Meyer) mit seinen geschickten Predigten und Beichthören ungebührender Weise großen Einfluß im Bartholomäusstift erlangt hat, so hat er uns nach dem Tode unseres Pfarrers, ohne uns zu fragen, damit kein dem heiligen Evangelium Anhängiger in die Stelle komme, diesen Seltzer geschickt. Dabei ist wohl zu bemerken, was Gutes uns unsere Geistlichen gönnen, die uns mit einem solch tapferen Seelsorger zu versehen wissen. Sie befleißigen sich nicht allein der Schafe zu weiden, sondern

---

* Dieselbe findet sich in dem Band 1 der Akten des Archivs betr. Religion und Kirchenwesen. Sie ist abgedruckt bei Ritter genau nach dem Original S. 67 und 68, aber in dieser Originalfassung nur für genauere Kenner der damaligen Stilistik entwirrbar.

** Der Pastor oder Hüter der Schafe wird mit derber Ironie Schaffresser genannt.

*** Diese Worte drücken kein besonderes Lob aus, sondern sind lediglich Titulatur der damaligen Stilistik.

die Schafwolle (zu ernten), Gülten und ewige Renten zu machen, Zehnte und die Arbeit unseres blutigen sauren, Schweißes, uns Haut und Haare abzuziehen, obwohl viele von uns mit unseren armen Weibern und Kindern das Brot nicht satt zu essen haben.* Wir wollen schweigen von dem Frondienste bei der Stadtgemeinde, von Steuern und Wachtdienst. Und in dem allem gehen sie nicht nur nicht auf unsere freundliche Bitte ein, sondern lassen sich auch davon noch nicht sättigen, und unterstehen sich, uns arme Laien an unserem Seelenheil zu hindern und uns diejenigen zu vertreiben, die uns das wahre Wort Gottes an den Tag bringen. Weil aber im Menschen nichts Edleres ist, als die Seele und kein Zweifel an Christo unserem Erlöser und dem heiligen Evangelio ist, so gebührt uns, demselben vor allem anzuhangen und uns von niemand abwenden zu lassen. Deshalb wollen wir den genannten Kaplan nicht zum Pfarrer annehmen, zumal da wir zwei oder drei Personen, die sehr geschickt sind, die evangelische Lehre zu predigen, kennen; von diesen wollen wir einen zum Pfarrer haben und sonst niemand. Weil die Geistlichen von unserem sauren Schweiß ernährt werden, so wollen wir billig auch mit geschickten Hirten versehen werden. Wir bitten deshalb einen ehrwürdigen, fürsichtigen und weisen Rat unterthänigst und bringend, dem Kapitel zu St. Bartholomäus diese unsere Auffassung und entschiedene Meinung vorzutragen, damit sie sich dessen in brüderlicher

---

* Vergl. dazu den zweiten Brief Hartmuts von Cronberg an Meyer im Anhang zu Rel. u. Kirchensachen I. p. 12, in welcher Stellen vorkommen, wie etwa: ir habt nit alleyhn, ewern gesetz nach die schaf wider Gottes gebott geschoren und boslich usgesagen (ausgesogen), sunder auch, das viel größer und schwerer ist, die heylsamen weyd Cristi mit füßen vertreten.

Liebe annehmen, und sowohl sie, wie wir, fernerer Mühe überhoben bleiben. Denn wo sie uns derhalben entgegen sind, wollen wir unseren Trost und unsere Hoffnung zu dem setzen, der dem im Meere versinkenden St. Peter zu Hülfe kam, und der mit ausdrücklichen Worten gesagt hat: Wer da glaubt, dem sind alle Dinge möglich. Jesus Christus, unser einiger Erlöser, wird uns und sein Werk nicht verlassen. Das wollen wir um E. F. W. mit Einsetzung von Ehr und Gut, mit willigem Dienst bei Tag und bei Nacht gern verdienen. Gegeben Donnerstag vor Mariä Magdalenä (also Mitte Juli) 1524. Ein ganze Gemeyne zu Sassenhusen gemeynlich.

Gewiß ein merkwürdiges Schriftstück! Welche Kraft der Sprache, welche Wucht der Überzeugung, welche Klarheit und Entschiedenheit des sozialen Unwillens und zugleich welche Innigkeit und Zuversicht des Glaubens! Ja gerade diese Verbindung der sozialen Wünsche und Bedenken mit der so warmen und eifrigen religiösen Begründung erinnert uns sehr lebhaft an die gleichgearteten Schriften und Briefe der Bauern und den Artikelbrief der Zünfte in Frankfurt aus dem folgenden Jahre (1525). Sollte auch hier in Sachsenhausen ein Geistesverwandter Karlstadts geholfen und geschürt haben, in ähnlicher Weise wie dies ein Jahr später der (im J. 1524 noch nicht in Frankfurt weilende) Dr. Westerburg bei den Zünften gethan hatte?* Urkundlich fand ich darüber keine Anhaltspunkte, aber die leider noch nicht im Druck veröffentlichte hochwichtige Urkundensammlung unseres Frankfurter Archivs, Religions- und Kirchenwesen Bd. 1, enthält noch eine ganze Reihe ähnlicher Schriften der Sachsen-

---

* S. Steitz: Gerhard Westerburg, in dem Archiv für Frankfurts Geschichte und Kunst, Neue Folge, Bd. 5.

häuser. Und es ist doch kaum anzunehmen, daß die biederen Linksmainler damals schon so litterarisch gebildet gewesen seien; man müßte denn annehmen, daß ihnen ein günstiges Geschick unter den ihrigen einen federgewandten Mann gegeben hätte. Jedenfalls berufen sie sich in einer dieser Schriften gegenüber dem Vorwurf, daß ihrer nur wenige diese Sache verträten und daß ihrer nur zwölf oder fünfzehn in einer Deputation gekommen wären, darauf, daß sie ebensowohl zweihundert und mehr hätten schicken können.

Der Rat übermittelte das Gesuch der Sachsenhäuser an das Kapitel. Unbegreiflicherweise aber willfahrte dieses nicht nur nicht den verständigen Bitten, wodurch damals vielleicht größere Erbitterung hätte vermieden werden können, sondern sie schickten, als Seltzer bald unmöglich geworden war, einen möglichst ungeeigneten Ersatzmann, jenen Johannes Rau von der Peterskirche, der nicht nur in Sachsenhausen sehr unbeliebt gewesen, sondern wie die Sachsenhäuser bemerken, auch in seinen früheren Stellen zu St. Peter, zu Ursel und einem anderen (nicht leserlichen) Orte stets in Unfrieden mit der Gemeinde gelebt hatte. Die Sachsenhäuser beruhigten sich weder bei diesem Rau noch bei seinem bald eingesetzten Nachfolger Johannes Sartorius von Homburg, sondern baten fortgesetzt den Rat um einen neuen Pfarrer. Um Ruhe zu schaffen, gab der Rat dem Sartorius eine von ihm zu verleihende Vikarie an der Bartholomäuskirche.*

---

* Wie übrigens die Linksmainler, wenn der zivile Verkehr mit Ämtern und Behörden zu keinem Ziele führte, mit den ihnen aufgedrängten Pfarrern auch — Sachsenhäuserisch zu reden wußten, erfahren wir aus einer Instruktion für die vom Bartholomäusstift nach Aschaffenburg zum Statthalter des Kurfürsten von Mainz Geschickten aus dem J. 1526 (Archiv Rel. u. Kirchenwesen 1, 197. 198). Es heißt darin: Die Sachsenhäuser wollen . . . er (Rau

Ähnliche Unruhen machten sich damals auch in Bornheim bemerkbar und auch in der Stadt fings bedenklich zu rumoren an. Rau und Meyer predigten wider die neue Lehre und gerieten darüber bei dem Volk so sehr in Mißcredit, daß sie sich kaum noch auf der Straße ohne Gefahr sehen lassen konnten. Die Schneidergesellenbrüderschaft* war

<small>oder Sartorius?) solte die newe verdampte lutterische lere predigen und halten und als er das nit het thun wollen, were er eins sontags frühe durch etwa vill von Sachsenhausen auff dem kirchhoff daselbst mit gewapneter hanndt ueberlauffen, geschlagen, verwundt unndt also mit ime gehandelt, das er sich, wo er sein leib und leben nit verlieren, davon hett thun müssen, und sie nun einen ander lutterischen lerer (Dillenberger s. S. 81) angenommen, auffgeworffen unndt die lutterische lere unndt fort zu predigen bevelhen, wie er auch die auff (d. h. bis zu) diesen tag offentlich geprediget, auch das gemeyne volck und sonderlich burger und burgerin eins großen ansehens, dem armen unverständigen gemeynen mann zu bösem exempel und behspil under zweyerley gestalt brots und weins bereytet (also schon damals, 1526!) alles wieder der heiliger kirchen satzung und ordnung.

* Es gab eine ziemliche Anzahl solcher Brüderschaften, worunter 5 der Gesellen verschiedener Gewerbe. In den übrigen saßen wohl Meister, vielleicht auch Meister und Gesellen. Aber nicht nur Gewerbsgenossen, sondern auch sonstige Interessenverwandte verbanden sich zu solchen Brüderschaften, z. B. fahrende Schüler, Pilger, Reisende, sogar Aussätzige. Die Brüderschaften schließen sich stets an eine besondere Kirche an und hatten dort meistens ein Eigentum an kirchlichen Gerätschaften, Altären, Kleinoden ꝛc. Sie gingen gemeinsam zur Prozession, zur Kommunion, zum Begräbnis, unterstützten einander in der Not, hatten ihre gemeinsamen Feste und Trinkstuben. Wenn somit die Kirche des Mittelalters ihre Hand über das Vereins- und gesellige Leben hielt, so emanzipierten sich nun viele Brüderschaften von dieser Vormundschaft, und zwar geschah dies meist in ziemlich tumultuöser Art. Späterhin (von 1528 bezw. 1530 an) gaben die sich auflösenden Brüderschaften ihr Eigentum dem neu gestifteten Almosenkasten.</small>

die erste in Frankfurt, welche ihre wertvollen Kirchgeräte, die sie im Karmeliterkloster hatten, verkauften. Auch im Dompfarrhof kam es zu tumultuösen Szenen, gleichsam den Vorboten schlimmer Auftritte, die das folgende Jahr 1525 bringen sollte.* Im Frühjahr dieses Jahres 1525 erhielten endlich die Sachsenhäuser einen Pfarrer ihres Herzens in der Person des früher Mainz'schen Kaplans Friedrich Dillenberger, der zwar äußerlich den Zusammenhang mit der alten Kirche nicht aufgab, aber doch im evangelischen Sinne lehrte.** Derselbe starb aber nach kurzer Amtsdauer.

Erst in diesem Jahre 1525 kam die Unzufriedenheit zu offenem Ausbruch. Am Ostermontag, den 17. April um 11 Uhr mittags versammelten sich die Bewohner Sachsenhausens und der Neustadt in hellen Haufen auf dem St. Peterskirchhof. Vergebens suchen die herbeigeeilten Bürgermeister Hamann von Holtzhausen und Hans Steffan die Menge zum Auseinandergehen zu bewegen. Zwar versagen die Unzufriedenen der Obrigkeit nicht die Ehrerbietung, die sie während des ganzen Aufstands gegenüber den weltlichen Herrn nicht völlig aufgaben, aber sie lassen sich doch nicht so leicht beruhigen, sondern sie setzten sich tumultuarisch nach den Stiften und dem Dominikanerkloster zu in Bewegung. „Die Mönche haben lange genug mit uns gegessen, wir müssen auch einmal mit ihnen essen," sagen sie. Am nächsten Tag setzten sich diese Unruhen fort, ja diese werden immer bedrohlicher. Es kann hier nicht unsere Aufgabe sein,

---

* Vgl. darüber Ritter, Denkmal, p. 70 und 71.

** Über die Verhandlungen der Sachsenhäuser mit dem Rat und dem Bartholomäusstift im Jahre 1524 und 1525 vergl. die Originalschriften im ersten Band der Archivakten Religions- und Kirchenwesen" S. 140, 150 und 51, 155—157, 160—164, 197 und 198.

auf diese in ihrer Entwicklung dem Stadtregiment hochgefährliche Bewegung des Näheren einzugehen. Gerade dieser Abschnitt unserer Frankfurter Reformationsgeschichte ist quellenmäßig klar gestellt. Die übersichtlichste Beschreibung findet der Laie bei Kriegk: Frankfurter Bürgerzwiste und Zustände im Mittelalter (Seite 137—203), den genauesten urkundlichen Nachweis in den „Quellen zur Frankfurter Geschichte," Band II. Für unseren Zweck genügt es, darauf hinzuweisen, einen wie hervorragenden Anteil die Gemeinde der Peterskirche an diesen sozialen Unruhen gehabt hat. Zu den Führern des Aufstandes gehörten die Vorsteher der St. Jobstbrüderschaft der Peterskirche, Thyß Atzel und andere, und wenn auch unter den Aufständischen alle Zünfte vertreten waren und späterhin nicht nur diese, sondern sogar die Gesellschaften Alt-Limpurg und Frauenstein sich ihnen anschlossen, so war doch nach den Berichten der Chronisten von den Vorstädten diese Bewegung ausgegangen. Sodann wollen wir nochmals die Aufmerksamkeit auf den sozialen Charakter dieser Bewegung richten. Man verwechsle nicht sozial mit sozialdemokratisch. Zwar gab es ja auch damals schon, und noch mehr im nächsten Jahrzehnt, utopistische Schwarmgeister, und Emissäre dieser Bewegung, wie z. B. in Frankfurt Gerhard Westerburg, fanden in der Unzufriedenheit der Bauern und Handwerker willkommenes Material zur Erstrebung ihrer weitergehenden Pläne. Aber in noch höherem Maße als gegenwärtig die große Menge unserer Sozialdemokraten von den utopistischen Ideen ihrer Führer kein Verständnis hat und nur durch die Unzufriedenheit mit dem Bestehenden zu ihrer Parteistellung bewogen wird, in noch höherem Maße, sagen wir, war das damals der Fall. Auch die Bauern sagen sich nicht vom Kaiser los, und die Zünfte in den

Städten verlangen nur eine gerechtere Verteilung der Lasten, Teilnahme am Stadtregiment und aus sehr berechtigten Motiven eine Kontrolle der Finanzen. Weit entfernt endlich, die Religion als solche zu bekämpfen, wendet sich ihr Unwille nur gegen den damals bestehenden Klerus und die Gestaltung des religiösen Lebens unter seiner Führung, während sie andererseits die Gerechtigkeit ihrer Forderung immer wieder durch das Wort Gottes zu stützen suchen.

Nie haben es die Väter der Stadt besser verstanden, eine in ihrer möglichen Entwicklung ihnen selbst und dem Gemeindewesen sehr gefährliche Bewegung durch kluge Politik und weise Mäßigung in die rechten Bahnen zu lenken, als damals. Es war ihnen das freilich um so leichter, als ihnen nicht nur der Gang der Ereignisse im übrigen Deutschland zu statten kam, und sie sich infolgedessen der Kurfürsten von Mainz, Trier und der Pfalz wider die Aufrührer getrösten durften, sondern auch insofern, als ein Teil der Forderungen der Aufständischen, nämlich so weit es sich um die Beziehungen zum Klerus handelte, den Sympathien der Majorität des Rates begegnete. Die eigentliche Gefahr des Aufstands war schon nach 4 Wochen abgewendet, und wenn es auch noch eine Zeit lang rumorte, so wurden doch diese Unruhen mit Milde und Klugheit überwunden. Während in anderen Städten, z. B. in Rothenburg a. d. T. zahlreiche Hinrichtungen vorkamen, büßte in Frankfurt nur ein Einziger, Asmus Kuntz, sein Unterfangen mit dem Leben, und auch dieser nicht wegen seiner Beteiligung am Aufstand, sondern weil er, wegen späteren Forstfrevels und Versuchs, einen neuen Aufstand zu erregen, aus Frankfurt verbannt, trotz seines Schwures nicht mehr zurückzukehren, tollkühn genug war, nach wenigen Wochen wieder in Frankfurt zu erscheinen.*

---

* Siehe Kriegl, Bürgerzwiste ꝛc. S. 511 und 512.

Der Aufruhr selbst war somit unterdrückt. Aber es folgte auf denselben nicht etwa eine Zeit der Reaktion, sondern es blieb im Gegenteil von da an eine lebhafte Bewegung in der Bürgerschaft, welcher der Rat zwar vorsichtig und behutsam, aber nicht feindlich gegenüberstand. In wieweit die sozialweltlichen Forderungen der Zünfte späterhin Berücksichtigung fanden, wissen wir nicht anzugeben. Der Rat hatte im Jahre 1525 einen großen Teil derselben gutgeheißen, und es liegt kein Grund vor, anzunehmen, daß er diese Versprechungen späterhin vollständig vergessen habe. Jedenfalls aber tritt von nun an die rein religiöse Seite der Reformationsbewegung auch bei uns in Frankfurt mehr und mehr in den Vordergrund. Der Reichstagsabschied zu Speyer vom Jahre 1526 hatte den evangelischen Ständen eine freiere Entfaltung ihrer Bestrebung gestattet, und von dieser Erlaubnis machten sie ausgiebigen Gebrauch, besonders auch hier in Frankfurt. In diesen Bewegungen der Jahre 1526 bis 1530 traten nun die Vorgänge in der Peterskirche einigermaßen in den Vordergrund. Die Ratsprotokolle und Urkunden jener Zeit handeln ganz vorwiegend von den Kämpfen der Prädikanten und den Protesten der Bürgerschaft wider den Pfarrer oder, wie die späteren Chronisten, aber nie die gleichzeitigen Quellen sich ausdrücken, den Plebanus der Peterskirche. Während in den übrigen Kirchen der Stadt die Anhänger des alten Glaubens sich nicht oder doch nur vorübergehend gegenüber den bei dem Volk beliebten übereifrigen Prädikanten halten können, bleibt, wie schon oben bemerkt, die Peterskirche trotz aller Angriffe der Gegner eine Hochburg oder doch eine tapfer verteidigte Schanze des Katholizismus. Eine Schwierigkeit zur Beurteilung jener Vorgänge liegt in dem Umstand, daß wir keine Klarheit erlangen können über die an der Peterskirche wirkenden

Personen. Es heißt in den Urkunden immer nur „der Pfarrer", selten sind die Namen genannt. Es treten neben und nach einander auf Johann Rau, Michael Groß, Johann Walbach, Johann Pauli,* Johann Kirchberg.** Wir wissen nicht genau, wann der eine geht, wann der andere kommt. Besonders schwer ist die Stellung Raus zu bestimmen. Er scheint schon ziemlich lange zuvor der erste Pfarrer an der Kirche gewesen zu sein. Schon 1504 findet sich urkundliche Notiz, wonach sich Johannes Raw über den schlechten Stand des Pfarrer-Hauses beklagt, er müsse „alle Zeit furchten, daß nit das ander klein Häußgen hinder dem vorderstem Hauß über eynen Hauffen fale". Er bittet demütig um ein oder zwei Stecken Holz für den Winter.*** Ja sogar 1493 schon findet sich ein „her Johann" als Kaplan an der Peterskirche genannt, unter dem vielleicht Rau zu verstehen ist. 1513 schreibt dann der Kaplan Heinrich Winter von Butzbach, daß er 6 Jahre Kaplan zu St. Peter gewesen sei und daß Rau sein Vorgänger und sein Nachfolger gewesen. 1521 bekleidet Rau sicher wieder die Stelle an der Peterskirche, denn er berichtet in diesem Jahr über eine von ihm geleitete Glockenanschaffung. 1522 war die Kaplanstelle zu St. Peter vakant und 1526 schreibt Johannes Raidheymer, Pfarrer zu Castell, daß er die Pfarrei zu St. Peter 4 Jahre lang verwaltet habe. 1524 aber bewirbt sich Rau, wie wir oben erzählt, um die Sachsenhäuser Pfarrei, obwohl dieselbe nach Rang und Gehalt nicht höher stand, als die der Peterskirche; Ritter nennt ihn† bei dieser Gelegen-

---

* Faust's Kollektaneen S. 987 in Nr. 31 der Uffenbach'schen Handschriften.
** Kollektaneen Ph. Schurgs, in Quellen z. Fr. Gesch. II, 495.
*** A. K. A.
† Denkmal S. 69 und 70.

heit einen „Vikarius zu St. Bartholomäi von schlechter Conduite", der sich nirgends habe halten können. Zu jener Zeit habe er mit dem Plebanus Meyer „aufrührerische" Predigten gehalten, und sich deßhalb eine Verwarnung des Rats zugezogen. Während der nächsten Jahre hören wir nichts mehr von Rau, obwohl es leicht möglich ist, daß er von 1529 und 1531 an unter dem oft genannten „Pfarrer zu St. Peter" gemeint ist. Erst 1531, 29. Dez., also nachdem die Peterskirche protestantisch geworden war, wird er wieder ausdrücklich erwähnt, und zwar in einem Reskript des Rats, wonach „H. Johann Raun, pfarrer zu sankt Peter, sich bald hinweg soll machen". (Quellen z. Fr. Gesch. II, 160 und Faust's Koll. S. 358.) Er scheint diesem Wunsch nachgekommen zu sein, denn wir finden ihn 1532 in Oppenheim, wo er gegen die Frankfurter Gemeinde predigt (B. B. 1531 f. 92ᵃ), 1533 aber ist er wieder hier und zwar als Canonicus des Bartholomäusstifts; er gerät mit dem heftigen Prädikanten Dionysius Melander in einen Streit, in dem er (von Melander selbst?!) niedergeschlagen wird; Melander hatte heftig auf die Messe gescholten und die Pfaffen „Seelenmörder" genannt (Faust's Koll. S. 1001; die Fassung der Stelle ist nicht ganz richtig). 1534 endlich erhält er den Ratsbefehl, entweder von seinem bisherigen Verfahren, in Bockenheim die Messe zu lesen, abzustehen, oder in Bockenheim zu bleiben.

Es scheint nach dem allem, daß Johann Rau am Ende des Jahres 1521 von dem Dienst an der Peterskirche zurückgezogen worden ist und später entweder wieder dahin zurückkehrte, oder doch den alten Titel „Pfarrer zu Sanct Peter" wenigstens bis zur Uebernahme eines Kanonikats weiter führte.

Größeres Interesse und, wie wir meinen, in gewissem

Sinne eine Rehabilitation, verdient der Mann, welcher nach (oder vielleicht auch neben Rau, vergl. S. 154) das Pfarramt an der Peterskirche verwaltete, Michael Groß. Wenn man die Quellen gewissenhaft prüft, erscheint er durchaus nicht als der Friedensstörer und Krakehler, als welchen ihn Ritter und andere in konfessioneller Befangenheit schildern, sondern einfach als ein persönlich ehrenhafter katholischer Priester, der den Standpunkt seiner Kirche mit Eifer und Erfolg, allerdings zum großen Unwillen seiner andersgläubigen Gemeinde vertrat. Uns soll der Konfessionsstandpunkt nicht hindern, es zu gestehen, daß in den mancherlei Kontroversen, die Groß mit dem lutherischen Prädikanten Melander zu führen hatte, sein Auftreten uns entschieden sympathischer berührte, als das des übereifrigen, fanatischen, unflätigen, schließlich die ganze Stadt tyrannisierenden Melander (Vergl. Steitz, Dionysius Melander, Archiv f. Frankf. Gesch. u. K., Neue Folge V, 264, 268).

Schon vom Ende des Jahres 1525 haben wir eine Nachricht über Unruhen, die Groß veranlaßt habe. Ja gerade damals scheint es in der Kirche selbst zu bewegten Szenen gekommen zu sein. Groß hatte von der Jungfrau Maria wohl in Ausdrücken geredet, die für die damalige aufgeregte Zeit zu unevangelisch klangen. Im Bürgermeisterbuch dieses Jahres (f. 97a) heißt es: „als des pharherrn halber zu Sanct Peter anbracht, wie der von etlichen burgern in seiner predig offentlich gelügenstrafft und ime baby getrawet, wann er auff morgen etwas von der jungfrauw Marie sagen werde, daß sie ine wolten vom stuel herab werfen." — Man drohte also dem Prediger in der Kirche, ihn von der Kanzel zu reißen, wenn er in seiner Weise redete. Darauf wendet sich Groß an den

Rat;* man habe ihn hier zum Prediger angenommen, man möge ihn schützen. Auf einem Marienfest habe er natürlich von der Jungfrau Maria reden müssen, und er predige nach der Lehre der Kirche. Es wäre in der Gemeinde die Maria geläftert worden, ja man habe sie ein „spüle-meyt"** geheißen. Die Prädikanten werden in dieser Schrift noch nicht genannt, es scheint aber, als ob dieselben im Hintergrunde seiner Beschuldigung stünden. Der Rat beruft darauf alle Prediger*** und läßt ihnen das kaiserliche Mandat vorlesen und ihnen sagen, dem nachzukommen, d. h. jeden Anlaß zum Streit zu vermeiden.†

Zunächst scheint nun einige Zeit lang Ruhe gewesen zu sein. Aber der Anhang des Kaplans Groß wuchs und seine Predigten wurden sehr besucht. Anfang Juli ging auch der Herzog von Braunschweig zu ihm in die Kirche und bezeugte ihm seine Anerkennung.††

Aber auch Dionysius und Algesheimer waren in jener Predigt am 2. Juli, und was sie da gehört hatten, gab ihnen Anlaß,

* R. K. I.

** Allerdings ein sonderbarer Ausdruck, der wohl „eine geringe Küchenmagd" bedeuten soll. Aber es läßt sich ja wohl denken, daß die Frivolität das schöne Wort: „Siehe ich bin des Herrn Magd" 2c. in diesem Sinne umdeutete und verhöhnte.

*** D. h. Dionysius Melander, Bernhard Algesheimer und etwa Dillenberger.

† B. B. 1525.

†† „Darnach den 2. julii, qui fuit dies visitacionis beate Marie virginis, hat er prediget zu sanct Peter gehört von einem herren, genannt her Michael, welcher der zeit die phar unber handen hat, ein frommer, gelerter man, gar der Lutheri zuwibber, und vill volles der gemein an sich züg. Ist der herzog selbst zu opfern gangen die frauen und anber getrost, sie sollten im alten stand beharren, er wolt berglichen auch befunden werden." Wolfgang Königstein in Quellen II, 106.

wider Groß beim Rate vorstellig zu werden. Er habe zwar am Peter= und Paulstag (29. Juni) gepredigt, daß Gott der All= mächtige allein die Sünde vergebe, dennoch habe er am Tage Mariä Heimsuchung (b. 2. Juli) das Volk geheißen zu beichten Marien der Mutter Gottes, allen Heiligen und ihm, als einem Priester an Gottes statt. Er habe ferner geäußert, er begehre so lange zu leben, bis er seine Sünden büße und dafür Genugthuung thue, während doch Christus in die Welt gekommen sei, um die Sünder selig zu machen. Drittens möge er doch die Lästerer der Maria nennen, damit sie bestraft würden (an= statt im allgemeinen zu beschuldigen), und viertens habe er den Vers im Magnifikat: „Er hat seinen Knecht Israel aufgenommen" wider die heilige Schrift und die Erklärung der Väter ausgelegt.* Die Prädikanten verlangen beim Rat, daß sich Groß wegen dieser Ketzereien verantworte. Der Rat schickt auch die Schrift dem Groß am 23. August zur Verantwortung zu, worauf dieser wenige Tage später in ruhiger Gegenschrift antwortet,** er sei den Prädikanten keine Antwort schuldig, er lebe nach Weisung der Kirche und sei bereit, den Inquisitoren kaiserlicher Majestät Antwort zu geben. Diese Erwiderung wurde den Prädikanten übermittelt, und die beiden Parteien wurden zur Ruhe ermahnt. Die Spannung und Erbitterung in der Gemeinde wurde aber dadurch nicht gehoben. Es bildeten sich zwei Parteien; aus der Altstadt zogen an die 500 Personen, Männer, Frauen und Kinder nach St. Peter, „aber die (aus der Neustadt) nach St. Bartholomäi gingen, verachteten sie."***

* R. K. S. 119; Ritter S. 103. Übrigens stellt Ritter die Streitigkeiten mit Groß chronologisch und somit in ihrer Entwicke- lung unrichtig dar.
** R. K. S. 122; B. B. 1526.
*** So melden übereinstimmend Scheffers Kreinchen in

Es dauerte nicht lange, da verklagten die Prädikanten den Pfarrer aufs neue. Er habe auf Aller Seelen geprebigt: Es muß ein Ort sein, nenne man ihn, wie man wolle, wo man für die Sünden Genugthuung leiste. Er habe diesen Artikel, durch welchen die Gnade Christi gelästert werde, durch eine falsche Auslegung von Bibelstellen (1. Cor. 3, 13 u. Matth. 5, 22) zu stützen gesucht. Er habe ferner verlangt, man solle für die Toten bitten und endlich behauptet, die Bücher der Makkabäer seien biblisch. Die Prädikanten schließen ihre Anklage mit den Worten: wo dieser obgemelter pfarher mit dem wort Gottes beweyset, (daß) seine wort und leer recht sey, so wollen wir ym zufallen und von E. W. unser oberkeit gestrafft (werden); wo wir yme aber mit dem wort Gottes beweysen, wie wir wollen mit Gott, das sein leer falsch, ketzerisch, geltsüchtig, verfurisch, aufrührerisch sey, so wollen wir ym um Gotts willen verzeygen, so for doch, das ers nit mehr thue und sich bessere (?) ꝛc.**

Gewiß, wir verstehen ein solches Vorgehen heutzutage kaum mehr. Das, was dem katholischen Pfarrer hier vorgeworfen wird, erscheint uns heute der Hauptsache nach als von seinem Standpunkt ganz selbstverständlich, und wir sind gewohnt, ganz anderer Dinge wegen zu schweigen. Aber man berücksichtige doch auch die Zeit, in der bei der gewaltigen Spannung, in welche die Parteien allmählich geraten waren, die dogmatischen Gegensätze eine ganz andere Bedeutung hatten wie heutzutage. Der Rat hatte wieder

---

Quellen II, 281 und die Kollektaneen Faust's; Ritter S. 108. Übrigens muß man gegenüber solchen ungefähren Schätzungen der Volksmengen sehr vorsichtig sein; sie werden meistens gewaltig übertrieben.

** Religions- und Kirchenwesen S. 239 u. 121; B. B. 1526 f 53 b.

zum Frieden und zur Einigkeit geraten. Aber das Volk selber war thatsächlich im Unfrieden und verlangte, daß Groß entfernt würde.

Einige entzündeten gegen Groß Unruhe „und haben ihm Schmach angethan"* und suchten ihn gar zu vertreiben. „Es sind auch etliche, die einen großen Exceß begangen, ins Halseisen gesteckt mit uffgesetzter Inful ihres Excesses und der Stadt verwiesen worden."** Beinahe wäre es zu neuen Unruhen gekommen. Thyß Atzel (einer der Führer des Aufstandes vom Jahre 1525 und Vorsteher in der St. Jobstbrüderschaft zu St. Peter) und andere Vertreter der Zünfte und Führer des Aufstandes von 1525, Niklas Wild, Lucas und Hans von Siegen richteten im Namen aller Zünfte eine lange Eingabe an den Rat, in der sie den Groß beschuldigten, er stifte Aufruhr und Unfrieden durch seine Predigten und greife in denselben die Prädikanten an. Zugleich fordern sie Ablösung der ewigen Gülten u. a. m. Groß finde von seiten einzelner Ratsfreunde, so besonders des Stadtschreibers zu viel Unterstützung, und wenn es so weiter gehe, so sei ein Aufruhr zu besorgen. Der Rat hatte um so weniger Lust, auf diese Klagen zu hören, als diesmal nicht alle Zünfte hinter den Petenten standen. Doch ließ er es, wie Faust (Kollekt. S. 351) berichtet, geschehen, daß Thyß Atzel und sein Anhang „die Brüderschaft St. Jobstens abgethan, die Clenodien, welche zur Zierung des Altars durch fromme Leute gegeben, auf freiem Markt verkauft wurden."***

---

* Faust's Kollektaneen S. 350.

** D. h. sie wurden an den Pranger gestellt und die Ursache ihrer Strafe wurde auf eine Papiermütze, die ihnen aufgesetzt wurde, geschrieben; Faust's Kollektaneen S. 351.

*** Vergl. Wolfgang Königsteins Tagebuch in den Quellen II, 108, 109. Jung bemerkt mit Recht zu dieser Stelle der Quellen,

Wohl mochten damals wie auch späterhin dem Rat die über=
eifrigen Prädikanten oft lästig werden; und so erklärt es sich,
daß der Erzbischof ihm seine guten Dienste anbot, ihm bei
der glimpflichen Entlassung der Prädikanten behilflich zu

daß diese Auflösung aus chronologischen Gründen nicht als eine
Konzession des Rates aufgefaßt werden könnte. Die St. Jobst=
brüderschaft, von Heinrich von Soden zum Schildknecht im Jahre
1350 in der St. Bartholomäuskirche gestiftet, ging im Jahre 1521
an die St. Peterskirche über und Thyß Atzel und Bernhard Holz=
menger betrieben in dieser Sache die Verhandlungen mit dem
Bartholomäusstift. (Leider ist mir der diesbezügliche Aktennachweis
verloren gegangen; ich erinnere mich aber desselben noch genau.)
Die Brüderschaft, welche wie alle ähnlichen ihr Vermögen und ihre
Kleinodien hatte und das Bildnis des heiligen Jobocus alljährlich
in einer Prozession umtrug, war von da entweder allein im Peters=
sprengel oder als eine zweite neben der im Bartholomäusstift.
Wenn sie sich nun auflöste und ihre Kleinodien verkaufte, so that
sie damit nichts anderes, als was andere Brüderschaften vor und
nach ihr gethan hatten. Jene Nachricht der Chronisten, als ob die
Auflösung vom Rat als eine Konzession für die unruhigen Köpfe
zu betrachten wäre, scheint auf einer Verwechslung mit der später
erfolgten Verschleuderung sämtlicher Altarsgeräte der Peterskirche
zu beruhen. Philipp Schurg meldet aus dem Jahre 1533 (Quellen II,
495): „Senatus vilissimo precio vendidit calices, clenodia, libros,
sacras pallas circa annum 1533, cum divina suspenderentur." Und
in unseren Bartholomäusakten finde ich Buch I, Fol. 27, 218 folgende
Notiz: „Brevis catalogus eorum, quae ab anno 1525 et deinceps
ecclesiae hic sunt erepta. Statim etiam aggressi sunt Parochiam
S. Petri, ubi similiter expulso parocho catholico Lutheranum
substituerunt, redditus 75 fl. paulo post videlicet anno 1537
acceperunt cum omnibus sacris vasis, monstranciis, vestibus.
Ibidem quoque duo altaria cum satis magnis redditibus propriis
aedibus parochialibus et altaristarum occuparunt, ut supra in
descriptione capellae habetur." — Zur Peterskirche hielt sich außer=
dem die Liebfrauenbrüderschaft zu St. Peter, gegründet 1434, auf=
gelöst zwischen 1526 und 1533, und die St. Urbansbrüderschaft der
Gärtner und Hecker.

sein. Aber ebenso fest wie nach unten, blieb der Rat auch nach oben; er ließ sich vom Erzbischof nicht verleiten.

Auch das Jahr 1527 brachte der Peterskirche keinen Frieden. Die Ratsprotokolle jener Zeit sind reich an Notizen, den Pfarrer an der Peterskirche betreffend; sie zeigen uns durchgängig, wie der Rat nach beiden Seiten hin zum Frieden rät, und wie es nur sein Verdienst ist, daß es nicht zu Skandal und Aufruhr kommt. Als er, wie üblich, den Kontrakt der Prediger auf ein Jahr erneuert, warnt er sie, „das geböch und anderes, so nicht im evangelium steht, im predigen zu unterlassen."* Andererseits als Groß gegen Melander und Algesheimer klagt und eine schriftliche Antwort verlangt, so läßt der Rat die Sache auf sich bewenden. Als dann aber beide Teile Verantwortung fordern und mit einander disputieren wollen, da antwortet der geplagte Rat:** „ine zu wege sagen (warnen), sonderlige den zweyen praedikanten sich kais. maj. mandaten zu halten, desgleichen denen praedicanten zu St. Peter (es waren also neben Groß noch andere) unnd das e. e. rath irer disputation nicht richter syen, wo sie aber das thun wollen das sie das thun an andern orten, da gelerte der hayligen schrift leuth seyn." — Im Anfang August verwarnt er beide Teile, „das lauter evangelium zu predigen und wo inen etwas anliegt, das e. e. r. anzusagen und sollen sie nicht die leut auff der canzeln ausrichten und holhepen."*** So geht es beständig hin und her, der Rat wird immer wieder von beiden Seiten angegangen. Er rät diesen Poltergeistern, natürlich umsonst, Friede zu halten und das lautere Evangelium zu predigen. Ja, auch die Bevölkerung, in zwei Parteien gespalten, nimmt teil an diesen

---

* B. B. 1527, Donnerstag nach Laetare.
** B. B. 1527, 4. Juli.
*** d. h. verhöhnen; B. B. 1527, 6. August.

Umtrieben, und in Oberrad kommt es sogar in einem wegen
der Pfarrer entbrannten Wirtshausstreit zu einem Totschlag
(Religions- und Kirchenwesen I, 50). Schließlich wurde die Lage
geradezu kritisch. Am Dienstag nach Michaelis zeigt Groß
an, er werde die Prädikanten verklagen, „an enden (wo?) er
bequeme richter bekommen möge". Worum es sich im speziellen
handelte, wissen wir nicht, aber die Sache muß für Groß
gut, für die Prädikanten recht bedrohlich gestanden haben.
Denn der Rat schickt nach dem Kapitel, Wege zu suchen,
daß Groß von seiner Klage abstehe und läßt zugleich den
Prädikanten „aufs treulichste zu wege sagen". Sie
mußten guten Grund haben, gerade auf das Kapitel zu
schicken. War doch der damalige Klerus, wie wir aus zahl=
reichen Nachrichten wissen, innerlich so gespalten und uneinig,
daß es gar manchesmal gelang, den einen seiner Mitglieder
gegen den anderen auszuspielen. Nur so läßt sich die wenige
Tage später, am 17. Oktober, erfolgte Notiz erklären, die wir
im Bürgermeisterbuch dieses Jahres finden: „als die freund
bey dem kapitel des pfarrers halber zu St. Peter gewest,
wie die praedikanten sich uff die canzel hören haben lassen,
wie er wieder die heylig schrifft und kays. mandat predige,
daruff das Kapitel geantwort, es wäre wohl Zeit, daß an=
gezeigt würde, wie der pfarrer wieder die heylig schrifft
und kays. mandat geprediget, dann er sey bey fürsten und
heren für ein verständiger und gelehrter mann, damit sie
solches unserem gnädigen hern von Meintz anzeigen mogen,
und pitten ein verständigen prediger zu St. Peter bestellen,
der das evangelium predige wie die praedikanten und daß
sie sich vereinigen sollen." Fürwahr eine merkwürdige Ant=
wort; man sollte eher glauben, daß sie aus der Studierstube
Melanders komme, anstatt aus dem Kapitel zu St. Bartholo=
mäi, merkwürdig, auch wenn man berücksichtigt, daß wir ja

in derselben nicht die eigenen Worte des Stiftes selbst haben, sondern das, möglicherweise gefärbte, Referat der protestantischen Ratsdeputierten beim Stift. Jedenfalls war es ernst damit. Denn wenige Tage später zieht zu St. Peter ein neuer Pfarrer an Großens Stelle ein. Zwar haben wir über diesen Amtswechsel kein Ratsprotokoll, kein amtliches Dokument, aber sie wird nicht nur verbürgt durch eine Notiz in Scheffers Kreinchens Chronik*, sondern auch ohne jegliche besondere Nachricht könnten wir auf einen Personenwechsel schließen. Denn von nun an wird der Ton der Polemik gegen den Pfarrer von St. Peter plötzlich ein anderer. So heftig auch die Polemik gegen Groß gewesen war, so war doch nie sein Charakter und sein Lebenswandel angegriffen worden. Katholische Quellen reden mit offenbarer Anhänglichkeit und Wärme von ihm, die protestantischen mit offener, aber der Achtung nicht entbehrender Feindseligkeit. Wenn man ihm vorwarf, den Aufruhr zu predigen, so war eben in den Augen des damaligen Geschlechtes die für den Katholiken pflichtgemäße Geltendmachung der anderen Ansicht schon Aufruhr. Und wenn er zu diesen Kundgebungen auch die Kanzel benutzte, so muß berücksichtigt werden, nicht nur, daß diese Form der Polemik in damaliger Zeit fast die einzig mögliche war, sondern vor allem auch, daß er in dieser Kampfesart es unmöglich seinem über alle Maßen derben Gegner Melander gleich thun konnte, der gleichfalls die Kanzel in dieser Weise mißbrauchte. Auch in seinen Schriften bleibt Groß stets sachlich und gemäßigt. Die katholische Kirche hatte offenbar in ihm ein tüchtiges Werkzeug verloren; über seine weiteren Lebensschicksale ist uns nur bekannt, daß er

---

* In diesem Jahr kam ein ander Pfarrer zu St. Peter uff, Sonntag nach der 11000 Jungfrawentag; Quellen II, 283.

von hier nach Bingen zog, von wo aus er im Jahre 1529 Ansprüche auf rückständigen Gehalt erhebt.

Um so unbegreiflicher ist uns aber die Wahl seines Nachfolgers. Die Peterskirche war doch damals nach der ganzen Lage der Dinge in kritischster Zeit ein exponierter Posten. Und dennoch schickte man dahin eine höchst anrüchige und vollkommen würdelose Persönlichkeit, einen Mann, dessen Lebenswandel Verachtung und Anfeindung mit Notwendigkeit hervorrufen mußte.

Wir verzichten darauf, die Klagen alle einzeln zu registrieren, welche in unsern Ratsprotokollen und bei den Chronisten, die jene Zeit beschreiben, gegen den Pfarrer Johann Walbach wegen seines Lebenswandels erhoben werden. Sie beginnen schon im Anfang des Jahres 1528. Ein Ratsbeschluß fordert das Kapitel auf, daß der Pfarrer zu St. Peter beurlaubt werde, weil er „Kinder ziele und mit der Konkubine Wohnung treibe." Der Rat sieht sich am Samstag nach Trinitatis zu dem Antrag bei dem Kapitel veranlaßt, den Vertrag von 1451, wonach er gegen das Besetzungsrecht zweier Vikarieen zu St. Bartholomäi die Bestellung der Pfarreien zu St. Peter und Dreikönigen dem Kapitel übergeben hatte, rückgängig zu machen — natürlich umsonst. Die Prädikanten hatten bei der Neubestätigung ihres Kontraktes sich ausbedungen, daß der Rat energisch gegen das Konkubinenwesen vorgehe und der Rat ihnen zugesagt, ihnen darin zu willfahren. Als dies aber dennoch nicht oder doch nicht mit der nötigen Energie geschah, griff Melander in einer Predigt den Rat selbst aufs allerheftigste an, beschuldigte ihn in den denkbar unflätigsten Ausdrücken geradezu der Begünstigung der Unsittlichkeit und forderte die Männer zum offenen Aufruhr gegen die Obrigkeit und zum Zuschlagen auf. Suchte sich Melander auch nachher zu entschuldigen und diese Stelle seiner Rede als an die Handwerkerbank im Rat, nicht an die Volksmenge gerichtet zu erklären, so war sein Vergehen denn doch dem Rat zu arg, und er beschloß damals, den Prädikanten zu verabschieden und sich nach andern Predigern umzusehen. Aber es blieb bei dem Beschluß. Melander war nach anderer Seite doch wieder ein zu eifriger Betreiber der reformatorischen Bewegung und stand mit seiner derben, volkstümlichen Beredsamkeit bei dem Volk in zu hohem Ansehen, als daß man damals schon seine Entlassung hätte wagen dürfen.

Gegen die Unzucht bei Weltlichen und Geistlichen wurde jedoch eingeschritten. Es kam zu einer bewegten Szene im Pfarrhof zu St. Peter. Der Bürgermeister Grünberger und seine Diener kamen in das Pfarrhaus und schleppten die Magd des Pfarrers, die sich der baldigen Geburt eines Kindes versah, über den Pfarrhof ins Gefängnis, natürlich zum nicht geringen Gaudium der Menge. Die Klageschrift Walbachs beim Rat, worin er einerseits denselben um Gnade für die Weibsperson und „die Unschuld des unschuldigen," noch nicht geborenen Kindes bittet und andererseits auf seine geistlichen Privilegien und seine eximierte Gerichtsbarkeit pocht, wird in der That zur schwersten Anklage wider den sittenlosen Kaplan,* noch mehr aber gegen das katholische Regiment überhaupt, welches wahrscheinlich mit bezug auf diesen und ähnliche Fälle im Anfang April an den Rat das Verlangen stellt, die Geistlichen unbeschwert bei ihren Privilegien zu belassen.** (B. B. 1529 f. 145a.)

---

* Religions- und Kirchenwesen S. 237. Vgl. auch die ähnliche Stimme in den Quellen II, 171.

** 1530 wiederholt sich ein ähnliches Vorgehen des Rats und es erfolgt dieselbe Beschwerde des Mainzischen Erzbischöflichen Rates;

Aber auch nachher hörten die Klagen über den Lebenswandel Walbachs nicht auf; ja es ist sogar im Pluralis von „seinen Dirnen" die Rede (B. B. 1529 V, p. Margae.) Im Laufe des Jahres oder zu Anfang 1530 scheint er aber doch abgegangen zu sein, denn es ist späterhin nur noch von der Predigt, nicht mehr, wie es bei Walbach stets der Fall gewesen, vom Lebenswandel des Pfarrers zu St. Peter die Rede, und bei dem sogleich des Näheren zu erwähnenden Schlusse der Kirche im Frühling 1530 wird uns Johann Pauli als Pfarrer genannt.*

Man mag sich wundern, daß bei all diesen Wirren der Rat nicht ebenso nach St. Peter ihm genehme Prediger setzte, wie solche in der Altstadt an fast allen Kirchen und Klöstern regelmäßig oder gelegentlich amtierten. Aber er wollte offenbar nicht wider den Rechtsstand verstoßen.** In den Kirchen der Altstadt war die Lage der Dinge eine andere. Zum Teil waren dieselben freiwillig zu der neuen Lehre übergegangen, wie z. B. Barfüßer und St. Katharinen, zum Teil hatte der Rat dort für einzelne Stellen das Patronatsrecht, endlich war es auch eine längst geübte Sitte, daß in den Stiften andere, nicht dem speziellen Stiftsklerus

---

B. B. 1530 f. 18b. Wenn Wolfgang Königstein (Quellen II, 144) die Szene mit des Pfarrers Magd in dieses Jahr 1530 verlegt, so ist das offenbar eine Verwechslung. Aber wie charakteristisch für die ganze Zeit ist doch die Thatsache, daß die geistlichen Vorgesetzten einen solchen Skandal duldeten, ja wo möglich um der Privilegien willen noch beschützten! Das bezeugt deutlicher die sittliche Entartung als alle diesbezüglichen positiven Notizen.

* Faust's Kollektaneen S. 987.

** Allerdings nimmt Faust (Kollektaneen S. 355) schon für das Jahr 1528 einen Prädikanten an der Peterskirche, Eberhardt von Ursel, an. Aber diese ganze Stelle ist offenbar gründlich verwirrt und unrichtig, ebenso wie die gleichlautende Notiz bei Lersner I, 2, 64.

angehörige Geistliche predigten. Zu St. Peter und Dreikönigen aber hatte das Bartholomäusstift das alleinige Patronatsrecht, und noch blieb dasselbe bisher unangetastet. Auch jener lutheranisierende Dillenberger war vom Bartholomäusstift angestellt worden, und nach seinem baldigen Tod war die Gemeinde zu Dreikönigen zeitweise verwaist, dann wieder von katholischen Kaplänen zum Unwillen der Gemeinde bedient. Wiederholt hatten beide Gemeinden um Einsetzung evangelischer Prediger gebeten, lange hatte der Rat gezaubert, diesen Bitten zu willfahren. Da endlich wurde durch einen Gewaltakt Wandel geschaffen: Der Ratsdeputirte zu dem neu errichteten Kastenamt, Hans Bromm, schloß am Feiertag vor Verkündigung Mariä am 25ten März 1531 die Peterskirche zu, und der Rat antwortete auf die Beschwerde des Bartholomäusstifts, es sei nicht mit Wissen des ganzen Rats, auch nicht des Bürgermeisters geschehn, nachdem es aber einmal geschehn, sollte es auch so bleiben, denn die Gemeinde selber habe es verlangt.*

Kurze Zeit predigte der gelehrte und milde Cellarius zu St. Peter (Ritter, Denkmal S. 147); dann vom 23. April 1531 an der Genosse Melanders, Bernhard Algesheimer (Quellen II, 158), wohl neben seiner Amtsthätigkeit in der Altstadt. Der Antrag Hamanns von Holzhausen, an der Peterskirche noch einen Prädikanten anzustellen, findet zunächst keine Berücksichtigung. Auf mehrmalige weitere Bitten der Gemeinde aber und nachdem Cellarius im Jahre 1532 der Engherzigkeit seiner zwinglisierenden Kollegen hatte weichen müssen, wurde Matthias Limberger, bisher Prediger zu Kronberg, der erste evangelische Pfarrer an der Peterskirche und versah dies Amt dort lange Jahre hindurch.**

---
* B. B. 1531 f. 91a, 94a—96b; Quellen II, 157.
** Vergl. hierzu Quellen II, 159.

Auch die Schwestergemeinde von St. Peter, die Dreikönigskirche von Sachsenhausen, erhielt im April 1531 einen evangelischen Pfarrer in der Person des früheren Barfüßer, Guardians Peter Pfeiffer v. Chomberg. Die Konferenz, welche am 22. April der von Mainz herüber gekommene Probst Dr. Tettleben mit dem Bürgermeister Hamann v. Holzhausen und anderen Ratsverwandten abgehalten hatten, änderte nichts mehr an dieser Thatsache; „sind mit unwillen von einander gescheiden."*

Nachdem die Peterskirche evangelisch geworden, hört sie gewissermaßen auf, eine besondere Geschichte zu haben. Sie ist von da an ein Teil der evangelisch-lutherischen Gesamtgemeinde Frankfurts, und man hat gerade in dieser Stadt mit großer Starrheit und, was die Gegenwart betrifft, nicht zum Segen des kirchlichen Lebens an der Einheit dieser Gesamtkirche festgehalten. Wie sich die politische Gemeinde bis zu unsern Tagen als ein geschlossener Freistaat im deutschen Vaterlande fühlte, so mochte dem auch die kirchliche Einheit dieser so vorwiegend protestantischen Stadt entsprechen; der Wandel der politischen Verhältnisse wird je länger, je mehr auch die Umgestaltung der kirchlichen Verhältnisse bewirken.

Die Geschichte der Peterskirche während des entscheidenden Jahrzehnts des Reformationszeitalters bot uns einen interessanten Ausschnitt aus der Gesamtbewegung jener Zeit. Auch in diesem engen Rahmen zeigt sich der Gedanke christlicher Freiheit als die gewaltig treibende und schließlich siegende Kraft, und von diesem Gesichtspunkt aus vermögen wir auch den oft genug über das Ziel hinaus stürzenden Eifer eines in vieler Hinsicht so tüchtigen Dionysius Melander, als durch die Not der Zeit geboten, zu ver-

---

* Quellen II, 158.

stehen und einigermaßen zu entschuldigen. Scheint es doch fast als ein Postulat der Geschichte, daß auch dem Charakter des so unendlich viel höher stehenden Luther eine gewisse Dosis dieser Derbheit, die heutzutage auch seine Anhänger unangenehm berührt, beigemischt war! Wir sahen aber auch in dieser geschichtlichen Entwickelung, was freilich schon selbstverständlich ist und doch in der Praxis so leicht vergessen wird, daß solche siegreiche Gedanken nicht etwa in der Studierstube oder der Klosterzelle des einzelnen entstehen und an und für sich in idealer Reinheit ihren Weg gehen, sondern daß sie nur bestehen und gedeihen können, wenn sie den geeigneten Nährboden finden, oder, um ein anderes Bild zu wählen, daß die Quelle nur dann zum Strom wird, wenn sie die geeigneten Zuflüsse erhält. Und weil dieser Nährboden auch so viele Steine und Unrat enthält, weil diese Zuflüsse auch so viel trübes Wasser bringen, erklärt es sich, daß solche Entwickelung, wir mögen ihr im ganzen noch so sehr zustimmen, doch immer fehlerbehaftet ist. Licht und Schatten verteilt sich auch hier auf beide Seiten, und sahen wir in der vielfachen Entartung des katholischen Klerus eine Hauptursache der Bewegung, so traten dann wieder einzelne Erscheinungen, wie etwa die eines Groß und in noch höherem Grad einzelne weltliche Personen jener Zeit in ihrem treukonservativen Festhalten an der überlieferten Kirche und in ihrem naiven Herzensglauben um so wohlgefälliger vor unser Auge.

Und endlich noch eine Beobachtung, welche man auch sonst gar manchesmal auf dem Gebiet des religiösen Lebens der Vergangenheit und der Gegenwart machen kann: Die Geistlichen auf beiden Seiten waren die unentbehrlichen Führer der Bewegung, sie gaben gleichsam den Ton an; aber das Volksbewußtsein war der Resonanzboden, auf welchem dieser Ton den rechten Klang erhielt, und dieser Resonanzboden war besser und edler als die klingende Saite. Nicht das Ungestüm der Prädikanten brachte bei uns die Reformation zum Sieg, sondern weit mehr die Besonnenheit des Rats, die gediegene Kraft von Männern wie Nesenus, Mycillus, Hamans v. Holzhausen u. a. m.; und nicht die Macht Roms rettete die katholische Kirche vom gänzlichen Untergang, sondern weit mehr die stille Herzensfrömmigkeit von Personen, wie etwa jene Scheffers Kreinchen, die Katharina Weiß von Limburg, gewesen war.

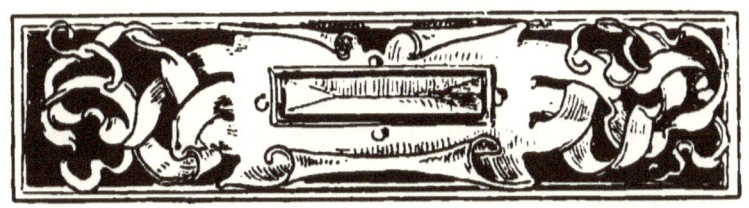

7. Kapitel.

Die Peterskirche als Bau; Reparaturen, Glocken, Kirchenschmuck.

us der Stiftungsurkunde des Jahres 1417 läßt sich der Schluß ziehen, daß die Kirche höchstwahrscheinlich nicht ein Neubau oder Ersatz, sondern ein Um- und Ausbau der ursprünglichen Peterskapelle war. Wir sehen heute noch um die ganze Kirche herumlaufend den ursprünglichen Sockelstein mit seiner gotischen Profilierung; gotisch ist ebenso das kleine Gesims, welches über den Thüren auf der Süd- und Südostseite zu bemerken ist. Maßwerk der Fenster, sonst das sicherste Merkmal zur Bestimmung einer Bauperiode, ist hier nicht vorhanden. Trotzdem, daß wir also aus diesen geringen Bauüberresten keine sicheren Schlüsse auf die Entstehungszeit der einzelnen Bestandteile des Baues ziehen können, ist es wahrscheinlich, daß wir in dem jetzigen Chor der Kirche wenigstens die Grundanlage und Reste der ursprünglichen Kapelle anzusehen haben. Es entspricht

dies schon dem allgemeinen Entwicklungsgang mittelalterlicher Bauten, die gewöhnlich mit dem Chor anfangen, es entspricht erst recht der Topographie des Ortes. Man hat doch sicherlich am Kreuzungspunkt der Straßen angefangen zu bauen und ging dann allmählich weiter in das vorhandene Terrain hinein. Vielleicht erfahren wir darüber näheres beim Abbruch der alten Kirche, in ähnlicher Weise, wie man auch bei der Renovation der Bartholomäuskirche imstande war, deren alten Grundriß in so überraschender Weise festzustellen. Näheres und gewisseres läßt sich aber bezüglich dieser Frage aus den gegenwärtig der Beobachtung sich darbietenden Baubestandteilen wohl schwerlich feststellen.

Latomus erwähnt in der öfters erwähnten Zusammenfassung der Stifungsurkunde, daß Ockstadt und Humbracht die Kirche in der Gestalt gebaut hätten, „welche wir" jetzt, (also 1598) „haben". Man darf wohl annehmen, daß auch seitdem keine tiefgehenden Umgestaltungen des Baues, wenigstens in seinem Grundrisse, stattgefunden haben. Sicherlich hat ja die Kirche mehrfache Restaurationen erfahren. Etwa alle hundert Jahre braucht ein solcher Bau eine gründliche Renovation, dazwischen vielleicht alle dreißig Jahre kleinere Aufbesserungen. Wir wissen aber nur wenig von denselben zu melden, weil das Aktenmaterial, besonders so weit es Bauten betrifft, für das 16. und 17. Jahrhundert überhaupt nur spärlich vorhanden ist.

Fest steht, daß die Kirche erst im Jahre 1489 ein Gewölbe erhielt,* sie war also bis dahin saalartig.

---

* B. B. 1489. — „Den Testamentarien Materns Jungen (also wieder ein Alten-Limpurger!) vergönnen ein Gewölb zu St. Peter zu machen." — Vielleicht gehört (was die Erwähnung der „gewelbe" betrifft) auch die Bemerkung aus dem Rats-Protokoll-Extrakt 1487 fol. 63 hierher „soll man . . . . . von den gewelben, uff dem Kirch-

Auch hatte sie ursprünglich weder ein Türmchen noch auch nur einen Dachreiter. Der Faber'sche Belagerungsplan von 1552, der sonst solche malerische und in die Augen fallende Effekte sich nicht leicht entgehen läßt, und der selbst die Kreuzigungsgruppe auf dem Friedhof und das winzige, jetzt längst verschwundene Felber'sche Kapellchen auf der Südwestseite des Kirchhofs wiedergiebt, zeigt uns das Kirchlein noch ganz kahl (s. in Bildchen auf S. 172). Gleichwohl hatte es damals schon eine Glocke, die im Dachgewölbe gehangen haben mag, denn schon 1521 berichtet der damalige Pfarrer Raub über eine solche, welche die Nachbarn für fl. 60 gekauft, die in Raten von fl. 10 an den Glockengießer, Meister Steffan, abgezahlt wurden. Zu dieser Glocke kam dann 1646 eine Schlaguhr, für welche die Kosten gleichfalls von der Nachbarschaft aufgebracht waren.* Aus jener Zeit mag

---

hoff czu machen, auch reden und sich die paffen darus bedenken lassen." —

* Im Ratsprotokoll vom 19. November 1646 heißt es: Als die gesammte Nachbarschaft umb die Peterskirchen als Friedberger- und Schäfergassen gebetten E. E. Rath ihnen eine Schlag- und Zeig-Uhr auf Ihre Kosten in der Kirchen zu St. Peter anzurichten, Gnädigst consentieren und selbige nach Verfertigung consekrieren und unterhalten wollen: Soll man ihnen willfahren. — Acht Tage später, am 24. Dez. 1646 heißt es dann: Als die Nachbarn auf der Friedberger-, Schäfer- und andern Gassen umb St. Peters Kirchen Inhalt supplicationis gebeten E. E. Rath zu Verfertigung vorhabenden Uhrwerks auff vermelter Kirchen das Uhr- und Glockgestell ab dem Stattbau verfertigen laßen wolle: Ist benen Herren Baumeistern solches zu bauen Macht gegeben. — Vom 5. Okt. 1647 wird gemeldet: Als die Nachbarn umb die Peters Kirch gebetten, E. E. Rath Jemanden zu Richtung derer uff der Peters Kirchen uff ihren Kosten erbauten Uhr bestellen und besolden wolle: Soll man Jemanden bestellen und demselben 3 Achtel Korn pro salario reichen laßen. Lersner 2, II. 98.

dann auch der gothische Dachreiter herrühren, welchen die Merianschen Stadtpläne im Gegensatz zu dem Faberschen Plan vom Jahre 1552 aufweisen. Bekanntlich erschienen diese Merianschen Pläne vom ersten Viertel des 17. Jahrhunderts an nach Zwischenräumen von Jahrzehnten in mehreren Auflagen während des 17. und 18. Jahrhunderts. Da aber immer wieder die älteren Platten benutzt wurden, welche nur in einzelnen Punkten den mittlerweile vorgegangenen Veränderungen gemäß korrigiert wurden, so lassen sich aus diesen Platten sichere chronologische Schlüsse nicht ziehen. So ist z. B. der von uns auf S. 173 gebrachte Ausschnitt einem Merianschen Plan vom Jahr 1769 entnommen. Richtig zeigt dieser Plan noch den gothischen Dachreiter, der ja erst im Jahre 1771 entfernt wurde; dagegen zeigt dieses Bild nicht nur nicht den dritten Kirchhof, obwohl derselbe damals schon fast drei Jahrzehnte im Betrieb war, sondern sogar nur die wesentliche Hälfte des zweiten Kirchhofs. Wir dürfen also mit Sicherheit annehmen, daß dieses Bild aus weit älterer Zeit herrührt. (Auch von dem angebauten Lädchen bemerkt man auf diesem Plan noch nichts.)

Genaueren Bericht über eine Umgestaltung der Kirche haben wir erst wieder aus den Jahren 1769—1771. Aus dieser Zeit melden uns die Akten des Kastenamts von einer Supplikation „sowohl der Einwohner des 3. Quartiers" als wie „anderer außer unserem Quartier wohnender Freunde und Gönner" und sich daran anschließenden Verhandlungen. Wir drucken das Schriftstück hier ab, da es in mancher Hinsicht interessant erscheint:

„Wohl= und Hochedelgeborene Gestrenge Vest und Hochgelehrte Wohlfürsichtige und Hochweiße zu Einem Hochlöblichen Casten Amt Hoch= und Wohlverordnete Herren Senior, Deputati und Pflegere!

Die Peterskirche als Bau.

„Ohne unseren geziemenden Vortrag ist Euer Wohl- und Groß-Edelgebohrenen Gestr. und Herrl. die elende, so wohl innerliche als auch äußerliche Beschaffenheit der St. Peterskirche und wie höchst nothwendig es seie, desfallß in Zeiten eine Hauptreparatur vornehmen zu laßen vorhin groß günstig und Hochgeneigtest bekannt. Die Cantzel kan fast nicht mehr Bestiegen werden, die Orgel will keinen Laut mehr von sich geben, die fenster Scheiben sehen ehender Horn als Glaß ähnlich und wollen das tages Licht nicht mehr hinein scheinen laßen, die Decke und Wände scheinen mit ruß über zogen zu seyn, die Lettner sind so baufällig, daß Sie alle Augenblick den Einsturz zu drohen scheinen, und die Kirchenstühle, und die darinnen Befindliche Bäncke sind durch das Alter, so mürbe geworden, daß man fast nicht mehr, ohne zu befürchten um zu fallen darauf sitzen kan.

„Mit einem Wort, die gantze Kirche Befindet sich in einem dermaßen Baulosen Zustand, daß, wenn nicht des forderfamstens auf die so höchst nothwendige Reparatur derselben der eyfrigste Bedacht genommen werden sollte, in Kurtzem Pfarrherren und Zuhörer hineinzugehen Scheu tragen werden.

„Es ist zu Bedauern, daß zu unseren tagen die bemühung Kirchen zu erbauen und aus zu beßeren, nicht mehr so wie in denen ersteren Zeiten des Christenthums Vor eine Zierde einer außerordentl. Gottes Furcht geachtet wird, Man siehet es Vielmehr für eine Last an, und ist eher die Verbeßerungen, so lange als es nur immer möglich seyn will, zu Verzögeren bemühet.

Cf. Boehm: Jus Eccles. Prot. L. 111. Tit. XLVIII cui Rubrum est de Ecclesiis aedificandis vel reparandis.

Aus dießer Ursache haben Chriftliche Landes Herren mittelft desfalls eigends publicierten Verordnungen zu Befehlen geruhet, daß die Kirchen zu Gottes Ehren, wohl gezieret und dargeftellt in Baulichen würden gehalten und zugerichtet werden sollten, daß man Gottes Wort füglich darinnen predigen könne,

„In unßerem Vor Vielen anderen Städten geseegnetem Franckfurth, welchem alle Jahr zu Erbauung auswärtiger Kirchen, so viele Collecte erhoben werden, hat man gleichermasen seit einigen Jahren auf die AusBesserung verschiedener Kirchen, den rühmlichften Bedacht genommen, die Armen=Kirche, die in denen Frantzöf. Einquartierungs Zeiten zu einem Lazareth gebrauchet worden, ift sogleich nach geendigtem Krieg wieder auf das Herrlichfte hergeftellet worden, die Hospital Kirche, die ein gleiches trauriges Schicksaal erfahren müßen, ift wiederum auf das Schönfte repariret, und in der Weißfrauen Kirche sind so wie in der Drey Königskirche zu Sachßenhaußen, so in= als auswendig, die vortrefflichften reparaturen vorgenommen worden,

„Die St. Peters Kirchgemeinde, welche dermahlen eine der zahlreicheften ift kan dahero die zuverfichtliche gehorsamfte Hoffnung faßen, es werde Ein Hochlöbl. Caften Amt nicht nur auf die forderfamfte Höchftnothwendige reparatur, der Cantzel, des Altars, der Stühle, des Lettners, Anschaffung einer neuen Orgel und fenfter, Einziehung neuer ftatt der hier und da im Dachftuhl Befindl. alten und mürben Balcken, Herftellung eines neuen Daches und Ausweißung der Kirche selbften sowohl von innen als von außen den rühmlichften bedacht nehmen sondern auch zugleich, weilen die Kirche zu Faßung sämtl. Zuhörer zumahlen in denen NachmittagsPredigten zu klein ift, und dahero ein theil derselben sich außer der Kirche auf denen daselbst Befindlichen steinernen Bäncken zum grösten Schaden der Gesundheit derer in der Kirche sich Befindenden und in dem Zug sitzenden aufhalten muß, und vom Wort Gottes wenig oder gar nichts vernehmen, andere hingegen durch ihre Unterredungen in der Andacht stöhren Der gehorsamsten Bitte erwehnter Gemeinde in Betreff der Erweiterung der Kirche selbsten nach dem Kirchhof zu, um so mehr statt zu geben, Hochgeneigtest geruhen, als einestheils nur das nach dem Kirchhof zu stehende. Gemäuer ohne Beschädigung des übrigen desfalls abgebrochen werden darf, anderntheils aber hierdurch ein großer theil der Gemeinde bewogen werden wird, statt wie es bishero häufig geschehen, auf denen Dorfschaften dem Gottesdienst beizuwohnen, und ihren Beytrag zu denen Allmosen auswärtigen Kirchen zufließen zu laßen, nunmehro nach vorgenommener reparatur in der St. Peters Kirche sich in derselben einzufinden, endl. drittentheils aber, die reparatur und Erweiterung so gedachter Kirche an welcher Jahr in Jahr aus Frembde vorbei passiren selbst mit zur Zierde unßerer Stadt gereichen wird,

„Um diese sobald als nur immer möglich ist, vorzunehmende, und zu Verherrlichung der Ehre und des Nahmens Gottes mitgereichende respect. Ausbeßerung und Erweiterung der St. Peters Kirche sollen wir Endesunterzeichnete nahmens der in der vidimirten Anlage Sub. Lit. A. enthaltenen unterschriebenen Euer Wohl. und Hoch Edelgeb. Gestr. und Herrl. geziemend und in demjenigen verehrungsvollen Respect nochmahlen Bitten, mit dem wir allstets Euer Wohl= und Hoch Edelgeb. Vestr. und Herrl. Unth. gehorsamste."

Diesem Schriftstück liegt ein Verzeichnis der Supplikanten bei, den Kapitän, Lieutenant und Fänderich des

Quartiers an der Spitze und manchen auch jetzt noch bekannten Namen enthaltend, z. B. den des Stadtschultheißen Dr. Textor, Goethes Großvater. Interessant ist unter anderem auch der sowohl in der Bittschrift selbst, wie in der Anlage enthaltene Hinweis darauf, daß die Gemeinde Fremden behilflich sei, durch ihre freiwillige Beisteuer Kirchen und Schulen zu bauen, also eine Art kirchlicher Liebesarbeit, deren Vorhandensein für jene Zeit immerhin bemerkenswert ist. Wir erfahren dann des Weiteren, daß auf der Westseite der Kirche nach dem Kirchhof zu steinerne Bänke standen, auf welchen diejenigen Platz nahmen, welche in den damals besonders stark besuchten Nachmittagsgottesdiensten keinen Platz fanden. Und endlich hören wir aus diesem und anderen Aktenstücken der nächsten Wochen, daß damals, gerade wie im J. 1886—1888 die Absicht bestand, die Kirche in der Richtung nach Westen durch einen Anbau zu erweitern.

Das Kastenamt ließ zunächst durch Dr. Textor anfragen, ob die Bittsteller bereit wären, durch eine Subskription die Kosten der Reparatur und Erweiterung wenigstens teilweise zu tragen. Einige Bürger wollten sich auch dazu verstehen, die Majorität wünschte jedoch unter allerlei Ausflüchten eine Kirchenkollekte der ganzen Stadt. Eine Reihe Protokollauszüge des Kastenamts vom März bis zum Juni 1769 giebt uns Zeugnis von dem Fortgang in der Beratung. Vom 1. Juni liegt ein Voranschlag des Maurermeister Jänichen vor, wonach die Kirche nach Westen zu um 32 Schuh erweitert werden soll. Es wären im ganzen 116 Schuh neues Mauerwerk auszuführen und zwar 36 Schuh in die Höhe über der Erde und 12 Schuh für das Fundament, im ganzen 80 Ruthen, welche nebst der eigentlichen Erdarbeit mit 1500 Gulden berechnet werden. Der Senat nahm diese Vorschläge in seiner Sitzung vom 20. Juni an: „Solle man nach dem „Vorschlag löbl. Casten-Amts die Erweiterung und Re=„paratur der Peters-Kirche vornehmen, zu dem Ende in „hiesiger Stadt eine Collekte, wenn solche vorhero von „denen Cantzlen bestens empfohlen worden, erheben und „zugleich ersagtem löbl. Amte mit Zuziehung löbl. Bau=„amtes die Erbauung vorzunehmen committiren, und dann „endlich löbl. Consistorium ersuchen in Zeiten dahin zu „sorgen, wo inzwischen der Gottesdienst gehalten werden „könne." In derselben Sitzung des Senats wird das Con=sistorium beauftragt, für die Verlegung des Gottesdienstes Sorge zu tragen und von diesem wird dann am 22. Juni beschlossen, den Gottesdienst sowohl für den Sonntag wie für die Betstunde des Freitag Nachmittags in die Armen= kirche zu verlegen.*

In diesem Stadium der Verhandlungen trat eine Unterbrechung ein. Welches die Ursache derselben gewesen ist, können wir nach dem Aktenmaterial nur vermuten. Unsere obige Notiz aus den Akten des Kastenamts, den Senatsbeschluß vom 20. Juni betr. findet sich auch in den Protokollen des Senats, jedoch steht hier nach dem Wort „erheben" noch eine nachträglich ausgestrichene Fortsetzung: „und dem löbl. Castenamt zu diesem Aufwand einen Zu=„schuß ex aerario von drey Tausend Gulden reichen zu=„gleich aber auch denen bürgerlichen Collegiis hiervon „Nachricht zu geben." Höchst wahrscheinlich erhoben damals schon diese bürgerlichen Kollegien, nämlich das sogenannte

---

* Acta eccles. XVII, 197. — Umgekehrt war 1759 der Gottes- dienst des Armen-Waisen- und Arbeitshauses, weil dasselbe von den „Königl. Französischen Völkern" belegt war, in der Peterskirche gehalten worden.

Neunerkollegium Einspruch. Denn eine Notiz von den Senatsverhandlungen des 27. Juni meldet uns: „beruht noch zur Zeit auf sich." Erst vom Februar 1771 an liegen uns wieder Akten vor, und zwar vor allem einen Rechtsstreit zwischen dem Kastenamt, bezw. dem Senat, einerseits und dem Neunerkollegium andererseits betreffend. Das letztere erhebt den Anspruch, daß es sowohl in der quaestio an, als auch in der quaestio quomodo, also über die Frage, ob überhaupt etwas zu geschehen habe, als auch wie es auszuführen sei, mitzureden habe.

Es war ein recht kleinlicher Rechtsstreit, in dem viel Tinte und Papier vergeudet, viel Leidenschaft entfacht wurde. Die quaestio an hatte offenbar nur rechtliche und formale Bedeutung, denn in der Sache selbst war man einig. Die quaestio quomodo bezog sich auf ganz untergeordnete Punkte, nämlich auf den zukünftigen Standort der Kanzel (wobei es schließlich nicht klar wird, ob derselbe verändert wurde), auf die abzuschließenden Akkorde mit den Handwerksmeistern und auf die Frage, ob es dem Bildhauer Schnorr erlaubt sein solle, das zur Herstellung seiner Arbeit benötigte Lindenholz durch Fällung einiger Bäume des Peterskirchhofs zu gewinnen. In Vertretung des Kastenamts behandeln diese Fragen zum teil mit dem Aufwand großer juristischer Gelehrsamkeit in kürzeren oder längeren Gutachten die Herren von Heyden, von Glauburg, Dr. Ruppel, von Lilienstern, Zarachias Neeff, von Wunderer, von Klettenberg, Dr. Textor, J. A. Behrends, Johannes Müller und Berger und schließlich das Kastenamt als solches, in einem ausführlichen, wie es der Handschrift nach scheint, von Dr. Textor abgefaßten Bericht an den Senat, welcher demselben am 28. März 1771 vorlag. Aber erst im Juni dieses Jahres einigte man sich, indem das Neunerkollegium auf die Mitwirkung bei der quaestio an verzichten mußte, während es zur Beurteilung der quaestio quomodo zugezogen wurde.

In all diesen Verhandlungen des Jahres 1771 nun, so sehr sich dieselben sonst mit Detailfragen beschäftigen, ist nicht eine Silbe mehr die Rede von einer Erweiterung der Kirche, sondern stets nur von Reparatur, während in den Akten von 1769 die **Erweiterung** stets in Verbindung mit der Reparatur genannt war. Ja, wenn in einem der ebenerwähnten Gutachten die Errichtung eines neuen Daches und des jetzigen kleinen Turms (an Stelle des früheren goth. Dachreiters) als das Hauptstück der Renovation bezeichnet wird, so läßt sich auch daraus schließen, daß der Plan einer Erweiterung fallen gelassen worden war. Übrigens erscheint der durch die Verhandlungen des Jahres 1769 allerdings nahegelegte Gedanke, als stelle die jetzige Peterskirche eine Erweiterung des ursprünglichen Baues dar, schon durch die bauliche Struktur der jetzigen Kirche vollkommen ausgeschlossen.

In dieser Zeit, d. h. während die Erneuerungsarbeiten im Gange waren, fällt auch das Gesuchen der damaligen Pfarrer an der Peterskirche, nämlich des Konsistorialassessors Pfarrer Conrad Caspar Griesbach und der Prediger Johann Jakob Pelser und Johann Karl Zeitmann um Neuerrichtung einer Kanzel statt Reparatur derselben und um Einrichtung einer kleinen Sakristei an Stelle des „alterkleider und Käskram," auf dessen Mietsertrag das Kastenamt gütigst verzichten solle. Die erste dieser Bitten scheint erfüllt worden zu sein, denn die jetzige Kanzel ist auf keinen Fall die alte, von der die Petenten sagen, sie sei so alt gewesen, wie die Kirche selbst; vielmehr repräsentiert die jetzige mit ihrem Stiegenaufgang ein recht schönes und wertvolles Probestück

8

Treppenaufgang und Kanzel der alten St. Peterskirche aus dem
Jahre 1771.*

* Diese Kanzel ist von dem Bildhauer Schnorr aus Lindenholz gearbeitet und heute noch, nach 125jährigem Gebrauch, recht gut erhalten. Ob sie seit ihrer Erbauung einmal repariert worden sei ist uns unbekannt; jedenfalls wurde sie vor nicht allzu langer Zeit neu angestrichen, gemalt und lackiert. Mit dieser Kanzel in konstruktiver Verbindung steht der kleine Chorstuhl für die Kirchvorsteher. Schade, daß unser Bildchen weder diesen, noch das hübsche Schnitzwerk der Thüre aufzuweisen vermag.

der Rokokozeit, neben den schönen Deckgewölben und dem stilechten Kronleuchter das wertvollste Stück in dem alten Bau, welches auch, wenn die Kirche nun abgerissen wird, auf jeden Fall entweder in einer anderen Kirche oder in dem städtischen Museum erhalten bleiben muß. Was aber die Bitte um eine kleine Sakristei angeht, so blieb dieselbe noch fast zwei Jahrzehnte lang unerfüllt, so gerechtfertigt sie an und für sich war und so gut sie auch motiviert wurde. Es heißt in dem Schreiben u. a.: „Wie oft müßen „wir izt im Winter, oder bei Regenwetter, wenn wir die „vierzehntägige Beichte halten, unter dem freien Himmel „uns der Witterung preiß geben, ohne ein Obdach zu „haben, wo wir uns während wir versammelet sind, und „die nötige Abreden wegen des Gottesdienstes pflegen, „aufhalten könnten? Selbst bei den Predigten stehen wir, „ehe es Zeit ist die Kanzel zu betretten, in dem engsten „Raum, und da alles offen stehet, oder doch die Thüren „der Kirche öfters geöffnet werden, dem Zug der Luft „frei ausgesezzet, und wenn wir uns durch das Predigen „erhizzet, müßen wir sodann uns dem durch die gänzliche „Eröffnung der Thüren vermehrten Zug nicht ohne große „Unbequemlichkeit auf das neue aussezzen, woraus dem „Alter oder der natürlichen Schwächlichkeit neuer Schaden „entspringet 2c. 2c."

Offenbar war es die Rücksicht auf den Ertrag eben jenen „altenkleider und Käskram," welche die Stadt bewog, an seine Stelle keine andere unrentable Baulichkeit zu setzen. Wir ersehen daraus, daß damals schon jene Lädchen bestanden, welche in alle Ecken und Nischen unserer Kirchen eingeklebt, sowohl den baulichen Eindruck, als auch die Würde unseres Gotteshauses in so empfindlicher Weise schädigen. Im 18. und zu Beginn des 19. Jahrhunderts

116   7. Kapitel.

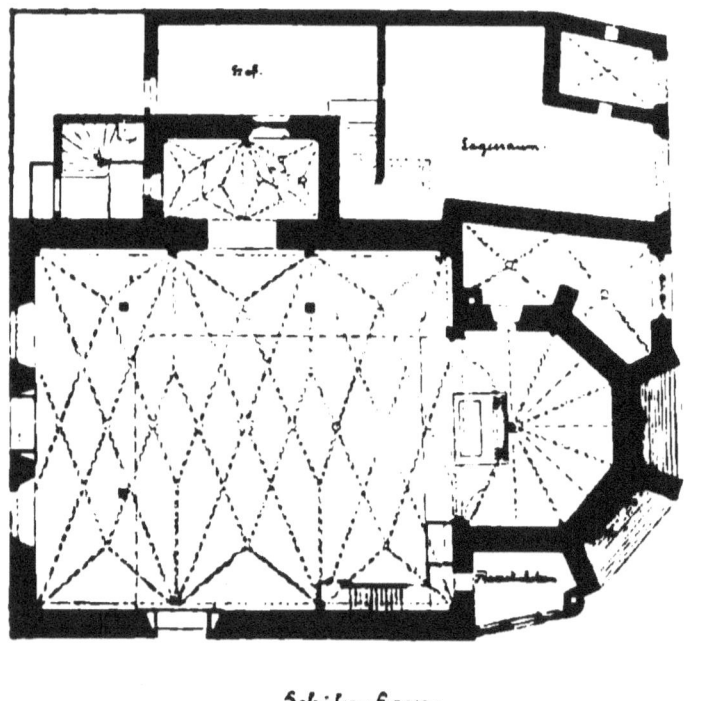

Grundriß der alten Peterskirche.*

* Wir bemerken erläuternd zu diesem Grundriß, daß der auf der Nordseite an den Chor sich anschließende Raum die Glauburg-Ockstadtsche Kapelle gewesen ist, der in der Mitte der Nordfront sich öffnende Raum, die Reiffenbergische Kapelle vom Jahre 1466, welche später von den Glauburgs in Besitz genommen und als Grabkapelle benutzt wurde. Man sieht auf diesem Grundriß recht deutlich wie die Ockstadt-Glauburg'sche Kapelle an den Chor sich anschmiegte. Freilich wurde dadurch nicht nur schon von vornherein der Grundriß verdorben, sondern auch den andern noch häßlicheren Anbauten gleichsam der Weg gewiesen. Die Entstehungszeit dieser Chorkapelle fällt wahrscheinlich mit der Stiftung des (S. 90 erwähnten Gottes-lehen zusammen.

Die Peterskirche als Bau. 117

treten die ästhetischen Rücksichten überhaupt vor den Er=
wägungen der Nützlichkeit zurück, und das viel in Anspruch
genommene Kastenamt hatte allen Grund, neben seinen
zahlreichen Ausgabeposten auch die entsprechenden Ein=
nahmeziffern sicher zu stellen. Lag ihm doch neben der
Fürsorge für die Kirchen, Friedhöfe, Schulen ꝛc. vor allem
auch die Verwaltung des stetig mehr Aufwand erfordernden
Armenwesens ob.* Erst 1787 wurde die Sakristei auf die
erneute Bitte der damaligen Prediger eingerichtet, jedoch
erst nachdem diese versprochen hatten, die Unkosten selber
zu tragen und das Kastenamt für den Verlust des Läd=
chens durch Cedierung des Weiberstuhls, den die Frau
des ersten Predigers zu St. Peter in Besitz habe, zu ent=
schädigen. Ebenso übernahmen sie die Garantie, daß der

---

* So berichtet uns ein amtliches Verzeichnis von 1807, daß
in diesem Jahr 30034 fl. nebst 22244 dreipfündigen Laib Brot an
Wochenspenden verteilt wurde. Zu Kleidungen wurden 1073 Ellen
blau Tuch, 3011 Ellen Hemden-Leinwand, 889 Ellen Furter Lein=
wand, 356 paar Schuh, 355 paar Strümpfe, 36 Hüte und 168 fl.
in bar gereicht. 36 Personen wurden im Armen= und Waisen=
und Arbeits-Haus verpflegt. 56 Lehrjungen und 130 Kostkinder
wurden versorgt. Viele Kranke wurden auf Kosten des Amtes
ärztlich behandelt, 135 haben außerordentliche Almosen empfangen,
72 Wiesbadener Kurzettel, 48 Blödsinnige wurden im Kasten=
Hospital verpflegt und 24 Leichen von Amtswegen begraben. Den
Gesamtaufwand des Kastenamts für diese Zeit können wir also mit
etwa fl. 40000 beziffern, etwa 1 fl. auf den Kopf der Bevölkerung.
Bringt man in Anschlag, daß der Geldwert damals reichlich der
doppelte war wie gegenwärtig, so entspricht dieser Gulden 4—5 Mt.
jetziger Währung. Thatsächlich kommen aber nach dem gegenwärtigen
Etat des Armenamts und des Armenvereins Mt. 5 Unterstützung
auf den Kopf der Bevölkerung. Unter Berücksichtigung des unter
dem Einfluß der Freizügigkeit so gründlich veränderten Charakters der
Bevölkerung kann man somit nicht behaupten, daß die Wohlthätig=
keit der Kommune größer geworden sei.

Durchbruch einer Thür in die Mauer der Kirche derselben keinen Schaden zufüge.

Wir sahen schon oben (S. 105), daß ums Jahr 1521 eine Glocke auf Kosten der Anwohner beschafft worden war. Es war möglicherweise dieselbe noch, von der Lersner meldet, daß sie am letzten März 1731 zersprungen sei. Wir haben keine Nachricht, ob sie damals ersetzt oder repariert wurde, jedenfalls war bis zum Jahr 1791 nur eine Glocke da. Damals war es wieder Emanuel Müller aus dem Gasthof zur Stadt Ulm auf der Schäfergasse, derselbe, welcher schon die Agitation für die Erneuerung der Kirche im Jahre 1769 betrieben hatte, der auch jetzt für die Anschaffung eines dreistimmigen Geläutes mit Hilfe der Nachbarn eintrat. Emanuel Müller war ein gut kirchlicher Mann von aufrichtiger Frömmigkeit. Er war der Großvater des Kanzleirats Dr. Müller, welcher jene ansehnliche Stiftung dem Hochstift gemacht hat, der Ahnherr des bekannten Handlungshauses Müller-Kolligs, deren Angehörige sich auch jetzt bei dem Neubau der Peterskirche durch einen ansehnlichen Beitrag zur Ausschmückung der Kirche verdient gemacht haben. Die Nachbarschaft brachte damals fl. 941 durch Sammlung auf. Die Stadt spendete zwei alte Kanonen (1000 Pfd.) im Metallwert von fl. 400; auch die alte Glocke im Gewicht von 11³/₄ Ctr. wurde für den Guß der neuen Glocke verwandt. Der Seiler Reutlinger schenkte die nötigen Glockenseile. Dr. Volger berichtet über dies Geläute in Nr. 3754/55 der Frankf. Nachrichten 1893 nach handschriftlichen Aufzeichnungen E. Müllers:

„1792. Am Sonntag Rogate den 13. May wurde in St. Peters-Kirch verkündigt, daß die alte Glocke sollte abgenommen werden und neu gegossen, und also kein

Kirchen-Geläute seyn würde, Kirch und Betstund wie gewöhnlich angingen."

„den 15. May ist die St. Peters alte Glocke abgemacht und ins Gieß-Haus gebracht worden; sie war Anno — gegossen und wog — Centner."*

„den 16. May Mittwoch vor Himmelfahrt sind die drey Neuen Glocken zu St. Peter von den Herren Joh. Georg und Johannes Schneidewind Glockengießern gegossen worden."

„den 22. May und folgende Täge wurde Anstalt gemacht, die drey Neuen Glocken auf den St. Peters-Thurm zu bringen, welches vermittelst Einbruch im Dach auf der Alten Gaß zu mit Flaschenzügen geschehe."

„den 2. Juny Samstag Mittag wurden die drey Glocken mit dem Gehenck fertig, so, daß abends nach der Betstund von 5—6 und 7 Uhr probiret und geläutet wurde."

„Sonntag Trinitatis als am 3. Juny wurde des Morgens zum ersten Mal zur Kirche geläutet. Der Herr Pfarrer Decke hielt eine Dank-Predigt."

Danach folgt dann auch noch eine Aufstellung über die Gewichte und über die Kosten.

„Die große Glocke wiegt $12\frac{1}{2}$ Centner und 10 Pfund
= 2. = = $6\frac{3}{4}$ = = 11 =
= 3. = = 4 = = 11 =
wogen zusammen Pfund 2521 à 36 Kr. das Pfund = fl. 1512 36 Kr.

Hiervon ging ab $10\frac{3}{4}$ Centner von 2 Alten Kanonen
$11\frac{3}{4}$ „ die alte Glocke,
der Centner à 108 Pfund: 22 Centner thut 2376 à

---

* $11\frac{3}{4}$ Centner.

24 Kr. = fl. 950 : 24 Kr., bekommt der Herr Schneidewind noch fl. 562 ew : 12 Kr. vor Trinkgeld an 3 Mann fl. 8 : 15 Kr."

„den 3. Sept., als Samstag, nach Mittag 2 Uhr, kamen der Herr Schöff von Uffenbach und Herr Senator Buck als Kriegs-Zeug-Herren in's Zeughaus auf der Zeil zusammen mit den hiezu abgeordneten Gemeinde-Mitgliedern, welche sich bisher wegen den Geläut haben angenommen, als Herrn Rittmeister J. Nikolaus Herzog, Herrn Georg Christoph Röschel, Herrn Joh. Georg Heerd und ich Emanuel Müller, der ich vorhero eine Subscription habe herumgehen lassen."

„— und übergaben uns Vorgemeldeten, als deputirten der St. Peters-Gemeinde, eine Kanone, der Wassermann genannt, von $8^{1}/_{4}$ Centner und eine Feldschlange von 2 Centner wohl gewogen, welche ich durch ein Fuhrwerk und Pferd in des Herrn Schneidwind Gieß-Haus auf den Graben bringen ließ."

Auch an diese Glockenbeschaffung knüpfte sich zwei Jahre hindurch ein Rechtsstreit. Der Glöckner Völker wollte die neuen Glocken nicht ohne Gehaltserhöhung läuten, da er nur zum Läuten einer Glocke verpflichtet sei. Erst als er mit Absetzung bedroht wurde, fügte er sich.*

Im November 1813 war die Kirche auf Befehl des Finanzministers des Großherzogtums Frankfurt zu einem Fouragemagazin gemacht worden. Da sie im Frühjahre 1814 für den Kirchendienst wieder hergestellt werden sollte, wurde das Innere derselben frisch getüncht und geweißt, die „Rauben" mit Leimsilberfarbe herausgefaßt, das Äußere

---

* Über alle diese Ereignisse des 18. Jahrh. geben die Akten des Kastenamts Auskunft.

und der Ölfarbenanstrich erneuert. Diese Renovation geschah auf Kosten der Gemeinde, welche eine Kollekte anordnete, die 1200 Gulden Ertrag hatte. Die Akten der Baudeputation (Gef. 16. Nro. 20) melden uns, daß damals die „zerstörten von Holzhausenschen Epitaphien und Wappen wieder angebracht wurden. Eine von Holzhausensche und von Glauburgsche Grabkapelle schloß sich an." Diese Bemerkung ist jedoch irrig und rührt offenbar daher, daß auf den Glauburgschen Epitaphien der Name der mit dieser Familie vielfach verschwägerten Familie von Holzhausen öfters genannt wird. Im übrigen gehörte diese Kapelle der Familie von Glauburg ausschließlich an.

1826 erhielt die Kirche eine neue Turmuhr für 1460 Gulden mit Benutzung der alten Zifferblätter durch den Stadtuhrmacher Hof. 1855 wurde die Kirche auf Kosten der Gemeinde mit Kanalheizung versehen. 1860 reichte der Stadtbaumeister Henrich eine Skizze einer Erweiterung ein. Es sollten 2 Joche und außerdem eine Vorhalle mit Treppenhaus im Westen angebaut werden. Die Emporen, die Kapellen, die Sakristei und die Lädchen zwischen den Strebepfeilern sollten abgebrochen und eine neue Empore auf der Westseite der Kirche aufgeführt werden; aber Henrich riet selbst von diesem Plan ab und proponierte einen Neubau.

Kleinere Reparaturen, Herstellung des Innern, Erneuerung der Thüren, Anstrich der Decken und Wände, Herstellung des innern und äußeren Verputzes fanden im Jahre 1860, 71, 80, 81 und 1884 statt.

Am 18. Oktober 1887 reichte dann der Bauinspektor Rügemer seinen Entwurf zur Erweiterung und zum Umbau der Kirche ein. Auch er schlug eine Freilegung der Kirche von allen störenden Anbauten vor, eine Verlegung des

Pfarrstübchens, Entfernung der zwei später (wahrscheinlich 1771) angebauten Emporen und verlangte endlich die Vergrößerung der Kirche nach Westen um zwei Gewölbejochen mit Glockenturm und Orgelbühne. Der Kostenvorschlag belief sich auf 130—140 000 Mark.

Im Jahr 1889 wurde durch Beschlüsse der städtischen Behörden vom 12./15. Februar 1889 der Ankauf der dem Almosenkasten gehörigen Lädchen und Verkaufsgewölbe zum Zweck der Niederlegung genehmigt (um 10 100 Mark) und die Baudeputation beauftragt, Pläne und Kostenanschläge für einen Um= und Erweiterungsbau und einen Neubau an anderer Stelle anzufertigen, und am 20./23. August 1889 wurde beschlossen:

„Es ist unter Niederlegung der Peterskirche der Neubau einer Kirche auf dem Peterskirchhof zu errichten, und wird die Baudeputation mit der Ausarbeitung eines Programms für den Neubau beauftragt." —

Schließlich mögen noch zwei fachmännische Urteile über die Peterskirche folgen:

Lotz, „Baudenkmäler im Regierungsbezirk Wiesbaden" S. 153 beschreibt die Kirche folgendermaßen: Einschiffig spätgotisch, nicht bedeutend, auch durch doppelte hölzerne Emporbühnen verunstaltet. Fünfachtel Chor mit Kreuzgewölbe, dessen Birnstab=Rippen aus runden Diensten herauswachsen, und schlichten Strebepfeilern. Unter dem mittleren Chor= fester außen ein ganz einfaches vorn bis unter sein Sattel= dach offenes Steingehäuse mit zwei glatten, ursprünglich wohl bemalten spätgotischen Wappenschilden darunter, jetzt durch ein davorgestelltes Lädchen verdeckt.

Das viel breitere Schiff fast quadratisch, ohne Strebe=

pfeiler mit flachem Netzgewölbe, welches auf den Laub=
kapitälern polygoner Wandbienste aufsitzt, und modernisierten
Fenstern ohne Maßwerk." —

Böhmer aber urteilt in jener oben erwähnten Schrift
(Fürsprachen für die Hallen des H. Geist=Spitales) 1840:

„Die Peterskirche, deren 1492 erbautes Gewölbe die
Erinnerung an den für die deutsche Baukunst charakte=
ristischen Spitzbogen fast nur in den ornamentartigen
Gurten bewahrt, (ist) der Wesenheit ein Tonnengewölbe und
dadurch für die Geschichte der letzten Zeiten deutscher Bau=
kunst besonders merkwürdig" ꝛc. ꝛc. —

Trotz all ihrer Unscheinbarkeit aber und ihrer viel=
fachen Mängel hatte die Kirche dennoch etwas trauliches,
und viele Mitglieder der Gemeinde bewahren ihr ein treues
Angedenken! —

Über die Pfarrhäuser der St. Peterskirche haben wir
nur einzelne Notizen. Schon 1450, also vor der Rang=
erhöhung der Kirche, bittet der Kaplan Sturzysen einen
hinter der Kirche liegenden Garten zu mieten und ihm
dort ein Häuschen zu erbauen, der Mietzins könne dann
der Kirche zu Gute kommen. Unmittelbar nach dieser
Selbständigkeitserklärung der Kirche ersehen wir aus den
Ratsprotokollen, daß 2 Häuser unmittelbar neben der
Kirche gekauft wurden, deren eines dem Pfarrer als Amts=
wohnung zugewiesen wurde. Für das Jahr 1465 finden
wir dann die etwas rätselhafte Notiz in den Ratsprotokollen:
„rechenmeister und pfleger czu sanct Peter sollen das haus
czu sanct Peter besehen und dem pfarrer seinen abschied
machen", d. h. aber nicht, daß er etwa aus diesem Haus
fortgezogen sei, denn im Anfang des 16. Jahrhunderts finden
wir ihn noch dort wohnend. (Vergl. S. 85.) Später (1566)
wurde dies Haus dem Glöckner übergeben, und der Pfarrer

wohnt erst zur Miete (R. P. 1566) dann in einem neu erworbenen Pfarrhaus mit großem Garten in der Großen Friedbergergasse, an der Stelle, wo jetzt die Kleine Friedbergergasse einmündet. Außerdem gab es aber noch ein besonderes Haus für den zweiten oder dritten Geistlichen, den Inhaber der Stelle aus der 1478 gegründeten Comens-Stiftung* (siehe unten S. 152). Als aber einmal die Inhaber dieser Stiftung nicht mehr hier wohnten und das Haus baufällig werden ließen, läßt es der Rat mit 200 fl. Unkosten wiederherstellen und verkauft es am Ende des 16. Jahrhunderts zum Besten der Kirche. (Acten der Comens-Stiftg.). Im vorigen Jahrhundert, wo das Predigerministerium zeitweilig 17 Mitglieder hatte, bitten anno 1764 die beiden an der Peterskirche wirkenden jüngeren Pfarrer Pelser und Kellner, da sie keine Pfarrhäuser hätten, um eine Erhöhung ihrer Mietsentschädigung, die damals 100 fl. betrug, und es werden ihnen denn auch 50 fl. dazu bewilligt. Von der Mitte unseres Jahrhunderts an standen die Pfarrhäuser in der Kleinen Friedbergergasse und wurden 1893 verkauft, das eine abgerissen, um einem Neubau Platz zu machen, das andere aber um ein Stockwerk erhöht und durch Bebauung des daneben liegenden Hofes erweitert. Die Pfarrer erhielten dafür zwei andere Häuser, und zwar der eine (Pfarrer Wolf) einen Neubau auf der Friedbergerlandstraße 30, der andere (Pfarrer Battenberg) ein großes, vor etwa 10 Jahren erbautes Haus in der Jahnstraße 20. Bei diesem Umtausch haben alle Beteiligten gewonnen: die Pfarrer, welche größere, schönere und für die Zwecke des Pfarramts besser gelegene Wohnungen erhielten, die

---

* Auch andere Schreibungen des Namens „Comments" kommen vor.

Stadt, welcher auch nach Bestreitung sämtlicher nicht geringer Nebenausgaben immer noch mindestens 15000 M. übrig blieben, — sie erlöste für die alten Häuser 180500 M. ein und bezahlte für die neuen Häuser etwa 160000 M., wozu dann noch Währschaftsgeld, Maklergebühr 2c. zuzurechnen ist — und am meisten der Käufer der alten Häuser, der allein durch den Erlös des an der Straßenecke gelegenen Neubaues die Kosten des Gesamtkaufs wieder einbrachte. — Wir geben diese detaillierten Mitteilungen zur Kenntnis späterer Geschlechter, und zugleich als ein Beispiel des hohen Bodenwerts der für Geschäftszwecke auch nur mäßig günstig gelegenen Grundstücke in unserer Zeit. — Eine genauere und zusammenhängende Geschichte der Pfarrhäuser hiesiger Stadt, und insbesondere auch der Peterskirche, kann man vielleicht, wenn es sich überhaupt der Mühe verlohnt, erst schreiben, wenn einmal das Aktenmaterial des Prediger-Ministeriums geordnet und durchgearbeitet vorliegt.

Zu dem baulichen Bestand der Kirche gehört im weitern Sinn auch ihr künstlerischer Schmuck, ohne den eine Stadtkirche des Mittelalters kaum gedacht werden kann. Wiewohl nun die Frankfurter Kirchen in dieser Hinsicht auch nicht im Entferntem den Vergleich aushalten mit denen anderer Städte, wie z. B. Nürnberg, wo fast jedes Gotteshaus Kunstwerke ersten Ranges aufzuweisen hat, so war doch auch hier gar manches schöne Probestück mittelalterlichen Gewerbefleißes zu finden. Die Leonhards-, die Nikolaikirche enthielt wertvolle Skulpturen, das Dominikanerkloster z. B. war reich an guten Bildern, die z. T. noch im städt. Museum aufbewahrt werden.

Auch die „ornamenta" der Peterskirche werden schon

im fünfzehnten Jahrhundert öfters erwähnt.* Aber wir wissen nicht, worin dieselben bestanden. Wohl hören wir gelegentlich von „bilden und bafseln" b. h. Produkten der Skulptur und der Malerei, aber dieselben erhoben sich wohl nicht über die Höhe handwerksmäßiger Arbeit, wenn auch im 15. und 16. Jahrh. das Handwerk vielfach an das Niveau künstlerischen Wirkens heranreicht. Wir finden dann später die Notiz, daß der Rat befiehlt, das „steynen Mergen" (Marien-Bild) „uff dem hirzgraben in der steynen hütten" in die Peterskirche zu bringen,** und schon dieser frühere Standort läßt uns schließen, daß wir es nicht mit einem Meisterwerk zu thun haben. Ebenso dürften wohl die auch zur Reformationszeit verkauften Altargeräte (S. 92) doch schwerlich den gewöhnlichen Kirchenschmuck an Bedeutung übertroffen haben. Aus späterer Zeit (1675) haben wir dann den schönen Kronleuchter,*** welcher jetzt bestimmt ist, in die Sakristei der neuen Kirche gebracht zu werden, und vor allem das gute Altarbild von Diepenbrok, welches in der Renovation der Kirche von 1815 durch eine von Bertuch gefertigte mittelwertige Kopie eines italienischen Meisters ersetzt wurde.

---

* Mit den ornamenta als Wijcker Frosche der alte und Johann Reutlinger truwenhenber czu sant Peter geben han, sollen pfleger derselben ornamenta versorgen, bacz bie in bes Rath hanben steen. B. B. 1479.
** B. B. 1498.
*** In diesem Winter hat Hr. Joh. Thomas Eberhard genant Schwind I. V. D. (juris utriusque doctor) und der Raths nebst Mstr. Johann Peter Bögen, Bürger und Hufschmidt, den Meisingern Leuchter in die St. Peterskirchen gestift. Lerêner 2. II. 98. Derselbe ist also nicht, wie ein neuerer Berichterstatter sagt, nach dem Vorbild des von Gläser gestifteten Kronleuchters in der Katharinenkirche gearbeitet, da letzterer erst aus dem Jahre 1681 stammt.

Neben dem Chor in der Höhe war ein langes, gutes Gemälde aus dem Jahre 1567 mit der zahlreichen Familie des Peter Brubach, auf welchem der Vater mit seinen vier Weibern und 22 Kindern knieen und beten. Der Hauptschmuck der Kirche bestand in den zahlreichen Epitaphien, mit welchen alle Wände bedeckt waren. Faust von Aschaffenburg hat uns in seiner Chronik die älteren derselben abgebildet.

Eine vollständige Aufzählung dieser in der Kirche aufgehangenen Epitaphien finden wir in der Lersnerschen Chronik und in dem Waldschmidt'schen Epitaphienbuch. Auch Hüsgen erwähnt in seinem artistischen Magazin 1790 mehrere dieser Epitaphien, vor allem die der Familien Völcker und Fichard aus dem Jahr 1587 und „rechter Hand im Eck ein schön gegossenes, großes Epitaphium der Familie Brom"; „es war das schönste der Kirche und stellt in der „Mitte die Auferstehung der Toten nach dem Propheten „Ezechiel vor, wie der Johann Friedr. Brom mit seiner „Frau und seinem Sohn im Vorgrund knieen und solches „Alles bethend mit ansehen".*

Von all diesen Epitaphien sind nur noch vier z. T. sehr schöne übrig geblieben, welche sämtlich von der Familie Glauburg herrühren und in der kleinen Kapelle hängen, die früher zum Erbbegräbnis dieser Familie diente.** Wo sind die übrigen hingekommen? Böhmer schreibt darüber in einem 1840 anonym erschienenen Schriftchen, daß „die vielen Wappen und Schilde im J. 1815" (richtiger wohl 1814) „gerade in einer Zeit ausgeräumt wurden, in welcher das frische Gefühl der wiedergewonnenen Natio-

---

* Über die Kirche als Begräbnisstätte und die Epitaphien siehe das Kapitel: „Peterskirchhof ɾc." Seite 161 ff.

** Diese Epitaphien und der vorerwähnte Kronleuchter wurden in die neue Kirche transportiert.

nalität jedem Deutschen die heimischen Erinnerungen doppelt teuer machten."

Es war eben ein bedauerlicher Mangel an künstlerischem und geschichtlichem Sinn, welcher es möglich machte, daß diese Denkmäler der ersten und besten Familien Frankfurts, einfach verwahrlost und verschleudert wurden. So klagt schon 25 Jahre zuvor der oben erwähnte Hüsgen bezüglich der Denkmäler des Friedhofs: „Hier ist Verwesung unter der Erde, hier ist Verwesung über der Erde: die Epitaphien der angesehensten Familien, von Stein, Marmor, mit den stärksten Eisen davor verfallen, und werden von frevelhaften Händen mit Mutwillen zerstückert und verstöhrt, so daß kaum hier und da noch ein kleiner Überrest von einem Kunststück oder dem Namen eines würdigen Patrioten zu bemerken ist; das ehemahlich schöne Epitaphium der Feyerabend, so etwa 190 Jahre steht, kan nur vorläufig zum Exempel dienen: Ich sahe es einsmals in Kupfer von Kornheerd ganz vortrefflich gestochen, und von M. Hemsterck gezeichnet, es stellte die Creutzigung Christi mit den beyden Schächern vor, und wann ich durch die darauf befindliche Schrift nicht wäre überzeugt worden, daß es ein hiesiges Werk seye, ich hätte mir nie eine solche schöne Arbeit in Stein, aus den älteren Zeiten hier vermuthet: Wer war nun neugieriger als ich, das Original selbsten zu sehen; allein nach langem Suchen fande ich nichts, bis mir endlich einer der Todtengräber es zeigte, und ich an. statt grosser Erwartung zu meinem Erstaunen, nur noch ein Stück der Inschrift davon antraf, von allen übrigen aber keine Spuhr mehr entdecken konnte: Es ist Nr. 28 und stehet auf dem ersten Kirchhof am Eck des Todtenbahrenhauses neben von Bodeck, wo es nachgesehen werden kan, was die schönsten unserer Denkmähler von so kurzer Dauer sind, wenn nicht dem alles verzehrenden Zahn der Zeit, ungeheure Massen, gleich den Egyptischen Pyramiden entgegengesetzt werden." Trotz solcher Warnungsstimmen hat man auch im Anfang unseres Jahrhunderts das künstlerische Erbe der Väter verachtet und vernachlässigt. Das Schönheitsideal fand, wie es scheint, seinen Ausdruck in glatten, saubern Wänden und möglichst ungeteilten Flächen, und der nüchterne Geist der „Aufklärung", ohnmächtig in die Tiefen des Geistes- und Gemüts-Lebens der Vorzeit einzudringen, gefiel sich lediglich in der oberflächlichen Bespiegelung der Erscheinungswelt. Aber es war eine Übergangszeit, und in dem Frühling, der gerade damals für Dichtkunst, Musik und Philosophie über die deutschen Lande gekommen war, regten sich auch bereits die Keime einer lebensfrohen Entfaltung der bildenden Künste.*

* Über das bedeutendste Kunstwerk von St. Peter, die Kreuzigungsgruppe siehe das betr. Kapitel am Schluß des zweiten Teils dieses Buches.

8. Kapitel.

Über die Pfarrer und die kirchlichen Offizianten an der Peterskirche; auch Orgel und Musikwesen.

Von den Pfarrern der Peterskirche erlangte keiner mehr dieselbe Bedeutung für die Allgemeinheit, welche der oben besprochene erste Kaplan der Kirche, Johannes Lupi, in Anspruch nehmen darf. Wir haben einzelne derselben bei der Besprechung der katholischen Zeit und der Kämpfe bei der Einführung der Reformation erwähnt. Von der Reformation an tritt aber bei uns in Frankfurt die Bedeutung der einzelnen Kirchen und ihrer Pfarrer vor der Vertretung der Gesamtgemeinde zurück. Wir haben seitdem nur eine evangelisch=lutherische Gemeinde mit so und so viel Pfarrern.* Die Geschichte des Prediger=Ministeriums als Ganzes ist seitdem auch die Geschichte für

---

* Die Zahl derselben wechselt, sie steigt bis auf 17, geht dann im Anfang dieses Jahrhunderts auf 10 zurück und wird im Jahr 1830 auf 12 fixiert.

die einzelnen Kirchen und ihrer Diener. Diese Geschichte muß aber erst geschrieben werden, wozu die Akten und Protokolle des Prediger-Ministeriums einen reichen, aber schwer zu übersehenden und zu ordnenden Stoff bieten. Ja, es scheint sogar, daß zeitweilig (z. B. in den Tagen Spencers), die Pfarrer überhaupt nicht für eine bestimmte Kirche angestellt waren, sondern daß ihre Funktionen nach Zeit und Ort verteilt waren, und daß diese von dem Kollegium getroffene Anordnung jeweilig geändert wurde. Wir verzichten darauf, einzelne Namen der älteren Zeit zu nennen, und erwähnen hier nur einige noch in der Erinnerung der Zeitgenossen stehende Pfarrer der Peterskirche, z. B. den Senior Conf.-R. Pfarrer D. Benkard, gestorben siebenundachtzigjährig im Jahre 1852, dessen Kinder und Enkel die Fenster in der Sakristei zu seinem Andenken gestiftet haben; den in weiten Kreisen hochverehrten Deichler und seinen, theologisch zwar anders gerichteten, aber hinsichtlich der Lauterkeit des Charakters gleich verehrungswürdigen Kollegen Roos, ebenso den Nachfolger Deichlers, den streng-lutherischen, persönlich liebenswürdigen Pfarrer D. Czerwenka; hunderte unserer Gemeindemitglieder bewahren diesen Männern ein dankbares Angedenken.

Nach den Pfarrern verdienen auch die Offizianten der Kirche eine gewisse Beachtung insofern, als ihr Wirkungskreis das Gesamtbild des kirchlichen Lebens vervollständigt. Schon in alter Zeit (1453) wird der Glöckner erwähnt, obwohl die Kirche damals noch gar keine Glocke hatte (s. S. 105). „Glöckner" hieß hier in der katholischen Zeit der Meßner oder Kirchdiener. Um 1480 tritt dann der Glöckner in den Akten persönlich auf, gelegentlich der Klagen, die der Pfarrer (Wettekind) gegen ihn führt, und gegen

welche er sich verteibigt. Diese Verhandlungen zeigen ein
so interessantes Bildchen mittelalterlichen Kleinlebens, daß
wir uns nicht enthalten wollen, ein dazu gehöriges Schrift‑
stück aus dem Jahre 1478 hier abzudrucken:

„Item sprichet der glogkener, er habe macht und ym
sy irlaubet, sich der Kirchen undene[1] und oben zcu ge‑
bruchen.

Item der glogkener beslußet die borkirchen[2], daz ny=
mants bor uf mag gehen, messe ober prebigete zcu horen,
bor sy boch zcu gebuwet ist.

Item der glogkener hait drie iare, so lange ich cappellan
bin geweist, sine zubellen[3] uf die borkirchen geschut und
sine zwibellen bender[4] bor uffe sitzinde gehat widbir mynen
willen und vorbot, und winlaub und andere getrube, daz
er noch bor uf tregit und bor uffe beslußit, bungkit mich
ungeburlich sin, so die stede gewigit ist, und daz heilge
sacrament bor stehet.

Item der glogkener beslußit mir die kirchen und die
boer uf deme kirhofe bor nyneme huse und sprichet, er sy
nit myn knecht und sy auch nit bescheiden[5], mir die bore
uf zcu slißende.

Item altaer bilde und baffeln[6] nit zirit und bereibit[7]
noch geburlichkeit der zijt.

Item nit allen dag frisch wasser und win bestellit zcu
den messen und in daz hantfaß.

Item daz heilge sacrament digke[8] und vil zijt hait

---

[1] unten. [2] verschließet die Emporkirche den Letten. [3] zubellen, wie
das gleichfolgende zwibellen = Zwiebel. [4] Schalen. [5] bestellt, verpflich‑
tet. [6] Unter altar bilde sind wohl plastische Figuren und unter baffeln
Gemälde zu verstehen. [7] zirit = schmücket, bereibit = in Stand setzt;
man denke z. B. an die Ausstattung, welche solche Bilder zur Pas‑
sionszeit erhalten. [8] sehr; oft.

loßen stehen umbelucht[9] und mir auch nit kerzen abir lichte bestellit in die luchten vor daz heilge sacrament, so ich daz trage zcu den krangken menschen.

Item der glogkener spricht, er habe bez dages nit mye[10] dan brie heller von deme ampte; dor umme so kenne er der kirchen nit gewarten, und er habe auch mye zcu schigkende[11] und daz ist wor; er hait wingarten, garten, eckere[12] und darzcu so ist er zinsmeister der prediger heren und der rosenbergern beckine[13] und auch der beider monebar[14] an gerichten in dorffen und steben und dor umme so kan er der kirchen nit gewarten.

Item wan ich abir andere pristere willen messe thun zcu sant Petere, so mußen wir selbins[15] luden[16], so kompt er eyne zyt, die andere nit, dan er ist nit alle zyt inheymsch.[17]

Item der glogkener stellit auch sinen soen vor, der zcu und bie den altar nit daug, dan er ist groeb und unsledigk.

Item der glogkener myr zcu deme altar dinet, so hait er eyn lang messer uf siner siten, und deme heilgen sacrament und auch mir keyne ere abir[18] reverencen thud in der kirchen.

Diße vorgestriben gebrechen und artikel han ich hern Hansen vome Ryne[19] in der czijt also er burgemeister ist geweist vorgeleit; und sint der czijt so ist der glogkener mir gehaß[20] geweist und sprichet, ich habe uber en geclaget daz wille er mir abe nemen; er habe sinen bescheit, ez sulle mich nit helfen, er wille eyn glogkener bliben wan ich keyn cappellan sy zcu sant peter, und mir hinder myneme rucke vil unczucht erbudet[21] mit worten, die mir nit wol ge-

---

[9] unbeleuchtet. [10] mehr. [11] zu thun. [12] Äcker. [13] Bekinen, halbklösterliche Frauenvereinigungen. [14] Mannesklöster. [15] selbst. [16] läuten. [17] daheim. [18] oder. [19] Hans vom Ryne (Rhein) war 1478 Bürgermeister. [20] feindlich). [21] er erbietet unschickliches.

boren²² zcu schribende abir zcu uffinboren und doch nit wol von deme glogkener gebuldigen mag."

Die Hauptklage dieser Leute bis auf den heutigen Tag bezieht sich immer auf die schlechte Besoldung, und, man muß gestehen, sie haben mit diesen Klagen Recht. Drei Heller Tageslohn war auch im Jahr 1478 gar wenig wie denn auch 400 Mark Jahresbesoldung für unsere Zeit nur erträglich ist, wenn dies Geld lediglich als Nebenverdienst angesehen werden kann, während es doch für die Kirchbiener schwierig und für die Kirche selbst in mancher Hinsicht mißlich ist, wenn sie daneben einen Hauptberuf haben sollen. Späterhin hat dann der Glöckner an der Peterskirche eine Dienstwohnung erhalten, aber er war damit auch nicht besser gestellt. 1520 klagt nämlich der Glöckner Friedrich Heller, sein Gehalt betrage nur 6 Gulden das Jahr, während ihm doch 20 Gulden garantiert seien, sein Haus sei baufällig, die Balken verfault, an allen Stellen regne es herein, kein Ofen tauge etwas, dazu müsse er noch einen Gulden Bodenzins geben und Salve singen und früh und spät bei der Messe sein. Für uns entsteht die Frage, die ich nicht zu entscheiden wage, ob der Glöckner zugleich Schulmeister war, wozu er bei den geringen Anforderungen dieses Amtes zu damaliger Zeit und bei der in dem erwähnten Schreiben bewiesenen geistigen Gewandtheit und schöner Handschrift wohl befähigt gewesen wäre, oder ob seine Aussage, er habe Salve zu singen, etwa nur in dem Sinn zu verstehen sei, in dem auch unsere Kirchbiener zu sagen pflegen: „ich hab' die Predigt, die Kirch', das Abendmal zu halten."

1525 beklagt sich wiederum der Glöckner, daß ihm

---

²² geboren = geburen, zukommen, zu teil werden.

der Pfarrer seinen zugesagten Lohn und seinen Anteil an den Opfern der vier großen Feste (nämlich 12 Heller Gelds und 1 umbs=Imbiß) nicht gegeben habe, und erhält er mit dieser Forderung beim Rate Recht. 1566 zieht dann der Glöckner in das frühere Pfarrhaus neben der Kirche, und seine Nachfolger bleiben dort bis zum Jahre 1830.

Neben den Glöcknern tritt schon im Reformations=zeitalter der Vorsänger auf.* Wir erfahren aus einem Streit, den das Konsistorium 1753/56 mit dem Kastenamt wegen des Rechts der Anstellung dieser Vorsänger führt, daß dieselben 1555 3 fl. jährlichen Gehalts bezogen, der bis zum Jahre 1574 auf 4 fl. gestiegen war. 1584 hat der Vorsänger außerdem ein Achtel Korn und für das Halten des Klingel=beutels zwei weitere Achtel zu beanspruchen. Vom An=fang des 17. Jahrh. hören wir dann, daß der Vorsänger auch die Dienste des Leichenbitters und des Parentators zu versehen hatte, woraus ihm oft reiche, von den Leid=tragenden zu leistende Einkünfte zu teil wurden. Ebenso gehörte dem Vorsänger gewöhnlich (aber nicht notwendig) die Leitung der Quartierschule zu. Die Schulkinder sangen unter Leitung des Vorsängers bei Beerdigungen und empfingen von Zeit zu Zeit von diesem die in Büchsen auf=gesparten Gebühren für diesen Dienst. Als Parentatoren hatten die Vorsänger bei sogenannten Gassen=Leichen den Sermon auf dem Friedhofe zu halten und mußten sich deswegen bei ihrem Dienstantritt einem kleinen Examen

---

* Uff Walpurgis anno 1555 haben meine Herrn Pflegere Jere=mias Troster zum Fürsänger angenommen und Ime Immaßen mit der Besoldung wie den andern Fürsänger zu halten. Extr. des Gelben Buchs Lit. A. fol. 47. Siehe darüber Aktenfaszikel des Kasten=Amts Ag. I. Kirchenoffic.

vor dem Konsistorium unterziehen.* Gegen Ende des 18. Jahrh. hören wir dann auch, daß der Vorsänger die vasa sacra zu verwahren, den Klingelbeutel zu halten, beim Abendmahl zu helfen, kurzum Dienste zu leisten hatte, die heute dem Kirchendiener obliegen. Im Jahre 1803 bezieht der Vorsänger 32 fl. Gehalt nebst 10 Malter Korn und freie Wohnung, in welcher er jedoch auch dem Glöckner einige Räume freihalten muß; 1819 wird dann die Kornlöhnung abgelöst und der Vorsänger erhält von nun an fl 100 und freie Wohnung. Diese Dienstwohnung teilt er mit dem Glöckner bis zum Jahre 1830. Im Jahr 1833 zieht dann die Kleinkinderschule ins alte Pfarr= und spätere Vorsänger=, Schullehrer= und Glöcknerhaus.

Bezüglich der Orgel, finde ich die erste Notiz aus dem Jahr 1648: Als gesampte Musici zu St. Peter gebeten E. E. Rath ein größer Orgelwerck in vermelter Kirch wozu sie 261 fl. collectiert und solche her zu geben willig erbauen und errichten wolle: Sollen die Herrn Kasten Pfleger das werck besichtigen, einen Ueberschlag machen und relation thun lassen. Dazu heißt es dann am 20. Nov. desselben Jahrs: „Kastenpfleger Christoph Kellner referiert, daß eine kleine Orgel zu St. Peter aufgestellt werden könne aus den vorhandenen Mitteln: Ist den Herrn Kastenpflegern solches an und zu werck zu richten Macht gegeben,

---

* Ein kleiner Rest dieser Laienpredigten besteht noch heute darin, daß unsere Leichenkommissare bei Beerdigungen ohne Pfarrer die Leidtragenden zu einem stillen Vaterunser auffordern. Man erzählt sich aber noch heute, daß in dem jüngstvergangenen Geschlecht ein Kirchendiener und Leichenbitter in Sachsenhausen als Grabredner mit seiner Ansprache: „Och, och, och, da leit se, die geknickt Blumm! Bete mer e still Vaterunser for ihr arm Seel!" — größere Wirkungen erzielte, als der Pfarrer mit den schönsten und längsten Leichenpredigten!

doch daß dem Kasten keine Beschwerde damit aufgezogen werde."

Freilich scheint es nur ein sehr kleines Werk gewesen zu sein, welches damals angeschafft wurde, denn nach einer Notiz aus dem Jahr 1675, „wohlmeinende Bitte der Evang. Prediger allhier umb 300 fl., so zu der Orgel und Musik in der Kirche zu St. Peter verehret werden, bei dem wohllöblichen Recheney-Amt aufzunehmen," (Ugbb. B 52 D 5) heißt es nach längern Berathungen im Jahr 1757: „es wird darin abstrahiert die Dr. Seiff'sche Orgel aus dem roten Haus in die Peterskirche zu transportieren, weil da kein Platz". Natürlich gab es da auch einen Organisten, der aber gar schlecht bezahlt war. Im Jahre 1789 erhält derselbe noch 58 fl. 40 Kr. Gehalt das Jahr, wofür er bei weit mehr Gottesdiensten zu fungieren hat, als gegenwärtig; von diesen 58 fl. 40 Kr. sind fl. 34.40 für die Betstunden bestimmt, während er für die sonstigen Wochen- und Sonntags-Gottesdienste nur fl. 24 bezieht, auch keine sonstigen Emolumente, wie der Vorsänger genießt. Die Orgel scheint überhaupt nicht die Berücksichtigung gefunden zu haben, welche man ihr gegenwärtig widmet, so lange neben und vor ihr die Musikkapelle bestand, von welcher wir sogleich noch zu reden haben werden. Zwar hören wir noch von Neuherstellungen derselben im Jahre 1669, 1769 und 1814, und jedesmal waren die Mittel dazu in der Gemeinde gesammelt worden; nur einmal erfahren wir in älterer Zeit, daß die Reparatur auf Kosten des Fiskus geschieht, nämlich während der Tage des Großherzogtums Frankfurt: Die Orgel in der St. Peterskirche wird auf Antrag des Herrn Maire Guiolletts an den Herrn Geh. Rat und Präfekten

* A. K. A.

Freiherrn von Günderode mit fl. 150 durch den Orgelbauer Falckner repariert. Aber erst 1829 geschieht eine durchgreifendere Veränderung. Die Orgel wird auf 17 Register vergrößert und durch Gebr. Ebert in Frankfurt repariert, ebenso 1843, 1855, 61, 68. Im Jahre 1872 wird beschlossen, durch die Firma E. F. Walcker u. Co. in Ludwigsburg eine neue Orgel mit 18 klingenden Registern und 2 Manualen und 1 Pedal mit Gehäuse in gothischen Formen nach Angabe von Rügemer in Eichenholz für 6525 fl. erbauen zu lassen, und 1874 kommt dieser Beschluß zur Ausführung. (Bau Amt, Gef. XXVII. N. 9.)

Die Kirche besaß mit dieser Orgel ein für ihre Größenverhältnisse vollkommen ausreichendes und musikalisch wertvolles Werk, welches auch noch lange hätte gute Dienste thun können. Die ursprüngliche Absicht aber, dasselbe um einige Register vergrößert in die neue Kirche zu übernehmen, erwies sich bei näherer Prüfung doch nicht als empfehlenswert. —

Doch nun zur Musikkapelle, zu den Musikalien, zur „Bibliothek" der Peterskirche! Ist doch diese Bibliothek gerade derjenige Bestandteil der Peterskirche, wegen dessen allein dieselbe bisher außerhalb Frankfurts genannt wurde, und immer noch kommen von Zeit zu Zeit Briefe an uns unter der stolzen Adresse „Bibliotheksverwaltung der Peterskirche." Daß eine solche Bibliothek nicht mehr existiert, wenn man nicht etwa ein Dutzend alter Gesang= und Gebetbücher Bibliothek nennen will, wußten wir ja; daß aber etwas derartiges auch früher nie existiert hat, wurde uns erst im Laufe dieser unserer Untersuchung klar.

Dr. C. Israel schrieb zu dem Programm des städtischen Gymnasiums von Frankfurt a. M. pro 1872 eine noch heute in der musikalischen Welt wohl beachtete Abhandlung. Er

Chor, Altar und Orgel der alten Peterskirche.*

* Diese Orgel ist von dem Erbauer der neuen Orgel an Zahlungsstatt angenommen und bereits wieder an eine Landgemeinde verkauft, der sie noch gute Dienste thun kann. Das Kruzifix in dem Medaillon über dem Altarbild ist künstlerisch vollkommen wertlos; auch dies Bild selbst taugt nicht sonderlich viel Schön ist dagegen seine Umrahmung, innerhalb welcher es doch noch einen ganz guten Eindruck macht. — Der bisher stets mit einer Decke verhangene Altartisch trägt eine prächtige Marmorplatte von großer Dimension, die zwar einmal gesprungen und dann wieder geflickt ist, jedoch immer noch sehr gut aussieht. Bemerkenswert ist auch das Deckgewölbe sowohl in der Kirche überhaupt, wie besonders in diesem Chore.

erwähnt in dieser Schrift eine Sammlung alter Musikalien aus dem 16. und 17. Jahrhundert, welche er in der Büchersammlung des evangelisch-lutherischen Gemeindevorstandes gefunden habe, und zu denen er dann eine noch größere aus der Barfüßerkirche herrührende Sammlung in der Bibliothe des Gymnasiums fand. Diese beiden Sammlungen enthielten 108 Nummern von 87 Komponisten, mit Einrechnung der Sammelwerke, 228 Tonsätze, deren Werke Israel im Einzelnen aufzählt und beschreibt. Die ältesten Nummer dieser ganzen Sammlung gehen bis ins 16. Jahrhundert (1537.) Wir sind in der Lage, diese musikgeschichtlich äußerst wertvolle und wichtige Mitteilungen Israels zu ergänzen. Den ersten aktenmäßigen Nachweis vom Bestehen dieser Musikkapellen, welcher aber seinerseits wieder in weit ältere Zeit zurückweist, finde ich aus dem Jahre 1626. Es ist ein Verzeichnis des praefectus Musicae Johann Andreas Herbst und enthält die von uns im Anhang mitgeteilten Musikalien.* Vom Jahr 1666 erfahren wir dann, daß der verstorbene Kapellmeister Herbst 190 fl. aus der Rechenei und 60 fl. aus dem Kasten, sodann 12 Achtel Korn Bestallung gehabt habe und daß er dafür sowohl die Leitung der Musik (es ist offenbar an eine Oberleitung des gesamten Musikwesens in der ganzen Stadt zu denken,) als auch den Unterricht in der Klasse versehen habe. Als sein Nachfolger sich mit diesem Gehalt nicht zufrieden erklärt, werden ihm außer dem Korn 200 fl. offeriert und dazu noch 50 fl., wenn er drei Knaben informiere. Es soll auch Sonntags bei der Nachmittagspredigt Musik gemacht werden.** Aus der Mitte des 18. Jahrhunderts wird berichtet, daß Herr Telemann „gegen Erhaltung des hiesigen Bürgerrechts alle drei Jahre einen neuen Jahrgang an hiesiges

---

* Siehe den Anhang pag. 321.
** A. K A. Ag. II. 8.

Consistorium ohnentgeltlich, jedoch daß die Fracht davon löbliches Recheney-Amt bezahle, liefern solle." Der Zinshaber Frank hatte gegen 2 Malter Korn dem zeitigen Kapellmeister König Stück für Stück dieser Musikalien zu liefern und nach deren Gebrauch wieder zu collationieren und in Verwahrung zu nehmen. Damals (etwa 1740) existierten 4 Jahrgänge von einmal 57, dreimal je 58 „Cantaten oder Kirchenstücken." Doch ist zu vermuten, daß diese Sammlung später vermehrt wurde. Am 14. März 1797 wurde dem „bey dem hiesigen Schauspiel angestellten Sänger und Musiker Woralek von Seiten des Consistoriums die Stelle eines interimistischen (später definitiven) Kapellmeisters übertragen." Unter dessen Direktion wurde dann in pleno consistorio in Vortrag gebracht, „daß eingezogener Erkundigung nach gar keine brauchbaren hiesiger Stadt zugehörigen Kirchenmusiken mehr vorhanden, vielmehr die nach des ehemaligen hiesigen Kapellmeisters Telemanns Zeiten von löbl. Kastenamt angeschafften samt den übrigen alten Jahrgängen, weil solche allzu oft repetiert worden und keinen Beyfall mehr gefunden, bereits in dem Anfang derer Siebzehnhundert siebziger Jahre durch den damaligen Kapellmeister Seibert gegen Schein an gedacht löbl. Kasten-Amt zurückgeliefert. Von diesem (Seibert) aber teils das Erforderliche komponieret, teils auf seine eigenen Kosten angeschafft, auch nach dessen Absterben solche durch den vikarierenden Kapelldirektor Bismann, von den Seibertischen Erben acquiriret und ohnentgeltlich zum Gebrauch hergegeben worden." 2c. Es wird nun beantragt, diese ganze Seibert-Bismannsche Sammlung für 190 fl. (weit unter ihrem wirklichen Wert, zu kaufen. Das Consistorium vollzieht diesen Kauf und verlangt vom Kastenamt nachträglich die Erstattung der Kosten, das Neunerkollegium protestiert zwar am 20. Dezember 1797 gegen das „eigentlich verfassungswidrige Vorgehen des Consistoriums", giebt aber doch seine nachträgliche Zustimmung dazu. Im Jahre 1815 wird für die Katharinenkirche ein Tannenschrank 8 Schuh hoch, 8 Schuh breit, 2½ Schuh tief, zum Aufbewahren der Musikalien erbaut. Die Musikalien der Peterskirche nimmt der Schullehrer Zinndorf gegen Quittung in Verwahrung. Als im Jahr 1820 der ev. luth. Kirchvorstand eingesetzt war, ging die Verwaltung der Kirchenkapellen an diesen über, und es hatte das Kastenamt 232 fl. für die Kosten der Kapelle zu bezahlen, später aber, als diese Kapelle eingegangen war, bestreitet das Kastenamt nur noch die Pensionen für die überlebenden Mitglieder der Kapelle trotz des Widerspruchs der kirchlichen Behörde, welche die nach dem Senatsbeschluß vom 14. September 1830 der Kirche zugesagten 250 fl. für die Kapelle beansprucht.

Aus einem Gesuch des Vizekapellmeisters Beck vom Jahre 1749 um einen Zuschuß aus dem Aerar für die Kosten der Kapelle an der St. Peterskirche erfahren wir näheres über die Zusammenstellung dieser Kapelle. Der Kostenvorschlag Becks beziffert nämlich:

vor den Direktor 24 fl.
„   „   Organisten 24 fl.
„   „   Discantisten 10 fl.
„   „   1. Violinisten 7 fl. 15 Kr.
„   „   2.   „   7 fl. 15 Kr.
„   „   der die Bratsche spielt 7 fl. 15 Kr.
„   „   den Fagottisten 7 fl. 15 Kr.
„   Saiten 2 fl.
„   den Calcanten 3 fl.
„   „   1. Collektanten 3 fl.
„   „   2.   „   2 fl.

Es spielten jedoch einzelne dieser Musiker, wie aus zahlreichen Gesuchen um Gehaltserhöhung hervorgeht, auch andere Instrumente, z. B. das Waldhorn, das Haubbois, den Baß. Auch der Direktor spielte selber mit. Es kommen außerdem Trompeten, Pauken, Flöten, Klarinetten und Traversière vor. Die Knaben, welche der Direktor auszubilden hatte, hatten im Chor zu singen: Kurzum es scheint ein recht vielseitig ausgebildetes Musikwesen gepflegt worden zu sein. Wir erfahren ferner aus den oben erwähnten Akten, daß sich die Musiker aus den verschiedenen Kirchen gegenseitig ergänzten, sowie daß wahrscheinlich in allen Kirchen, sicher zu den Barfüßern, St. Katharinen und St. Peter, Kapellen bestanden; dabei war die Kapelle der Peterskirche noch die kleinste. Daß auch vom musikalischen Standpunkt aus betrachtet, diese Kapellen Tüchtiges leisteten, beweist das Verzeichnis des oben erwähnten Israel'schen Programms. Interessant wäre es zu erfahren, ob die darin eingeführten Musikalien der älteren Telemann'schen oder der jüngeren Bismann'schen Sammlung angehörten, und wie sich diese beiden Sammlungen ihrem Charakter nach unterschieden. Über diese und ähnliche Fragen hoffen wir demnächst an anderer Stelle berichten zu können.

9. Kapitel.
Geldwesen der Kirche; Geldwert im 15. Jahrhundert.

er bezahlte denn die Gehalte der Geistlichen und die sonstigen Unkosten der Kirchen im allgemeinen und der Peterskirche ins besondere? Es kommen dabei inbetracht die politische Gemeinde, bezw. die weltliche Obrigkeit, sodann die Kirchgemeinde als solche und endlich einzelne Gemeindemitglieder. Die Kaiser hatten durch ihre Schenkungen und Privilegieen den Grund zum Reichtum der Kirchen gelegt, und besonders das Bartholomäusstift in Frankfurt erfreute sich zahlreicher Gunsterweisungen früherer und damaliger Herrscher. Auch das Stadtregiment, der Rat, trat für die Kirchen ein, nicht nur für die zu seinen Zwecken bestimmte Kirche, die Nikolaikapelle, sondern, wie wir sahen, auch für die beiden neuen Pfarren, denen er die erste Priesterstelle mit je 75 fl. dotierte, wozu er freilich die vorhandenen Benefizien des Hochaltars, die für die Peterskirche etwa 60 fl. jährlich betrugen, für seine Rechnung einzog.

Auch die Gemeinde in ihrer Gesamtheit war, wenn auch nicht gerade für die Peterskirche, zur Bestreitung der Kirchkosten herangezogen. War doch der Zehnte, den die vorwiegend Ackerbau treibende Bevölkerung zu zahlen hatte, nichts anderes als eine schwere und lästig empfundene Art Kirchsteuer.*

Der Hauptsache nach wurden jedoch die Kosten für die Kirche und die Besoldung ihrer Diener durch freiwillige Beiträge geleistet. Wir sahen schon, daß solche Dotierungen gleich in der Stiftungsurkunde vom Jahre 1417 vorgesehen waren, wie thatsächlich die beiden Nebenaltäre im J. 1419, der Hauptaltar 1425 gestiftet und botiert worden sind, wie ein Opferstock von vornherein aufgestellt und eine Rechnungsablage vor einem älteren Schöffen und dem Dekan des Bartholomäusstifts verlangt wurde. Der Fortbestand der Nebenaltäre wurde durch die Weiterentwickelung der Kirche im J. 1452 nicht geändert. An Stelle des vom Rate 1452 eingezogenen Gotteslehns für den Hauptaltar wurde im J. 1478 eine neue bedeutende Stiftung gemacht, von der wir später (S. 152 ff.) genaueres bemerken werden. Aber auch die Einnahmen des Opferstocks waren bedeutend. Die im J. 1417 geforderte Rechnungsablage liegt uns in mehreren Gültenverzeichnissen, im „Gefällbuch der Peterskirche" sowie in den Akten des Bartholomäusstifts und in denen des

---

* Freilich waren politische und kirchliche Gemeinde viel inniger mit einander verbunden als dies heute der Fall ist. Trotz des Kampfes zwischen Staat und Kirche am Anfang des 15. Jahrhunderts stand die letztere doch im Mittelpunkte alles öffentlichen Lebens, und die Einflußkreise der beiden Mächte ragten vielfach in einander über. Der Rat beteiligte sich in seiner Gesamtheit an den kirchlichen Festen und Prozessionen, hinwiederum wurden seine Bekanntmachungen, welche heute im Amtsblatt der Gemeinde bekannt gegeben werden, damals häufig von den Kanzeln verkündet.

Kastenamts vor. Die beiden ältesten finden wir wohl in jenem „Gefällbuch", richtiger bezeichnet, dem Hand- und Notizbuch des Pfarrers Wedekint aus dem Jahre 1478.

Dasselbe weist uns in 120 einzelnen Gülten einen Gesamtertrag von 75 Gulden weniger $4^1/_2$ Heller auf. Ein späteres Gültenbuch aus dem J. 1567 hat 91 Posten mit 191 fl. 7 Schilling und 7 Hellern Einnahme, wobei allerdings die höheren Posten (einer von 24 fl. 6 Schilling) aus Ablösungen solcher Zinsschulden, zum teil auch aus der nachträglichen Bezahlung rückständiger Beträge resultieren. Dies Gültenbuch von 1567 enthält auch ein Ausgabeverzeichnis der Kirchrechnung. Die Ausgaben setzen sich zusammen aus Reisespesen für Eintreiben der Zinsen, Gerichtsvollziehergebühren, bauliche Reparaturen (23 fl. 18 Schilling), Schulmeistergehalt (18 fl.), für Hostien, Wein und dergl. (zusammen 65 fl. 9 Schilling 6 Pfg.). Der Rest von 125 fl. 22 Schilling u. 1 Pfg. geht ad fabricam, d. h. er wird den Pflegern zur Verwaltung überwiesen.

Besonders das oben erwähnte Gültenbuch aus der Mitte des 15. Jahrhunderts gewährt uns interessante Einblicke in das Geldwesen damaliger Zeit. Die Beträge sind oft auffallend klein, viele in der Höhe von 1—2 Schilling, einer von Paulus Oleisleger von dem Huse und Hoffe genannt rußberg sogar nur in der Höhe von $6^1/_2$ Hellern! Dieser Zinsbetrag kapitalisiert und auf den heutigen Geldwert zurückgeführt, ergäbe kaum einen Betrag von 20 Mark. Man muß sich wundern, daß jemand mit einer so geringen Summe Haus und Hof belastete, und daß sich die Kirche mit so kleinen Geschäften befaßte. Man könnte versucht sein, an einen Abschreibefehler zu denken, wenn sich der Posten nicht in sämtlichen Abschriften dieses Gültenbuchs wiederfände, ja sogar unverändert auch in dem Gültenbuch vom J. 1567 noch steht, also über 100 Jahre hindurch von den Erben bezahlt wurden. Wir dürfen daraus also schließen, daß die Kirchverwaltung ähnlich wie manche Vorschußvereine jetziger Zeit auch solch ganz kleine Beträge verlieh, die dann als Gülten, d. h. als kleine Hypotheken auf Grundstücke festgelegt wurden. Die Mittel zu diesem Darlehen nahm die Kirche aus dem Opferstock und den Becken vor den Heiligenbildern. Im J. 1453 erläßt der Rat eine Aufforderung an die Bürger, die Kirche zu St. Peter und Dreikönigen fleißig zu besuchen und sich den Ablaß von 100 Tagen zu sichern, der bußfertigen Besuchern der beiden neuen Pfarren verheißen wäre, wenn sie zugleich ihre Gaben einlegten.

Neben diesen Einlagen in den Opferstock waren es aber auch noch kleinere Stiftungen, „Seelgerette" und „Jahrgezijten," welche von den Gläubigen der Kirche geschenkt und von den „buwemeistern," auch Pfleger oder Vormünder der Kirche genannt, verwaltet wurden. Zum Andenken der Stifter oder ihrer Anverwandten hatten dafür die Priester eine Messe zu lesen oder ein Salve oder eine Vigilie zu singen oder sonst der Toten zu gedenken.

Späterhin kamen dann diese ewigen Gülten in die Verwaltung des Almosenkastens, der auch die Pfarrgehalte zu bezahlen hatte, und wenn späterhin (1830) der Senat die beiden christlichen Konfessionen botierte, so ist diese Leistung der Stadt nicht etwa lediglich eine generöse Honorierung aus gemeinen Mitteln, sondern zum guten teil wenigstens das Äquivalent für das eingezogene Vermögen der Kirchen, welches früher stark genug war, die Gemeindebedürfnisse vollständig zu decken.

Das Gültenbuch aus der Mitte des 15. Jahrhunderts gewährt uns aber noch in anderer Hinsicht interessanten Aufschluß. Wir ersehen aus demselben nicht nur die Währung* damaliger Zeit, sondern gewinnen vor allem auch einen Schluß auf den Wert des Geldes.

Denn alle Wertbezeichnungen, wie sie uns bisher schon so manchesmal begegnet sind, sind für uns doch nur dann verständlich, wenn wir die Kaufkraft des Geldes in jener Zeit kennen. Es ist nun nicht ganz leicht, die rechten Wertmesser zu finden. Dieselben müssen quantitativ klar und zweifelfrei, qualitativ möglichst unveränderlich sein. Der Getreidepreis z. B. war beim Fehlen des ausgleichenden Welthandels weit mehr als gegenwärtig vom Ausfall der Ernte abhängig, und so variiert der Preis für das Malter Korn in der zweiten Hälfte des 14. Jahrhunderts zwischen 14 Schilling und 120 Schilling. Der Weinpreis ist sehr verschieden je nach Herkunft des Produktes und den Jahrgängen. Wohnungs- und Häuserpreise, auch mancherlei Quantitätsbezeichnungen wie „ein Wagen Holz" lassen sich in ihrem sachlichen Wert zu wenig bestimmen, um darauf eine Preisberechnung anzustellen. Sachliche Gegenstände, Handwerksprodukte u. dergl. sind unverhältnismäßig teuer. Denn es giebt nicht die preisdrückende Massenproduktion der Gegenwart, und der Handwerker wird schneller reich, wie wohl er seinen Gesellen verhältnismäßig weit höhere Löhne zahlt als heutzutage.**

---

* Neben Gulden kamen auch Pfund Heller vor; 6 Pfd. Heller sind gleich 5 fl.; neben Schillingen-Heller gab es auch Schilling-„penige", die sich wie 3:2 verhalten und stets sogleich in Schillinge-Heller umgerechnet werden. Vergl. Kirchner, Gesch. II, 479

** Ein Maurer-, ein Zimmermann-, ein Steindecker-Geselle erhalten bis zu 5 Schilling des Tages, wofür sie sich also z. B. 10 Pfund des besten Ochsenfleisches kaufen konnten. Ein Morgen Ackerland in Frankfurter Gemarkung kommt auf 10—13 Gulden zu stehen, während er im nahen Dorfe Niedererlenbach kaum 2½ Gulden kostet.

Recht geeignet für eine solche Berechnung ist dagegen das Geflügel, besonders unser Hofgeflügel, Gans, Ente, Huhn. Wenn auch natürlich je nach Qualität verschieden, sind sie doch im großen und ganzen in ihrem Durchschnittswert konstant und leicht zu berechnen; in ihrem quantitativen Wert sind sie zweifelsfrei, vom Ausfall der Ernte nicht sehr abhängig. Auch in ihrem relativen Wert, d. h. verglichen mit anderen notwendigen Lebensmittelpreisen und ähnlichen Ausgaben, nimmt dies Geflügel dieselbe Stelle ein wie gegenwärtig. So meldet uns Lersner (T., 1, 511), daß im J. 1448 eine Gans 18 Heller, eine Ente 12 Heller, ein Huhn 9 Heller, ein Ei $^3/_5$ Heller, ein Pfund Butter 11 Heller, ein Pfund Speck 9 Heller kostete. Für ein Pfund gutes Ochsenfleisch mußte man 1450 $4^1/_2$ Heller zahlen, für gutes Kuhfleisch und Kalbfleisch 4 Heller, für Hammelfleisch $3^1/_2$ bis $4^1/_2$ Heller, für Schaffleisch 3 Heller. (Die letzteren Angaben nach handschriftlichen Aufzeichnungen Kriegks.) Das erwähnte Gültenbuch der Peterskirche aus dem 15. Jahrhundert giebt nun ausdrückliche Wertmesser an, und zwar das Huhn mit 1 Schilling, den Kappus (100 Stück) mit 2 Schilling.* Daß dieser Preis ein ziemlich fester war, geht aus dem Umstande hervor, daß auf eine Schätzung des gleichzeitig erwähnten Korns verzichtet wird; es heißt „ein Simmre und ein Drilling Korns 4 Schilling vel quo vendi potest" (oder wie es verkauft werden kann). Wir sind also

---

* Daß die Hühner allmählich nicht mehr in Natura geliefert wurden, sondern nur noch die Bezeichnung eines relativen Geldwerts waren, geht aus dem Umstand hervor, daß das gleichzeitige Gültenverzeichnis der Dreikönigskirche auch $^2/_3$ Hühner erwähnt; wahrscheinlich war diese Bruchwertung so entstanden, daß Söhne bei der Teilung des väterlichen Erbes auch die darauf ruhenden Gülten teilten.

wohl berechtigt, wenn auch mit aller Reserve und dem vollen Bewußtsein der Einseitigkeit und Mangelhaftigkeit dieser Schätzung zu sagen: Das Huhn, welches damals im Vergleich zu anderen Werten ungefähr dieselbe Stellung einnimmt, wie heutzutage, und welches heute etwa 1,50 Mark kostet, kostete damals, d. h, um die Mitte des 15. Jahrhunderts, 1 Schilling. Also hatte ein Heller oder ¹/₉ Schilling etwa den Wert von 15—17 Pfennigen heutiger Währung, 1 Gulden (= 24 Schilling) reichlich den Wert von 36 Mark. Wir könnten diese Wertvergleichungen noch weiter ausdehnen und ihre annähernde Richtigkeit durch andere Wertangaben stützen.* Für den Zweck dieses Büchleins genüge es, darauf hinzuweisen, eine wie viel höhere Bedeutung die angeführten Gotteslehen und Gülten gewinnen, wenn wir statt eines Guldens immer etwa 36 Mark uns zu denken haben. Unter diesem Gesichtspunkte verstehen wir es auch, wenn der Gehalt des Pfarrers an der Peterskirche nur 75 Gulden beträgt, und dabei ausdrücklich bemerkt wird, daß dieses Gehalt für ein sicherlich ausreichendes erachtet werden müsse. Bezog doch zur selben Zeit (1450) nach Ausweis unserer Stadtrechnungsbücher der Stadtschreiber 106 fl., der Stadtadvokat 113 Gulden, der Stadtarzt nur 60 Gulden jährlichen Gehalts. Und wenn im nächsten Jahrhundert, wo wenigstens für die ersten zwei Jahrzehnte der Wert des Geldes nicht sehr wesentlich gefallen war, Luther als Professor in Wittenberg ein Gehalt von 400 Gulden genoß, so müssen wir das für

---

* Noch am Ende des Jahrhunderts meldet Jakob Rohrbach, daß ein gutes wohlgemästetes Schwein einen Gulden gekostet habe, während es 3 Jahre zuvor nicht für 3 Gulden zu kaufen gewesen sei. Nehmen wir also daraus den Durchschnitt mit 2 Gulden und setzen statt des Guldens 36 M., so entspricht dann der Preis von 72 M. etwa dem Werte eines Schweines von ungefähr 120—130 Pfd.

eine sehr anständige Bezahlung halten. Ja, der Wert des Geldes wächst in unseren Augen, selbst abgesehen von der bisher angestellten Erwägung noch weiterhin in bedeutendem Maße, wenn wir bedenken, wie viel einfacher das Leben damals war, wie so mancherlei Luxusausgaben, Unkosten für wissenschaftliche und künstlerische Zwecke, Erziehungskosten, Reisen u. dergl. so viel weniger gefordert wurden, als jetzt. Ein Beamter also, der damals 100 Gulden bezog, konnte für dies Geld nicht nur so viel kaufen, wie heutzutage einer für 3600 M. kaufen kann, sondern in seinem Jahresbudget fehlte auch eine ganze Reihe von Rubriken, welche heutzutage ganz unvermeidlich sind. Gewiß war der Stadtschreiber der damaligen Zeit im großen und ganzen nicht schlechter gestellt, wie heute ein Beamter mit 5—6000 M. Freilich trieb er vielleicht auch etwas eigene Wirthschaft und hatte dazu Nebenverdienste, verhältnismäßig noch mehr, als unsere Beamten; besonders auch war die private Vergütung für Amtshandlungen, das Beschenken und Bestechen so verbreitet, daß selbst die allerhöchsten Beamten es sich gerne gefallen ließen. Immerhin darf aber bei der Schätzung des Geldes neben der größeren Kaufkraft der Münze damaliger Zeit auch die größere Bedürfnislosigkeit des Lebens nicht übersehen werden.

Doch wir wenden uns nach diesem kleinen Exkurs wieder zu den Einnahmeverhältnissen der Peterskirche. —

Wie wir oben erzählt, war die früher von dem Rat zu präsentierende erste Altaristenstelle der Kirche eingegangen, und ihr bisheriger Dienst war von dem durch das Bartholomäusstift einseitig zu ernennenden ersten Kuratpriester übernommen; der Rat hatte die an der ersten Altaristenstelle haftenden, aus der Stiftung der weiland Ockstadt-Glauburg-Reiffenberg fließenden fl. 60 eingezogen und dafür dem Kuratpriester fl. 75 aus dem Ärar bezahlt; eine besondere Fundierung des dem h. Maternus geweihten Hochaltars existierte also seit dem Jahre 1452 nicht mehr. Nun wurde aber eine solche in bedeutender Höhe im Jahre 1478 neu geschaffen in der Coments-Stiftung. Die Testamentsvollstrecker des Kaspar Coments, nämlich der Scholastikus des Bartholomäusstiftes Nikolaus Wißbecker, sodann Konrad von Gelnhausen und Johann Coments stiften eine dreimal die Woche (im Sommer um 4 Uhr, im Winter um 6 Uhr) zu lesende Frühmesse. Wißbecker soll die Stelle zuerst erhalten, dann soll sie abwechselnd von den Familien Conrad v. Gelnhausen und Coments, jedoch nur so lange, als direkte Manneserben vorhanden sind, verwaltet werden. Aus den Einkünften sollen auch die Kosten für das Geläute, für Wein, Kerzen, Kohlen und einer Zulage zur Glöcknerbesoldung bestritten werden. Aus den Überschüssen wird auch ein Stipendium von 10 fl. an Anverwandte und in deren Ermangelung an andere Knaben und Jünglinge bezahlt, welche sich dem geistlichen Amte widmen wollen. Der Grundstock dieser Stiftung bestand in einer Hypothek in Gelnhausen, in der Höhe von 1200 fl. à 4 %. Es gehört aber auch ein Haus in der Friedbergergasse zu dieser Stiftung. Um die Mitte des 16. Jahrhunderts hat der Rat dies Haus auf Kosten der Stellinhaber mit einem Aufwand von Mk. 200 renovieren lassen; später geht es dann definitiv in den Besitz der Stadt über, welche nach Aussterben des Mannesstammes im 18. Jahrhundert das Patronat der Stiftung übernimmt.

Im Jahre 1524 hatte der Rat dem Bistum Speyer ein Kapital von fl. 1500 zu 4 % aus dieser Stiftung verliehen, während hier in Frankfurt nur 200 fl., die Ablösung einer früheren Korngülte, mit 10 fl. Zins verblieben. Aber wiewohl der Bischof in einem sehr vorsichtig abgefaßten

Schuldbrief alle möglichen Kautelen giebt, ja die Städte Bruchsal, Lauterburg und Obernheim verpfändet, zahlt er später doch keine Zinsen, auch nicht, als ihn der Rat im Jahre 1656 auf das Ansuchen des Dr. med. Anton Coments zu Worms an seine Schuld mahnt. Was den Rat veranlaßte, die Hypothek von Gelnhausen weg und nach Speyer zu verlegen, warum er sein in feierlichster und verbindlichster Weise garantiertes Guthaben nicht energischer eintrieb, und was schließlich aus der ganzen Schuld geworden ist, vermögen wir aus dem reichen über die Coments=Stiftung vorhandenen Aktenmaterial nicht zu ersehen*; ebensowenig wie und wann diese ursprünglich katholische Stiftung protestantisch geworden ist.** Der Pfarrer von Niederrad bezieht aber noch heute ein jährliches Comentssches Legat von fl. 65 und 27 Kr. (A. K. A. v. 1815.)

Aber so bedeutend und reich die Comments=Stiftung auch gewesen sein mag, so hatte doch nicht die Kirche und noch weniger die Pfarrei oder die Pfarrgemeinde einen Vorteil davon, sondern allein die später zum teil auswärts wohnenden Inhaber ihrer Benefizien, die entweder Angehörige der Familie Coments oder Kanoniker hiesiger oder auswärtiger Kirchen, meistens beides waren.

Für uns hat die Stiftung vor allem das Interesse, daß sie uns das Vorhandensein von Nebenstellen neben dem Hauptamt des von den späteren Chronisten fälschlich

---

* Es handelt sich hier, beim Beginn der Reformationszeit, offenbar um irgend ein Geschäft nach dem Grundsatz do ut des; „um seiner schönen Augen willen" hätte der Frankfurter Rat dem Bischof gewiß kein Präsent gemacht, das nach heutigem Geldwert etwa Mk. 50000 bedeutete.

** Wahrscheinlich ging eben 1531 alles, was in und an der Kirche war, in das protestantische Lager mit herüber.

„Plebanus" genannten ersten Kaplans verbürgt. Zwar treten diese „Frühmessen" in der weiteren Geschichte der Kirche nirgends hervor, dennoch ist es schon an und für sich wahrscheinlich, daß sie, wenigstens von 1478 an, wieder da waren; ja Bücher findet sogar deren drei in dem Bebebuch von 1463. Wenn dann aber etwas später, in den letzten Jahren der katholischen Zeiten (1525—1631) die Namen der Pfarrer an der Peterskirche sich drängen, (Raw, Groß, Kirchberg, Wallbach, Pauli), so ist die Unsicherheit und Ungewißheit in der Bestimmung vielleicht eben durch teilweis gleichzeitige Amtsverwaltung mehrerer Geistlicher zu erklären. Daher rührt auch vielleicht die auffällige Verschiedenheit in der Namhaftmachung dieser „Plebani" bei den verschiedensten Chronisten.*

Im Jahre 1531 wurden die Opferstöcke der Kirchen dem allgemeinen Almosenkasten übergeben. Noch wurden aber, wie das erwähnte Gültbuch von 1567 zeigt, die Rechnung der Kirche von deren Pflegern gesondert geführt. Durch Senatsbeschluß vom 25. September 1589 übernimmt aber das Kastenamt auch die Verwaltung jener ewigen Gülten. Sie betrugen damals fl. 153 1 K. 4 Pf. jährlich und verblieben in dieser Höhe konstant bis zum Anfang dieses Jahrhunderts, ja wahrscheinlich bis zum heutigen Tag. Dafür aber übernahm der Kasten auch die Befriedigung der kirchlichen Bedürfnisse und vor allem die Bezahlung der Pfarrgehälter. In welchem Maße diese letzteren vom Beginn der Reformationszeit bis auf die Gegenwart sich bewegt haben, dürfte genau nicht ganz leicht zu bestimmen sein. Die Bezüge und Gehälter der Pfarrer waren nicht gleichmäßig.

---

* Vergl. S. 56. Übrigens wohnten die Stelleninhaber späterhin vielfach auswärts und versahen somit keinen Dienst.

sondern unterschieden sich je nach Stellung und Bedeutung des Mannes. Die einen hatten Amtswohnungen, andere empfingen Mietsentschädigung, z. B. 1764 die beiden jüngeren Pfarrer Pelser und Kellner (neben dem älteren im Pfarrhaus wohnenden Konsistorialrat Griesbach) fl. 150 statt der bisher bezogenen fl. 100. Doch stehen uns immerhin einzelne Notizen über die Predigergehalte zur Verfügung. Die Gehalte der ersten evangelischen Prädikanten waren gering, zum teil sogar ganz jämmerlich klein, und sogar geringer als im Jahre 1451. Zwar Melander und Algersheimer bezogen fl. 100 (B. B. 1525), aber Peter Chomberg, der frühere Guardian bei den Barfüßern, von 1531 an Pfarrer in Sachsenhausen, bittet im Jahre 1532 inständigst um Erhöhung seines nur fl. 40 betragenden Gehaltes.* Um 1553 wird der Gehalt des jüngeren Egenolph auf fl. 100 fixiert und ihm, da er fl. 125 beansprucht, bedeutet, daß er gehen könne, wenn er damit nicht zufrieden wäre.* Im selben Jahre erhält der hervorragende Hartmann Bayer fl. 125 und nur durch Unterstützung des Katharinenklosters wird dieses Gehalt auf fl. 150 erhöht.

Freilich dürfen dabei die bis zum Anfang des 19. Jahrh. gelieferten Naturalien, vor allem Korn, Malz, Salz und Holz nicht unberücksichtigt gelassen werden.

Am Ende des Jahrhunderts ist der Gehalt bedeutend höher. Im Jahre 1595 bitten die Prädikanten Senior Ullner und Magister Johann Steindecker den älteren Herrn Bürgermeister inständig um Gehalterhöhung. Sie könnten in diesen teuren, schweren Zeiten mit 170 fl. nicht auskommen.***

---

* R. K. II, S. 18.
** Extr. R. Prot. Rel. u. K. 1553.
*** A. K. A. Prediger und Kandidaten.

Anno 1609 petitioniren wiederum 8 Pfarrer um Gehalts= erhöhung, darunter der eben genannte Nikodemus Ullner, obwohl ihre Gehaltsbezüge seit 1595 wiederum wesentlich gestiegen waren. Es wird beschlossen, jedem der Supplikanten 50 fl. an Geld, 5 Achtel (Malter) Korn und 1 Achtel Salz zu reichen „und also ein Jeder hinfürders 300 fl. 24 Achtel Korn und 1 Achtel Salz jährlich pro salario gewärtig sein und empfahen soll." Zugleich wird beschlossen:

„Weilen auch die Prediger bishero ihre Salaria an „unterschieblichen Orten und einer sowohl das Geld als Korn „an drei und mehr Orten nit ohne Beschwehrung empfahen „müssen; als ist zugleich auch für gut angesehen worden, „daß nun hinführo Sie allesamt in gemeinen Kasten ge= „wiesen und Ihnen daselbst ihre Salaria (außerhalb des „Salzes, so Sie aus Erb. Raths Salz=Kasten zu empfangen) „auf gewisser Tage und Zeit im Jahr sämtlich geliefert „werden soll.

„Hingegen aber soll dasjenige, was bishero von andern „Ämtern und Orten den Predigern unterschiedlich gereichet „worden, hinführo dem gemeinen Casten auf einen bestimmten „Termin jedes Jahres unfehlbar zur Ergötzlichkeit geliefert „werden;

„Als an Geld (für alle Prediger zusammen)
„Von der Recheney . . . . fl. 800
„Aus dem Catharinen=Closter . . . „ 200
„Aus dem Weißfrauen=Closter . . . „ 200*

„Summa fl. 1200

„Desgleichen an Korn, weil hiebevor aus dem gemeinen „Kasten nichts gegeben worden, soll hinfürter dahin fallen:

---

* A. K. A.

„Als vom Korn=Amt . . . . Achtel 60
„aus dem Catharinen=Closter . . . . .   „   80
„aus dem Weißfrauen=Closter . . . .   „   46*

„Summa Achtel 186

1618 erhielt der hierher überziehende Prediger Hohen=
hauser schon 350 fl. und Reiseentschädigung.**

1621 auf 1622 „erbitten die Prediger auctionem sa=
larii und ist von der Rechenei ein Zuschuß von 100 fl.
geschehen." Es ist begreiflich, daß man während des dreißig=
jährigen Krieges und während der Zeit der Erschöpfung,
welche auf denselben folgte, nicht an Gehaltserhöhung dachte.
Wir hören von einer solchen erst wieder im Jahre 1733
bei der Wahl Pfefferkorns. Damals erhalten die Pfarrer
einen Zuschuß von 100 fl., der Senior von 150 fl., sodaß
ihr Gehalt 500 fl. für die Pfarrer, 650 fl. für den Senior
beträgt. Dazu kommen noch ansehnliche Naturalienlieferungen.
Das Pfund Fleisch kostete damal 5 bis 7 Kreuzer, also
nicht ganz $^1/_4$ des jetzigen Preises. Die Stellen galten im
vorigen Jahrhundert als gut salariert. Als Professor Huf=
nagel 1792 von Erlangen hierher berufen wird, beglück=
wünschen ihn seine Verwandten wegen des Goldregens, in
den er hineingeraten. Für seine Antrittspredigt verehrte
ihm der Rat 60 Dukaten, und für eine Trauung in wohl=

---

* Das Weißfrauenkloster blieb mit seinen Kornlieferungen stets
zurück und setzte dadurch das Kasten=Amt in die Notwendigkeit, die
benötigte Frucht zu kaufen. Im Jahre 1643 schuldete das Kloster
704 Achtel, 3 Simmer und $^1/_2$ Sechter; bis zum J. 1686 war dann
diese Schuld auf 2682 Achtel 3 Simmer $^1/_2$ Sechter aufgelaufen.
Das Achtel Korn war damals auf 2 fl. veranschlagt, kostete aber bis=
weilen 4 und 5 fl.

** Um die Wende des 16. und 17. Jahrhunderts sank der
Geldwert offenbar in bedeutendem Maße.

habender Familie erhielt er so viel, wie sein Schwiegervater als Professor in Erlangen an Gehalt und Collegiengeldern in einem halben Jahre bezog.

Eine für einige der Stellen bedeutende Gehaltserhöhung fand im Jahre 1815 statt. Der Senior bezog bis zu jener Zeit in Bar und Naturalien 1948,53 fl. Dieser Gehalt wurde 1815 auf 2000 fl. abgerundet. Außerdem erhielt er freie Wohnung und 2 Stoß Holz, welche auf 160 fl. veranschlagt waren. Die fünf ältesten Prediger hatten bis dahin jeder im Ganzen 1130,21 fl. die vier nächstfolgenden, welche eine eingegangene Pfarrstelle mit zu verwalten hatten, bezogen etwas mehr, nämlich je 1221,15 fl. nebst freier Wohnung. Der zweitjüngste hatte 1544,31 fl., worin jedoch 327,16 fl. inbegriffen waren für Wohnungsmiete, und der jüngste 1221,48 fl. incl. 163,38 fl. Hauszins. Die Neuordnung von 1815 bestimmt nun für jeden der Pfarrer ohne Unterschied des Alters 1600 fl. und 2 Stoß Holz, frei vor das Haus gefahren, außerdem für die 9 älteren freie Wohnung, für die beiden jüngsten, welche keine Amtswohnung hatten, eine Mietsentschädigung von je 400 fl. Erwägt man, daß damals das Pfund Fleisch 10 bis 12 Kreuzer kostete, 6 Pfund gemischtes Brot 13 Kreuzer, und daß ebenso alle übrigen Ausgaben, besonders auch die für öffentliche Zwecke, Steuern, Erziehungskosten, wissenschaftliche und wohlthätige Vereine in gleichem Verhältnis standen, so entsprechen diese Bareinkünfte etwa einer Summe von 7500 M. (bezw. für den Senior 9000 M.) jetzigen Geldwerts.

Die Gehaltsdotation vom 23. März 1830 bedeutet also nicht eine Erhöhung der bisherigen Bezüge, sondern nur eine Fixierung derselben in ihrer bisherigen Höhe für ewige Zeiten, oder vielmehr es erklärt der Rat der mehr und mehr paritätisch gewordenen Stadt mit dieser Dotierung, daß er von sich aus nicht mehr in der Lage sei, über die Höhe der einmal übernommenen Verpflichtung hinaus die Bedürfnisse der Kultusgemeinde zu befriedigen. Natürlich liegt in dieser Ablösung nicht sowohl die Leugnung dieser Bedürfnisfrage, als vielmehr die Überweisung ihrer Befriedigung an die Kultusgemeinden selber, — eine Konsequenz, welche von den letzteren bisher nicht gezogen worden ist.

Überblicken wir noch einmal die finanzielle Entwicklung unseres Kirchwesens, so ergiebt sich: Unsere Väter haben in vorreformatorischer Zeit die Kosten für ihr Kirchwesen selbst bestritten, teils durch gelegentliche, reichlich bemessene Opfer, teils durch größere oder kleinere Stiftungen (Benefizien und Legate und hypothekarisch festgelegte Lasten oder Gülten.) Mochte auch immerhin jene Werkthätigkeit in katholischen Zeiten vom sittlich religiösen Gesichtspunkte aus mit dem Makel der Werkgerechtigkeit behaftet sein, so kam sie doch praktisch dem Kirchwesen zu gut. So weit die Stiftungen jener Zeit in Grund und Boden angelegt waren, blieben sie denn auch bis auf die Gegenwart die Quellen großen Reichtums — man denke nur an das Vermögen des Katharinen- und Weißfrauenklosters und an das des Heiligen Geist-Spitals. Jene Gülten aber verloren mit der Entwertung des Geldes ihre Bedeutung. Die 153 fl Jahreszins z. B., welche der Almosenkasten im Jahre 1531, bezw. 1583, von der Peterskirche einzog, bedeuteten damals eine Summe von reichlich 5000 M. heutigen Geldwerts, thatsächlich sind es aber auch heute noch nur 153 fl.

Mit der Reformationszeit werden jene Stiftungen weit seltener, gewiß nicht weil die Liebe durch die Predigt des Evangeliums erkaltet wäre, wohl aber weil die Wertschätzung der „guten Werke" vor dem Gedanken der Glaubensgerechtigkeit zurücktritt, und sodann, weil es nicht gelingt, die

Bedeutung der Kirchgemeinde in und neben der politischen Gemeinde in rechter Weise festzustellen und zu behaupten. Vielmehr fällt die politische und Kirchgemeinde zusammen, während doch die erstere ihrer ganzen geschichtlichen Ent= wicklung nach je länger je mehr sich außer Stand gesetzt sieht, sowohl die äußeren, wie erst recht die inneren geistlichen Bedürfnisse in rechter Weise zu befriedigen. Hierin Wandel zu schaffen, ist die Aufgabe der Gegenwart, von deren Er= füllung die Bedeutung, ja geradezu der Fortbestand unsers Kirchwesens zum guten Teil abhängen wird.

10. Kapitel.
Der Peterskirchhof und die Peterskirche als Begräbnisstätte.

Friedhöfe, oder wie man früher ausschließlich sagte, Kirchhöfe, wurden im Mittelalter nur in Verbindung mit geweihten Gotteshäusern angelegt und mußten selber geweihet sein. Schon aus diesem Grunde ist die bisweilen gehörte Ansicht hinfällig, als wäre die Peterskirche ursprünglich eine Kapelle zu dem bestehenden Friedhof; auch wenn das Gegenteil nicht urkundlich nachgewiesen wäre, müßten wir annehmen, daß umgekehrt der Friedhof sich an die bestehende Kirche angeschlossen habe. Aber nicht nur in die Friedhöfe, sondern vor allem auch in die Gotteshäuser selbst wurde früher be= graben. Das war ja schon eine altchristliche Sitte gewesen, daß man über den Grabstätten der Märtyrer Altäre errichtete, und diese Sitte, die Toten in den Kirchen zu begraben, verblieb, wie uns unter anderen auch gerade die Peterskirche zeigt, bis tief ins 18. Jahrhundert hinein, ja sie besteht, soweit ganz besonders hervorragende Personen, Fürsten und hie und da einmal Heroen des Geistes in betracht kommen, noch bis zur Gegenwart. In Frankfurt wurde wohl in allen geweihten Kirchen begraben, bezw. beigesetzt. Die Chronik des Faust von Aschaffenburg bietet uns die Darstellung von Grabmonumenten der drei Stiftskirchen, sämtlicher Klöster und vieler Kapellen, z. B. Allerheiligen, Elisabeth, St. Bernhardt, St. Matern, Hl. Geist, St. Michael und u. a. auch der St. Peterskirche. Zweifelhaft ist es freilich, ob in der Peterskirche selbst schon vor 1452 begraben wurde. Allerdings waren in der Kapelle der Reiffenbergschen Familie die Epitaphien des Kuno und der Abelheid von Reiffenberg vom J. 1409 und 1439. Da aber 1409 die alte Kapelle wahrscheinlich noch nicht geweiht war, ja diese Reiffenberg-Kapelle auch 1439 noch gar nicht existierte, so liegt es nahe, anzunehmen, daß der Stifter Johann von Reiffenberg die Epitaphien seiner Angehörigen später in diese seine Familienkapelle habe aufhängen lassen, ohne daß die betreffenden Personen dort wirklich ihre Ruhestätte gefunden hätten. Daß dies auch sonst bisweilen geschah, ist zweifellos. Einige dieser Epitaphien in der Kirche melden uns ausdrücklich, daß die betreffenden Personen in der Fremde gestorben wären und ihre letzte Ruhestätte gefunden hätten,* und man hat daraus geschlossen, daß dies durchgängig der Fall gewesen wäre, d. h. daß diese in der Kirche hängenden Epitaphien nur zur Erinnerung an anderwärts begrabene Personen angebracht worden wären. Es ist dies aber sicherlich ein Irrtum. Nicht nur wird es uns in einzelnen Fällen aus-

---

* Anno domini 1558 den 12. Oktobris starb der Ehrbar und Beste Hellas Kellner; blieb in einem Scharmützel bei Schalanahie in Picardien bei Dorlau; leit vor dem Altar in der Kirch daselbst begraben, dem GOtt gnädig und barmhertzig sey Amen.

drücklich berichtet, daß Verstorbene in der Kirche beerdigt wurden, und zwar noch in weit späterer Zeit, im 17. und 18. Jahrhundert,* sondern die Namen sämtlicher in der Kirche genannten Personen finden sich nicht in dem Verzeichnis der Grabstätten des Friedhofs. Wir dürfen also wohl annehmen, daß keiner von ihnen auf dem Kirchhofe beerdigt ist, sondern daß sie, abgesehen von den in der Fremde Gestorbenen, alle ihre Ruhestätte in der Kirche gefunden haben.

Im allgemeinen läßt sich bezüglich der Benutzung der Peterskirche selbst als Begräbnisstätte folgendes sagen:

Aus dem 15. Jahrhundert haben wir nur ein Epitaph in der Kirche, nämlich das des ersten Kaplans der Peterskirche, auf seinem Grabstein in volkstümlicher Weise Plebanus geheißen, Joh. Lupi (Wolff), gest. 1468.** Auch der (für Frankfurt) vorreformatorische Teil des 16. Jahrhunderts überliefert uns nur wenige Epitaphien in der Kirche, das des Konrad und des Georg Kellner vom Jahr 1516 und 1519, das nächste Epitaph ist dann das des berühmten Haman von Holzhausen aus dem Jahre 1536. Freilich ist das Fehlen der Epitaphien noch kein zwingender Grund für die Annahme, daß in der Kirche nicht begraben worden sei; man könnte annehmen, daß die Nachrichten von solch früheren Gruftengräbern mit der Zeit erloschen sei. Aber so gut das Epitaph Wolffs bis zum Jahr 1813 erhalten

---

* 1613 Anna v. Carben. 1635 der Graf v. Isenburg (Lersner I. II. 98). 1637 v. Hanau-Schwartzenfels (E. R. Pr.) 1661 A. Sc. v. Cronstetten (F. R. Pr.). 1716 (Wittwe z. Jungen). 1746 Freiin v. Poenich.

** Die hervorragende Bedeutung Wolffs findet also auch darin ihren Ausdruck, daß nur sein Andenken, nicht das seiner Amtsnachfolger, in einem Denkmal der Nachwelt gesichert wurde.

blieb, könnte dies doch auch mit den anderen Gräbern der Fall gewesen sein. Es ist aber an sich schon wahrscheinlich, daß in vorreformatorischer Zeit diese Vorstadtkirche überhaupt nur für die die Vorstadt bewohnende ärmere Bevölkerung in betracht kam,* und diese wurde schon der Kosten wegen beerdigt, nicht beigesetzt. Mit der Reformation änderte sich das. Im Jahre 1530 verfügt der Rat, daß von nun an nur noch die Kirchhöfe zu St. Peter und zu Dreikönigen benutzt werden dürften.**

Zwar galt dieser Beschluß nur bis nach dem Interim im Jahre 1449, von wo an die Katholiken ihre Toten wieder auf dem Bartholomäus- und dem St. Elisabeth-kirchhof sowie in den Klöstern, besonders im Karmeliter-kloster, begruben. Um so mehr aber wurde Kirche und

---

* 1493 beschließt der Rat, daß jeder da begraben werde, wo er pfarrpflichtig ist. B. B. f. 41/42.

** Ritter ev. Denkm. p. 144. Daß niemand mehr, kein Geistlicher noch Weltlicher in und an eine Stiftskirche oder in ein Kloster sollte begraben werden, sondern stürbe er zu Frankfurth, solte er sein Grab finden auf dem Kirchhof zu St. Peter oder in basiger Kirche, stürbe er aber zu Sachsenhausen, solte er auf dem Kirchhof oder in die Kirche zu den Dreyen Königen begraben werden; auf welche Weise der Magistrat gedachte denen vielen Päpstlichen Seel-Messen und denen unbeträglichen Ceremonien immer mehr und mehr ein Endschafft zu machen; so wenig aber, sagen wir, waren die Päpstlichen damahlen zufriden, daß sothane Verordnung so dann an verschiedenen auch Geistlichen in Gang gebracht wurde. — Vergl. dazu auch Wolfg. Königst. Tageb. bei Jung Quellen S. 146, wonach der Canonicus Greffe vom Liebfrauenstift auf dem Kirchhof u. (S. 158), daß sogar der Dechant das Bartholomäusstift Jakob Fage in der Kirche zu St. Peter begraben wurde. Letztere Notiz gestattet zugleich den Schluß, daß in der Kirche außer den auf den Epitaphien erwähnten auch andere Personen begraben liegen. Doch mag dies nach Lage der Sache nur ausnahmsweise geschehen sein.

Kirchhof zu St. Peter von nun an die Begräbnisstätte der Protestanten. Die Kosten, welche ein solches Begräbnis in der Kirche verursachten, brachten es mit sich, daß wohl nur die Reichen und Vornehmen zu einem solchen gelangten. Das Verzeichnis, welches uns Lersner hinterlassen, giebt uns Nachricht von etwa 50 Epitaphien, die Namen der ersten Familien, der weltlichen Häupter und Führer des Frankfurter Protestantismus aufweisend. Wir finden da die Kellner, die Holzhausen, Fürstenberg, Glauburg, Scheydt, Knoblauch, Stephanus, Zumjungen, Völker, Neuhaus, Weiß v. Limburg, Stalburg, Mengershausen, zum Lamb, Faust v. Aschaffenburg, Brom u. a., fast durchweg Ratsfreunde und hohe städt. Beamte, daneben vereinzelte Fremde, wie den Baseler Buchhändler Ruffinger oder den Nürnberger Syndikus Dr. Hubner, aus späterer Zeit auch Gesandte und höhere Offiziere; Handwerker dagegen haben ihre Grabsteine ausschließlich auf dem Kirchhof.* Öfters bewahren diese Epitaphien das Andenken ganzer Familien, besonders beider Gatten, bisweilen — zumal in der ersten Hälfte des Jahrhunderts — auch der Gattinnen allein, in ganz vereinzelten Fällen sogar erwachsener Kinder, aber mehr und mehr sind sie nur den männlichen Familienhäuptern gewidmet, also hervorragenden Persönlichkeiten, welchen hier gewissermaßen ein Denkmal gesetzt wurde. Ja im 17. Jahrhundert scheint die Beisetzung weiblicher und unselbständiger Personen auf Rechtsbedenken gestoßen zu sein, wie wir aus einer Notiz Lersners II. 2. 98 schließen dürfen, in der er sagt: 1614 Herr Joh. Adolph von Glauburg bittet, daß man seine verstorbene Hausfrau

---

* Wenn man bedenkt, wie exklusiv die Gesellschaft der Ratsfreunde, besonders der Limburger an der Scheide des 16. und 17. Jahrhunderts geworden war, so ist diese Separation auch im Tode, immerhin bezeichnend.

Marianne v. Glauburg in die Peterskirch begraben laßen
wolle. Ist so fern verwilliget, wann hiebevor mehr Weibs-
persohnen dahin begraben worden.* Ein Jahr zuvor (1613)
hatten die Angehörigen der Anna von Buches, der Tochter
des verst. Schultheißen Eitel von Carben das Recht, dieselbe
neben ihren Vater begraben zu dürfen, mit 80 fl. erkauft,
und 1635 bezahlt die Gräfin Maria Magdalena v. Ysenburg 200 Thaler für die Erlaubnis, ihren verstorbeuen
Gatten in ein Gewölbe der Kirche** beisetzen zu dürfen.

Übrigens wird im 17. und vollends im 18. Jahrhundert
die Beisetzung in der Peterskirche immer seltener, und wird
nur auf besondere Eingabe besonders hochstehender Personen
bewilligt. Aber auch in den Zeiten, wo sie am häufigsten
vorkommt, in dem letzten $^3/_4$ des 16. Jahrhunderts ist sie
nur Ausnahme; es kommt im Durchschnitt für jene Zeit
1 Fall auf etwa 1—2 Jahre. Immerhin müßten wir annehmen, daß etwa 100 Personen im Untergrund der Kirche

---

* Dagegen beschließ der Rat 1661 als Herr Johann Adolf
Steffan von Cronstetten Inhalts memorials gesonnen Er. Rat
vergünstigen wollen, daß er seinen seelig verstorbenen Sohn in die
Peterskirch in das Steffan'sche Begräbnis bestatten und ihm eine
Leichenpredigt halten laßen möge, und der Einsbenniger (d. h. wohl
Einspänner, während sonst die Leichen getragen wurden), so biesen
verblichenen Körper tragen solte, hierbei erwähnet werden: Soll
mans um der Neuerung willen abschlagen, den Einsbenniger aber
ihnen verstatten.

** Es war die Glauburg-Oefstatt'sche Kapelle, (also nicht die
Glauburg'sche Grabkapelle) wo die Särge der Ysenburg, (außer dem
des Gatten der Gräfin auch dessen Vater und ein kleines Söhnlein)
über der Erde, und außerdem, wenn nicht die Särge, so doch die
Epitaphien mehrerer Patrizier sich befanden. Auch die Gräfin
selbst wird 1637 hier beigesetzt (E. R. P. 1637), jedoch nur für eine
zeitlang; 1646 wird der Sarg nach Hanau gebracht und dort beigesetzt.

beerdigt sind, und es ist nicht ausgeschlossen, daß wir, im Falle die Kirche demnächst abgebrochen wird, noch manche interessante Funde machen werden. Nur eine Familie, die Glauburg, hatte übrigens dorten ihr eigentliches Erbbegräbnis, in welche alle ihre Angehörigen zur letzten Ruhe gebracht wurden, bis die Stätte überfüllt war, nämlich in der an der Nordseite der Kirche gelegenen öfters erwähnten ursprünglich Reifenberg'schen Kapelle. Die Familie wahrt ausdrücklich ihr Recht, als sie sich in der Lage sieht, davon keinen Gebrauch zu machen.* Wenn andere Familien, wie die Weise v. Limburg, die Holzhausen, oder die Zumjungen späterhin das Recht auf ein Erbbegräbnis beanspruchen, so wird das geprüft und bestritten, oder doch nur als persönliche Vergünstigung gewährt, gelegentlich mit dem Bemerken, daß diese Grüfte nur zu zeitlichem (perennem), nicht zum ewigen Andenken (aeternam memoriam) den betr. Familien bewilligt worden wären.

Die Aufschriften dieser Epitaphien des Renaissancezeitalters sind meistens in lat. Sprache und zwar in gutem Latein. Sie tragen weder den Charakter dogmatischer Verknöcherung noch verweichlichter Sentimentalität, sondern begnügen sich meist mit kurzen biographischen Notizen, bisweilen die Vorzüge der Verstorbenen in nicht übertreibender Weise hervorhebend. Einige sind ganz deutsch, andere, lateinische, schließen mit einer deutschen religiösen Sentenz, wie dem damals beliebten „die Auferstehung macht, daß ich den Tod

---

* 1721 Ist Fr. Joh. Hieron. v. Glauburg, Scab. vor die Capell geleget worden, wie der Grabstein ausweiset, doch hat man beim löbl. Kastenamt dekrlarieret, daß solches ohne praejudiz und nicht in der Intention, das Erbbegräbnis außer der capellen zu extendieren geschehen solle, sondern nur wegen Enge des Platzes in der Capellen und besorgten Wassers.

nicht acht," ober bem weit schöneren „sie haben getragen Christi Joch, sind gestorben und leben doch!" Ein größeres Epitaph können wir uns nicht enthalten hier abzudrucken; es sind lat. Distychen, gut in der Form, wahrhaft ergreifend schön in ihrem Inhalt

D. O. M. S. Nobilibus et Matronalibus Virtutibus | pietate videlicet in Deum pudicitia | amore et singulari in maritum | observantia ac solicita rei domesticae administratione ornatissimis foeminis | Margarethae ab Holtzhusen et Annae Ladolphin de Bitburg, agri Luxemburg Joh. Kellner Imp. Indicii Reip. Frankof. Praetor| Maritus, coningibus charissimis | et desideratissimis | moerens et moestus | P. | obiit illa XXIX. Decembris | anno MDLXXIV. | Haec octava ejusdem mensis | anno MDLXXXVI. | utraque cum Christo vivat | amen.

In aesdem Luctus.

„Quid sumus, aut quid nam victuri gignimur? ecquid
„stemmata conducunt, quid pudor aut pietas?
„omnia morte ruunt, charis nil restat amicis
„quam lacrymae, planctus, moeror et auxietas.
„conjuge qui* felix prima fueram, invida fati
„orbavit tanto vis inopina bono.
„altera succedeus, casus solamen acerbi
„atque mihi luctus grata medela fuit.
„experta est iuvenem prior, et me prole beavit
„bis gemina; annosum pertulit ista senem.

---

* Soll wohl „qua" heißen.

„o mihi quam dulci curas sermone levabat,
„quam fuit haec etiam moribus apta meis!
„hanc tamen abstulit eheu! mors quoque, nec mea sivit
„lumina quo digitis clauderet illa suis!
„Christe, salus mundi, mortis mors, Christe redemptor
„accipe quas humili corde profundo, preces:
„cum mihi (non dubito) carissima pectora quondam
„divinis cumules nunc sine fine bonis,
„me quoque digneris, fluxere post tempora vitae,
„His simul aeterna prosperitate frui.

Aus den Protestschriften des Bartholomäusstifts vom Jahre 1451—1453 (cf. pag. 27) geht hervor, daß die Vornehmeren und Reicheren ihre Angehörigen in den Klöstern und deren Friedhöfen beisetzen ließen. Gewöhnliche Menschenkinder aber fanden schon damals ihre Ruhestätte auf den Friedhöfen, und zwar vor allem im Bartholomäuskirchhof. Gerade wegen dessen Überfüllung wünschte der Rat damals einen neuen städtischen Kirchhof anzulegen, und sobald als die Erhebung der Kirche zur Curatkirche durchgesetzt war — was freilich an und für sich zur Anlage eines Kirchhofs nicht nötig gewesen wäre — heißt's auch in den Ratsprotokollen: „Die frunde czu sant Peter den Kirchhoff abczumeisen und czu fertigen"* und gleich darauf: „die kirchhoffe und der pharrer husungen schreinen und fertigen."** Zwar liegt uns keine direkte Beurteilung vor, daß damals ein Platz zum Kirchhof geweiht worden wäre, es ist aber trotzdem sicher, daß dies geschehen, wohl durch den Kardinal Cusanus selbst. Dieser allererste Kirchhof ging wohl unmittelbar von der Kirche selbst über das jetzige kleine Plätzchen auf der Westseite derselben und über

---
* B. B. 1452, III. p. Kath.
** B B. 1452, III. p. concept.

dasselbe hinaus bis zur westlichen Mauer des Gartens der jetzigen Kleinkinderschule. Übrigens ist wahrscheinlich schon dieser älteste Kirchhof Privatschenkung.* Sicher ist dies der Fall mit der nächsten im Jahre 1503 beschlossenen Erweiterung. Es wurde von den Brüdern Conrad und Clas Schyde (Scheydt) um 450 fl. ein Gebiet mit Häusern, Scheunen, Höfen und Gärten gekauft.** Thomas Soßenheimer hat 1 Pfd. Heller auf diesem Grundstück als Wiederkaufsgülte gehabt; er läßt die Hälfte nach und empfängt 10 Pfd. Heller Kapital als Ablösung für den Rest.*** 1507 verstarb hier Herr Johann Felber von Nürnberg. Er vermachte der Stadt ein Kapital von 1500 fl. zur Erweiterung der Kirchhöfe zu St. Peter und Dreikönigen,† welche Summe aber nicht ganz verbraucht wurde; vielmehr blieb noch ein Überschuß von 328 fl. 23 Kr. 5 Heller zu Gunsten der Stadt. Ob mit jener Schenkung Felbers der Kirchhof abermals erweitert wurde, oder ob jene oben erwähnten 450 fl. daraus bezahlt wurden, stehe dahin.†† Jedenfalls ging er damals nach Westen zu bis zu seiner heutigen Grenze an der Senkenbergstraße,

---

* „1453 hat Herr Diemer von Luneburg, patricius, ein Haus gekauft, abbrechen und den Hof z. Kirchhof geben und weisen lassen." — Freilich ist Faust v. Aschaffenburg (in der Uffenbach'schen Handschriftensammlung XXX, 802) dem wir diese Notiz entnehmen, hinsichtlich der ältesten Geschichte der Peterskirche höchst unzuverlässig und voll Irrtümer und Ungenauigkeiten.
** O. V. K. A.
*** O. V. K. A.
† „Damit die lebendigen Menschen des schebelichen Gesmacks der Doden unbeswert blieben mögen" (Battonn VI, 135.) — Es wütete damals in Frankfurt eine Seuche und die Sterblichkeit vermehrte sich infolgedessen ungemein. (Lersner II, 2, 36.)
†† Der Ratsschreiber schreibt 1509 an einen guten Freund in Mainz, er solle sich vorsichtig bei dem Erzbischof von Mainz er-

an welcher Stelle dem Stifter Felber auch sein kapellenartiges Denkmal gesetzt würde. In dieser Gestalt zeigt uns der Faber'sche Plan v. J. 1552 den Kirchhof. Dieser „erste" Kirchhof (nach Kassierung des „allerersten" mißt 2 Morgen, 3 Viertel, 34 Ruthen, 81 Schuh). Nachdem 1521 Johann Frosch sein Haus, Garten und Scheune zur Erweiterung des Gartens legiert hatte und 1587,* als die Zeit der freiwilligen Schenkungen vorüber war, wiederum um 450 fl. ein Stück dazu gekauft worden war, wird 1641 vom Almosenkasten ein weiteres Stück für 500 fl. erworben. Mit diesem letzteren Kauf war dann der sog. zweite Kirchhof vollendet.** In der Mitte des 18. Jahrh.

---

kundigen, was dieser für die Weihung des Kirchhofs haben wolle. Bis 40 fl. darf der Mittelsmann bieten, der Erzbischof thuts aber schon für 30 fl. und kommt zu Schiff nach Frankfurt.

* A. K. A.

** Freilich finden sich in dem Lersner'schen Verzeichnis des zweiten Kirchhofs auch Epitaphien aus erheblich früherer Zeit, eines sogar vom Jahre 1575, während umgekehrt für den ersten Friedhof Epitaphien selbst aus dem 18. Jahrhundert verzeichnet sind. Was das letztere betrifft, so ist es sicher, daß der erste Kirchhof nach der Belegung des zweiten von neuem benutzt wurde, während das Vorkommen der früheren Epitaphien im zweiten Kirchhof entweder auf die Benutzung wenigstens einzelner Teile desselben vor 1641, etwa des obenerwähnten Froschen'schen und des 1587 gekauften Grundstücks erklärt würde, oder durch die Annahme, daß diese Grabsteine überhaupt nicht immer die Ruhestätte der betreffenden Toten bezeichnen, sondern in späterer Zeit zum Teil versetzt wurden, wie das ja auch gegenwärtig aus baulichen Gründen geschieht. Aus einem amtlichen Verzeichnis im Amtsblatt Nr. 8 der fr. St. Fr. 1826 ersehen wir, daß damals im ersten Kirchhof die älteste der als herrenlos ausgeschriebenen Grabstätten, nämlich die des evang. Prädikanten Maurus vom Jahre 1539 datierte, auf dem zweiten Kirchhof die älteste vom Jahre 1635, das älteste Grab auf dem dritten Kirchhof war vom Jahre 1752. Freilich mögen noch ältere dagewesen sein, zu welchem sich die Besitzer schon gemeldet hatten.

kam dazu der dritte, nördlich an den zweiten sich anschließend, bis zum Zwinger und der Seilerbahn.* Wir können jetzt kaum mehr die Lage, die Größe und die Entstehungszeit

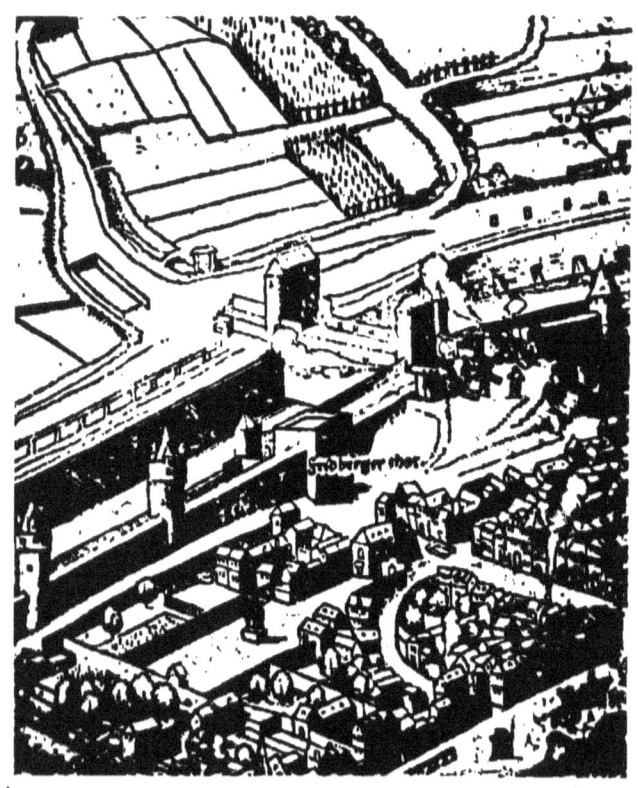

Ausschnitt aus dem Faber'schen Belagerungsplan vom Jahre 1552.

dieser einzelnen Zuwüchse feststellen. Am besten zeigten uns die hier beigegebenen Ausschnitte aus den Stadtplänen, wie sich der Kirchhof erst von der Kirche, bezw. von dem damaligen Pfarrhof an, nach Westen, und dann weiter nach

---

* Nach einer gelegentlichen Bemerkung des A. K. A. aus dem Jahre 1811.

Der Peterskirchhof und die Peterskirche als Begräbnisstätte. 173

Norden zu entwickelt hat. Der zweite Kirchhof war fast genau eben so groß als der erste, nämlich 2 Morgen, 2 Viertel, 27 Ruthen, 31 Schuh. Der dritte (jedoch ohne Zwinger und

Ausschnitt aus dem Merian'schen Stadtplan vom Jahre 1769.
(Das Bild der Kirche und des Kirchhofs aus der ersten Hälfte des 17. Jahrh. zeigend.)

Seilerbahn) etwas kleiner: 1 Morgen, 3 Viertel, 30 Ruthen, 89 Schuh.

Im Jahre 1811—1812 wurde in dem damaligen Großherzogtum Frankfurt eingehend verhandelt, ob man einen anstoßenden Bleichgarten noch zukaufen sollte, ob man wieder von vornen anfangen könnte, die alten Gräber zu belegen, oder ob man einen neuen Friedhof anlegen sollte. Die Schließung des Bartholomäuskirchhofes war eine Notwendigkeit geworden. Der versöhnliche Geist dieses Humanitätszeitalters verlangte auch nicht mehr die Trennung der Begräbnisstätte zwischen Protestanten und Katholiken. Schon waren hie und da die Leichen katholischer Soldaten und Spitalsinsassen, hier und da auch selbst einzelner katholischer Bürger auf den protestantischen Friedhöfen beerdigt worden. Nun wird die Interkonfessionalität des Kirchhofs gesetzmäßig anerkannt. Es wird zum Friedhof noch das kleine Stück des Zwingers an der Seilerbahn hinzugezogen, und von nun an werden die Angehörigen aller christlichen Konfessionen zu St. Peter und zu Dreikönigen bestattet. Eine Schwierigkeit machte noch die Frage der kirchlichen Weihung des Erbbodens, wie ihn die katholische Religion verlangt. Die Protestanten hatten nach den Akten des Kastenamtes nichts dagegen, daß der ganze Kirchhof katholisch geweiht wurde. Die Katholiken ziehen es aber vor, jedes einzelne Grab der ihrigen kirchlich einzusegnen.

Wir haben oben (S. 127) schon mitgeteilt, mit welchem Schmerz und welcher Entrüstung Hüsgen über die Vergeudung und Vernachlässigung der zum teil wertvollen Grabdenkmäler redet. In unserem Jahrhundert dauerte dieser Vandalismus leider fort. Wo sind sie hingekommen, die schönen Monumente des Friedhofes? Sie wurden von spielenden Knaben demoliert, sie wurden gestohlen, sie kamen fort, wer weiß, wie und wohin. Heutzutage ist nicht allzuviel mehr davon übrig, und auch dies wenige ist zum größeren teil so verwittert, daß man die Inschriften oft gar nicht, oder doch nur mit großer Mühe, entziffern kann. Und doch haben an diesem Fleck fast alle Bürger Frankfurts während der letzten 4 Jahrhunderte ihre Ruhestätte gefunden, darunter so mancher hervorragende Mann, manch eble Frau. Durch die Ruhestätte der Frau Rat Goethe in dem Textor-Goetheschen Familiengrab ist dieser Friedhof* sogar zu einer Art Nationalheiligtum geworden. Zum Glück besitzen wir das Epitaphienbuch Walbschmidts und die handschriftliche Chronik des Faust von Aschaffenburg, worin uns die Epitaphien genau beschrieben und abgebildet sind. In der Lersnerschen Chronik haben wir ein gebrucktes Verzeichnis der Epitaphien der Kirche und des Friedhofes. Von den Grabstätten freilich des allerersten Friedhofes haben wir gar keine Kunde, offenbar weil dieselben zur Zeit jener Chronisten nicht mehr existierten. Das älteste Grab, welches wir im Kirchhofs-Verzeichnis finden, ist das der Chryshilde Neuter, der Gattin des Hartmut Neuter, jenes Gärtners, Ratsherrn und Pflegers der Peterskirche, welchen man bisher für den Stifter der Kreuzigungsgruppe hielt.

Wir widmen dieser Kreuzigungsgruppe ein besonderes Kapitel im zweiten Teil dieses Buches.**

Gewiß spricht sich das geistige Fühlen und Empfinden einer Zeit besonders auch in der Art aus, wie sie ihre Toten betrauert. In dieser Hinsicht sind Friedhofsstudien ungemein lehrreich. Auch bei der Betrachtung dieser Epitaphien machen wir diese Erfahrungen. Je nach den Zeiten finden wir die

---

* Bekanntlich hat man Jahrzehnte lang das Grab der Frau Rat Goethe an einer ganz anderen Stelle gesucht, bis seine wahre Lage vor wenigen Jahren durch den damaligen Archivar Dr. Grotefend festgestellt wurde; daß eine solche Verwechselung möglich sein konnte, ist doch auch ein Zeichen der Verwahrlosung dieses Friedhofes.

** Die Restaurierung und Verlegung der Gruppe wurde am 7. Februar 1795 beschlossen.

Grabstätte der Eltern Goethes.

siegesfrohe, gesunde Frömmigkeit der Reformation, oder die starre Orthodoxie des 17. Jahrhunderts oder die Sentimentalität des Pietismus; für die phrasenhaft aufgeputzte Flachheit des Rationalismus finden wir aus chronologischen Gründen nichts in jenen gedruckten Grabinschriften, wohl aber auf den heute noch stehenden Grabsteinen. Aber auch dem Literarhistoriker mögen diese Grabschriften einiges Interesse erwecken. Sie sind Zeugnisse für den Niedergang deutscher Dichtung jener Zeiten, wobei ja freilich berücksichtigt werden muß, daß solche meist von Gelegenheitsdichtern verfertigte Produkte der Volkspoesie nur eine recht untergeordnete Bedeutung in dem Rahmen der literarischen Gesamtthätigkeit beanspruchen dürfen. Wir lassen hier einige wenige Proben dieser Grabinschriften folgen, die wir der Lersnerschen Chronik entnommen haben.

Die Auferstehung macht. 1558.
Auf HErrn Leichnam ist in Gott verschieden der Erbare Antonius Regenbogen. Schumacher von Dann im Elsaß. und Burger zu Frankfurt der allhier begraben ligt. Im Jahr 1574 den 28. Januarii ist in Gott verschieden die Tugendsame Margaretha Häsin. in der dritten Ehe. welcher Ehelichen Haußfrau sie gewesen. nehmlich Anthon Regenbogens und des würtigen Herrn Christian Egenolff Prediger Selig und des Erbaren Paulus Jundern. dem Gott gnädig sein wolle. daß ich den Tod nicht acht.

* * *

Elige vitam ut vivas (Erwähle das Leben damit du lebest.)
NaCh Unser Weis begraben Leit
Des achtbarn Barthel Egers Leib
Sein Seel aber bei Christo gUt.
FröLJCh DJi ist in höchster HUt.
Als zahlt 1500 Jahr, Achtzig und vier nehmet war
In Mittelen Alter besten Thun 44 auch gutem Ruhm
Starb er und verließ hinter ihm
Das 3. Weib Margretha Leiblingerin
Anna die erste Dürplatzin genannt

Die 2te aus dem Hanauischen Landt
Elisabeth ein Wettlaufferin.
Alle 3 mit Tugendreichen Sinn
2. Söhn zeugt er in erster Ehe.
Der erste lebt lang der jüngst starb Eh.
GOtt geb ihm und uns auch wert.
Ein frölich Uhrstand aus der Erd.

* * *

 Nackent kommen wir alle auf diese Welt, und nackent müssen wir wiederum darvon fahren. Der Herr giebt und nimbt als es ihm gefällt; bey ihm stehet die bestimbte Zeit unser Jahren, gelobt sei seinem heiligen Nahmen jetz und in alle Ewigkeit. Anno Domini 1586 den 1. Augusti starb der Erbar Herr Jost van Hilten allhier zu Frankfurt, dem Gott genad.

* * *

A. D. MDXCI.

Susanna Kaib genant ich war
Noch nicht verheurath ein gantz Jahr
Wie mich ein neuer Breutigam
Vermählet und gar zu sich nahm
Fragstu wer sei gewesen der?
Er ist gewesen Christ der Herr.
Da ich gebohren hat mit noth
Ein Kind, welches schier war blieben tod,
Warb ich von ihm aus diesem Leyd
Beruffen zu des Himmels Freud.
Ich hat kaum recht gefangen an
Zu können mein Hertzlieben Mann
Auch hab ich das jung Söhnlein mein
Mein Kind, das arme Schäffelein
Kaum dreimal recht vor meinem Tod
Gesehen ach der großen Noth.
Ein Weib ich bin, bekenn ich zwar
Im Glauben doch so stark ich war
Daß ich mehrbann mit Mannes Hertz

Verachtet alle Todes Schmertz
Und hielt dafür in meinem Sinn
Das Sterben wer mir ein Gewinn.
Jetzt ruh ich sanfft ohn einig Leidt
Und leb bei Gott in Ewigkeit.*

* * *

Niemand meinen Tod beweinen soll,
Ich leb in Gott und mir ist wohl.
Im Himmel ist Freud und Muth
Ueber einen Sünder der Busse thut.
Verflucht sei der nicht allen Willen
Des Gesetzes thut erfüllen.
Verdamt verlohren muß ich sein
Gott sei mir gnädig erbarm dig mein.
Das ist der Wille Gottes auf Erden:
Wer an Sohn glaubt soll selig werden.
Obwohl der Sünder hart anklagt
Von Mosi wird, und schier verzagt,
Zeigt doch Johannes dem Sünder an:
Christus für uns hat genug gethan.
Zum sichern Port ich kommen bin,
Tod und all Zagens führt dahin.
Bey Christo hab ich Freud.
Und ruh in ewiger Seligkeit.

Der Ehrbar und fürnehme Andreas Vogt von Nürnberg starb 1607 den 2. Aprill. Dem Gott gnad.

Ich lieg allhier und muß verwesen.
Ein armer Sünder bin ich gewesen.
Ich hoffe und glaub ein Ewiges Leben.
Das wird mir mein HErr JEsus geben.

* * *

An 1659 Sambstag den 23 t. Julii ist der Ehrsame Wilhelm Helvig Burger und Bierbrauer alhier selig im HErrn entschlaffen

---

*Diesen deutschen Versen gehen latein. Distichen desselben Inhalts voraus, während lateinische Prosa den Schluß bildet.

seines Alters 53 Jahr 2 Monat 12 Tag. Hat mit seiner zweiden Hausfrau Clara Anna Stentzelin gezeuchet 9. Kinder. 5 Söhn und 4 Töchter. Gott gebe ihm eine fröhliche Auferstehung.

Mit Sorg Müh Arbeit und Unruh
Hab ich gebracht mein Leben zu.
Jetzt ruh ich sanfft in meinem Grab
Bin aller Müh und Sorgen ab
Bis JEsus Christ, mein treuer Hirt,
Mich wieder auferwecken wird.
Mit allen Auserwehlten geben,
Aus Gnaden mir das ewig Leben.

* * *

Ein lateinisches Epitaph der Familien am Steeg und Rasor aus dem Jahre 1677 schließt mit den deutschen Worten:
Steht still und seht uns an,
ihr Burger dieser Erden.
Daß was wir jetzo seind,
das müst ihr alle werden.
Und was ihr heut noch seid, dasselbe waren wir.
Ihr folget denen nach, die euch seind gangen für.
Selig seind die Gottes Wort Hören und Bewahren.

Lucae 11. B. 28.

* * *

En Dieu mon Esperance,
Die Unschuld Christi und sein Tod
Die Sterblichkeit der Zeiten Not,
Die Tück der Welt, die Höllenqual,
Die Seligkeit vergiß einmal.
Dann was lebt, das stirbt durch Adams Not,
Was stirbt, das lebt durch Christi Tod.

Dieses Grabmahl hat für sich und seine Erben zum Gedächtnis anhero aufrichten lassen Johannes Kirsch, Bürger und Handelsmann in Frankfurt anno 1685. Sebastian Denner fecit in Nürnberg.*

---

* Also auch solche Epitaphien ließ man in Nürnberg herrichten! Wie arm war doch unsere einheimische Kunst!

Eines der am besten erhaltenen Denkmäler, ist das vor wenigen Jahren restaurierte Grabmal der Familie von Bethmann. Dasselbe ist im Jahre 1751 von den Brüdern Johann Philipp und Simon Moritz Bethmann, den Begründern des Bankhauses Gebrüder Bethmann, auf einer von den Erben des Hieronymus Trenbel erkauften Begräbnisstätte an der Westseite des ersten Kirchhofes errichtet und trägt folgende Inschrift:

>Vita Cambium
>Poscit illam in termino
>Quem nemo Mortalium effugit
>Natura Creditrix
>Vindicat sibi corpus terra
>uti suum
>Id quod meminisse
>merito proficuum putavit
>Biga Fratrum
>hacce veritate convincta
>alteris dura
>nempe
>Johannes Philippus
>et
>Simon Mauritius
>Bethmanni
>Nassovienses
>Cives et collybistae Moeno Francof.
>qui Monumentum hoc
>Ann. Sal MDCCLI
>sibi et Posteris erigi curavere.
>Abi nunc lector.
>Fatumque hoc inevitabile et te premere cogites.

Grabmal Bethmann.

Der Peterskirchhof und die Peterskirche als Begräbnisstätte.

Wer überwindet, der wird alles ererben und ich werde sein Gott seyn und er wird mein Sohn seyn.

Offenbahrung St. Johannis Capitel 21. Vers 7.

Beerdigt sind in dieser Grabstätte:

1. Simon Moritz Bethmann, † 1782, Mitbegründer des Bankhauses „Gebrüder Bethmann."

2. Johann Philipp Bethmann, Kaiserlicher Rath, † 1793, Bruder des Vorigen.

3. Katharina Margaretha Bethmann, geb. Schaaf, † 1822, Witwe des Vorigen.

4. Simon Moritz von Bethmann, Kaiserlich Russischer Staatsrat und Generalkonsul, † 1826, Sohn der beiden Vorhergehenden.

Uns interessiert diese Grabstätte hauptsächlich wegen des letzten der hier genannten, des noch heute in der Erinnerung der Vaterstadt fortlebenden Simon Moritz von Bethmann. Ein hochgebildeter Mann, ein freigebiger Förderer der Wissenschaft, der Kunst und besonders des Schulwesens der Vaterstadt, ein gewandter Diplomat, der in kritischer Zeit aufs glücklichste seinen bedeutenden Einfluß für Frankfurts Wohl einsetzte, gleich geliebt und geachtet bei Fürsten wie bei dem gemeinen Mann, ist er gewissermaßen der Typus und einer der ersten Vertreter eines neuen Bürgeradels geworden, nachdem die alten Geschlechter teils ausgestorben, teils von der Aktion für das Wohl der Stadt zurückgetreten waren. Möchte doch auch die Gegenwart und die Zukunft uns noch viele solcher Bürger bringen, die mit reichem Besitz, reiche Einsicht, Weitherzigkeit und Warmherzigkeit für das gemeine Wohl verbinden!

* * *

Merkwürdig ist auch eine lateinische Grabschrift des Senators Dominicus von Heyden, aus dem Jahr 1694. Nach den biographischen Notizen des Eingangs folgt eine Reihe lateinischer Citate aus dem heil. Bernhard, der Apostel=geschichte, Hiob, Aristoteles, Euripides, Theokrit, dem 1. Korintherbrief, der Weisheit Salomonis, wiederum der Apostelgeschichte, dem Philipperbrief, dem Ev. Luc., wieder Philipperbrief, Hebraerbrief, Ev. Luc., Sokrates, Hadrian, Isokrates, Eurypides, Aristoteles und Plinius! Man ge=winnt den Eindruck, daß der Mann auch nach seinem Tod noch mit seiner Gelehrsamkeit imponiren wollte.

* * *

>Er ist umb unser Sünden willen dahin gegeben.
>Als man schrieb MDC Jahr.
>in dem IX. darzu das nehmt war.
>den VI. Dezember mit Ehren.
>entschlieff Christlich im HErrn.
>der Ehrsam Leonhart Zoerles genannt.
>Bürger zu Frankfurt wohlbekannt.
>in gutem Alter bestem Thun.
>LIX Ætat. war auch gutem Ruhm.
>Ein Goltarbeiter Jubilir er war.
>lebt bei Gott ohn all Gefahr.
>verließ also hinter ihm.
>sein Weib Margareta Zölesin.
>welche ihm geboren in der Ehe.
>X Kinder und nicht mehe.
>IIII Söhn und auch desgleichen.
>VI Töchter also Tugendreichen.
>Gott will ihn nach seinem Wort
>auferwecken zum Leben dort.
>Als nun 1646 Jahr
>und acht Monat verlauffen war.
>den 16. Tag Augusti fein.
>ist selig hier entschlaffen ein.

die ehrbar tugendreiche Frau
Margarete Zoerles genannt schau.
ihres Alters 80 ⅔ Jahr
Lenhart Zoerles Hausfrau sie war.
Gott woll ihnen allen zum ewigen Leben.
ein fröhlich Auferstehung geben.
Niemand unsern Tod beweinen soll.
Wir leben in Gott und uns ist wohl
und um unser Gerechtigkeit willen auferweckt. Rom 4 cap.

* * *

Im Jahr MDCXX den 30. Tag Decembris frühe zwischen 5 und 6 Uhr entschliffen in seinem Erlöser seliglich der Ehrenveste Herr Dietherich Gosmann von Düsseldorff. fürnehmer Handelsmann und Burger allhier im 46. Jahr seines Alters, nachdem er mit der Ehren und Tugendreichen Frau Maria Wittin von Neues 24. Jahr in recht fried- und Christlicher Ehe zugebracht, dessen Leichnam GOtt am jüngsten Tag eine fröhliche Aufferstehung verleihe (Folgen zwei lat. Distichen, dann geht's weiter:)

Der Ehrvest und Wohlgeacht,
Herr Dietherich Gosmann wohl betracht,
Von Düsseldorf der Geburt sein
Hat allhier sein Schlaff-Kämmerlein.
Christum hat er mit Hertz und Mund
Bekannt je und alle Stund.
Er ist behart bis ans End,
drum wird er billich selig genendt.
Im Glauben gantz beständig rein,
Biß an letzten Seufftzer sein.
Der Sakramenten rechten Brauch
Gar Eyfferich er besuchet auch.
Wie JEsu Christi theures Blut
Von allen Sünden reinigen thut.
Sein Nechsten liebt er, hergegen,
Thut ihn auch GOtt gar reichlich segnen.
Denn GOtt giebt auf daß allerley
Gnad und Segen unter uns reichlich sei.
Er war geschickt und bereit

zum guten Wandel allezeit,
Und zu Gottselig Leben gefiert,
Wie einem frommen Christen gebiert.
Drum wird er auch empfangen schon
Die unverwelklich Ehren Cron,
Wenn Christus Jesus der Ertz Hirt,
am jüngsten Tag erscheinen wird. Sapient. 4

Der Gerechte ob er gleich hier zeitlich stirbt ist er doch in der Ruh, Dann das Alter ist ehrlich, nicht das lang Leben oder viel Jahr hat. Klugheit unter den Leuthen ist das rechte graue Haar und ein unbefleckt Leben ist das rechte Alter, denn der gefalt GOtt wohl und ist ihm lieb und wird weggenommen aus dem Leben unter den Sündern und wird hingerichtet, daß die Bosheit seinen Verstand nicht verliehre noch falsche Lehre seine Seele betriege. Ich weis daß mein Erlöser lebt und er wird mich hernacher der zukünfftigen Herrlichkeit die GOtt geben soll*

Ad lectorem

Allesammt, die ihr vorüber geht,
Und diesen Stein und Grabschrift seht,
Die ihr seyd sterblich, sprecht mit mir,
Du werther Leichnam ruh allhier.
Am großen Tag wird dir GOtt geben
Für das zeitlich das ewige Leben.

* * *

A. 1617. Den 18. Sept. ist weiland der Ehrenv. und Vornehme Herr Dietrich Witten Burg. allhier sonsten von Neuß. bürtig in Gott seelig verschieden nachdeme er gantzer 1½ Jahr lang mit schmertzlicher Leibes-Schwachheit, und Lahmichkeit beladen, darinnen er biß an sein letzte Hinfahrt sehr gedultig gewesen und auf dieser Welt 31 Jahr gelebt hatte. Hat verlassen sein Eheliche Haußfrau die Ehrn und Tugend-Frau Catharina Pippers von Düsteldorff bürtig, beneben 3 Töchter, als Maria, Catharina, und Susanna. Der himmlische Vatter wolle hiernechst seinem Leichnahm eine frölche Aufferstehung und uns nach ihme das ewige Leben in Ewigkeit geben.

---

* Hier fehlt wohl ein Wort.

Hr. Dietrich Witten ruht allhier
Der Leib im Grab schläfft sanfft hinfuhr,
Die Seele schlaft in Abrahams Schos.
entledigt von seinen Schmertzen gros.
Er hat erfahren mancherley,
daß kurtz des Menschen Leben sey,
auch daß da sey ein elend Ding,
umbs menschlich Leben, welches gring.
Da ist Sorg Forcht Hofnung und Noth
zuletz folgt entlich auch der Todt.
aber der Fromme und Gerecht.
ob er gleich zeitlich stirbet schlecht,
So ist er doch stets in der Ruh.
Die ihm GOtt hat bereitet zu.
Dahero dann der Frommen Todt.
wie ein Schlaff wird genant in GOtt.
gleichwie da schreit ein junger Hirsch,
und eilt zu einem Wasser frisch,
auff daß er seine matte Glieder,
erfrische und erquicke wieder.
Also hat in der Sterbens Noth.
des Verstorbene Seel gedürst nach GOtt.
Dann welchen, er stets hat vertraut.
Desselben Antlitz er jetz schaut.
und singen ewig für und für.
Herr GOtt dich loben alle wir. Sap. 3.

Die Seelen der Gerechten sind in GOttes Hand und keine Qual rühret sie an. Für den Unverständigen werden sie angesehen als stürben sie und ihr Abschied wird für ein Pein gerechnet, und ihr Hinfahrt für ein Verderben aber sie sind in Friede. Pf. 73. Wenn ich nur dich habe, so frage ich nichts nach Himmel und Erdte, wenn mir gleich Leib und Seel verschmacht, so bist du doch GOtt allzeit meines Hertzens Trost und mein Theil. Ad Lectorem.

Stehe still betrachte mein frommer Christ,
daß auf Erden nichts beständig ist,
gleich wie ein Blum,
Staub, Asch und Wind,
also wir auch vergänglich sind,

wünsch diesem Leichnam die ewig Ruh,
schleuß auch in GOtt die Augen zu.
Christus ist um unser Sünden willen dahin gegeben, und um unser Gerechtigkeit willen auferwecket. Rom 4.

* * *

Zum Andenken
An Frau Marie Gertruden Berna geb. von Hausen
gest. 7. Juli 1817
St . . . . St . . . . St . . . .
Ach weckt Mariam Gertruden nicht!
Sie
Die reine aufgeklärte Christinn, geliebte Gattin, allerbeste Mutter sChläst Ja nUr nach Ihres hochverehrten Erlösers erhebender Verheißung den Schlaf seliger Geister.
Sie ist nun eure Fürbitterin
bei Jehova.
Sie bleibt Euch ja geistig zur Seite. Beendigt sind ihre vielen Leiden. Frolocket, von Ihr geliebte! Euch verangegangen werdet Ihr Sie herrlich verklärt
Wiedersehn
Wenn Jesus zu Gerichte sitzt. Folget ihr nach
In Gottseligkeit und Nächstenliebe."

---

* Dieser Grabspruch athmet so recht deutlich den Geist des Rationalismus.

Der Peterskirchhof und die Peterskirche als Begräbnisstätte. 189

Wir haben noch in Kürze die letzten Schicksale des St. Peterskirchhofes zu erwähnen. Schon lange war die Frage erörtert worden, ob nicht ein neuer Friedhof außerhalb der Stadt angelegt werden sollte; sowohl sanitäre Erwägungen, wie die Rücksichtnahme auf den immer knapper werdenden Raum innerhalb der Stadt legten einen solchen Gedanken nahe. Man hatte sich bisher immer noch davor gescheut, und auch im Jahr 1820 noch, als dieser Gedanke aufs Neue angeregt war, beschloß der Senat in seiner Sitzung vom 4. Juli: 1) daß Verlegung des Kirchhofes außerhalb der Stadt nicht wohl ausführbar sei und sich deshalb Herstellung und Vergrößerung des St. Peterkirchhofes empfehle, wozu vorläufige Bewilligungen der nötigen Summen im allgemeinen in Aussicht genommen werden; 2) daß auf dem St. Peterskirchhof und in Sachsenhausen ein Totenhaus erbaut und eingerichtet und dazu die nötige Summe verwilligt werden möge, 3) daß die Judengemeinde dazu gleichfalls hinsichtlich ihres Friedhofes anzuhalten sei."

Die Kommission der gesetzgebenden Versammlung sprach sich jedoch gegen diesen Plan aus und empfahl Erwerbung eines Terrains außerhalb der Stadt, und das Plenum der Versammlung adoptierte diesen Beschluß der Kommission. Der Senat verlangte hierauf 25—30000 fl. für den Ankauf jenes Platzes, und die Versammlung stimmte dem zu. 1825 geht die Verwaltung des Peterkirchhofs vom Almosenkasten an die neugebildete Kirch- und Friedhofskommission über, und am 30. Juni 1828 wird der alte Peterskirchhof geschlossen; die letzte dort begrabene Leiche war die der Bürgerstochter Elisabeth Maurer. Am 1. Dezember 1825 hatte der Senat beschlossen, daß der Kirchhof bis zum Jahre 1925 unbenutzt bleibe. Allerdings wurde dieser Beschluß durch die Macht der Verhältnisse teilweise wieder auf=

gehoben. Schon 1860 wurde der einstweilen nur für die Tageszeit (seit 1879 auch für die Nachtzeit) zu benutzende Durchgang von der Schäfergasse nach der Brönnerstraße angelegt. 1870 wurde der Friedhof neu angelegt, und dabei auch ein Durchgang von der Bleichstraße nach der Brönnerstraße und Schäfergasse geführt. 1881 wurde das Denkmal zu Ehren der im deutsch-französischen Krieg gefallenen oder gestorbenen jungen Frankfurter errichtet, welches nunmehr dem Kirchbau weichen mußte und auf der Terrasse desselben in der Verlängerung seiner Längsaxe einen besseren Platz finden und einen aus den alten Sockelsteinen gebildeten etwas schmäleren neuen Sockel erhalten wird. Der Bau der Kirche kommt übrigens der Erhaltung, wenigstens des nördlichen Teils des Friedhofs, nur zu statten. Denn so wünschenswerth die Existenz dieses schönen freien Platzes inmitten dem Häusergewirr auch sein mag, so erweisen sich doch leider die materiellen Interessen, hier die Interessen des Verkehrs, als die mächtigeren. Die direkte Verbindung zweier bedeutsamen Verkehrszentren, nämlich die des Eschenheimer Thors und der vierfachen Straßenkreuzung an dem Platz der alten Peterskirche, mit andern Worten also, die Verlängerung der Senckenbergstraße über den Kirchhof, wird sich immer gebieterischer als notwendig erweisen und wird bei Hinzuziehung des Garten der alten Kreuzerschule und bei Verwendung wenigstens eines teils des Terrains der alten Kirche unter Wahrung der sanitären und der ästhetischen Rücksichten durchführbar sein. Aber auch die Durchführung des großen Straßenzugs Humboldtstraße, Schleidenstraße unmittelbar ins Zentrum der Stadt kann nur eine Frage der, wenn auch etwas entfernteren, Zeit sein. Angesichts solch drohender Dienstbarmachung dieses stillen Fleckchens Erde unter die Interessen des rauschenden Weltverkehrs bietet denn die

Nähe der Kirche wenigstens einige Garantie, daß der ursprüngliche Charakter der Stätte nicht gar so bald vergessen werde, und daß auch in Zukunft noch dorten mitten im Gewirr der Altstadt die lieben Kleinen aus den Dachstuben der Arbeiterquartiere und die lieben Alten aus dem Versorgungshaus Luft und Sonnenschein, ein gefriedetes Plätzchen der Erholung finden mögen!*

---

* Aus dem obenerwähnten Verzeichnis herrenloser Gräber erwähnen wir nur einige bekannteren Namen, deren Träger bezw. die Nachkommen derselben, damals ausgestorben oder verzogen waren: von Hynsperg, Siegmund Feierabend, Johann Bromm, Seyffert, v. Klettenberg, Johann und Peter von Oberbeck, Philipp Jakob Spener (der also seiner Zeit nicht an einen Wegzug von Frankfurt dachte), von Bachhausen, Matthäus Merian u. a. m.

2. Teil

Die neue Peterskirche.

1. Kapitel.

Die Vorgeschichte der neuen Peterskirche.*

Wir haben gesehen, daß schon im vorigen Jahrhundert eine Erweiterung der Kirche geplant war, daß dann zu unserer Zeit im Jahre 1860 Herr Stadtbaumeister Henrich den Entwurf einer Erweiterung eingereicht, schließlich aber selbst zu einem Neubau geraten hatte. Seitdem stand dieser Plan fortwährend zur Erwägung; der bedeutenden Kosten wegen stets zurückgestellt, tauchte er doch immer wieder auf. Zwar ließ sich eigentlich nicht behaupten, daß die Kirche an den gewöhnlichen Sonntagen zu klein sei, und zumal seitdem das Nord-

---

* Wenn in diesem Büchlein bald von der Peterskirche, bald von der St. Peterskirche die Rede ist, so entspricht diese schein-

Ost-Haus in der Wingertstraße und die Lutherkirche an der Burgstraße errichtet sind, ist dem gottesdienstlichen Bedürfnis der evangelischen Bevölkerung des Nordostens insoweit Rechnung getragen, daß in der alten Peterskirche an gewöhnlichen Sonntagen immer noch Platz zu finden ist. Bei besonderen Gelegenheiten dagegen und an Festtagen erwies sich die Kirche als zu eng, und für kirchliche Amtshandlungen, für Konfirmationen und Trauungen war sie fast kaum verwendbar. Zudem wurden viele auch gerade durch den schlimmen Stand der räumlichen Verhältnisse, die unbequemen Subsellien, die moderige Luft des alten Baus abgehalten, das alte Kirchlein zu besuchen, und andere Mißstände, z. B. die völlige Unzulänglichkeit der Sakristei, die unwürdige Umgebung der Kirche, deren Anbauten zeitweilig zum Aufbewahrungsort von Feuerwehrutensilien und der Gerätschaften der Gassenkehrer benutzt wurden, wollten sich trotz aller Bemühungen nicht heben lassen. Vor allem aber kam dem Plan eines Neubaues der Kirche die Erweiterung der Bilbelergasse und die Errichtung ansehnlicher Neubauten zu statten. Man mochte damals (1888) von dieser Straßenerweiterung eine noch höhere Förderung des Charakters jenes Stadtteils, eine noch bedeutendere Hebung des Grund- und Bodenwertes erwarten, als sie nachher thatsächlich eingetreten ist. Paßte zu solchen Gedanken und Plänen das unscheinbare Äußere der Kirche gar wenig, so ließen mit noch mehr Recht die Rücksichten des Verkehrs eine Verbreiterung der Straße an dieser Stelle wünschens-

---

bare Inkonsequenz nur der Sachlage. Der Gebrauch hat es ja allerdings mit sich gebracht, daß man heutzutag auch in protestantischen Kreisen, zuweilen sogar mit einer gewissen Vorliebe, das „Sanctus" vor die Namen der Männer des neuen Testaments setzt. Prinzipiell aber kennen wir Protestanten nur den Petrus, nicht den St. Petrus.

wert erscheinen, welche am einfachsten durch den Abbruch der alten Kirche zu erzielen war. So begegneten diesmal die Wünsche und Stimmungen des weltlichen Verkehrs und Erwerbes den kirchlichen Bedürfnissen.

Das Verdienst, diesen Wünschen, Stimmungen und Bedürfnissen zuerst einen bestimmten Ausdruck gegeben zu haben, gebührt dem Herrn Konsistorialrat Pfarrer Dr. Basse. In einem Artikel des „Kirchlichen Anzeigers" vom Jahr 1888 gab er, wenn auch in gedrängter Form, die bis dahin umfassendste Darstellung der Geschichte der alten Kirche, schilderte mit drastischer Anschaulichkeit die Mißstände des alten Baues und stellte, was die näheren Umstände, Lage und Stilart angeht, in geradezu divinatorischer Weise den Plan eines Neubaues in romanischem oder Renaissance-Stil auf dem Peterskirchhof auf. Das „Evangelische Gemeindeblatt," (herausgegeben vom Pfarrer Battenberg), welches ursprünglich für den Erweiterungsplan des Bauinspektor Rügemer vom 13. Oktober 1887 eingetreten war, nahm nun diese Basse'schen Gedanken auf und vertrat sie in mehreren Artikeln des genaueren. Auszüge aus diesen Artikeln gingen in die Tagesblätter über und machten dort Stimmung. Zunächst zwar arbeitete die Baudeputation noch einen anderen Plan aus, nach welchem gleichfalls die Abtragung der Anbauten beabsichtigt war, auf keinen Fall neuer Platz gewonnen, aber der Verlust der durch Schaffung einer Sakristei innerhalb der Kirche weggefallenen Sitzplätze durch Errichtung weiterer Emporen innerhalb der Kirche ersetzt werden sollte. Auch die Treppe zu den Lettnern wäre dann, ähnlich wie in der Nikolaikirche, innerhalb der Kirche zu liegen gekommen.

Dazu schrieb das „Evangelische Gemeindeblatt" am 17. November 1888:

„Dieser Plan liegt nun der Hochbaukommission der Stadtverordnetenversammlung vor, und wir wünschen nichts sehnlicher, als daß er von derselben möge verworfen werden. Denn:

1) wir brauchen mehr Platz. 2) Wir brauchen mehr Raum und Luft; dadurch aber, daß die bisherige Zahl der Sitzplätze auf einen kleineren Raum zusammengedrängt werden sollen, wird die Luft noch schlechter, werden Ohnmachtsfälle häufiger werden. 3) Auch wenn diese bauliche Erneuerung ausgeführt ist, wird die Kirche äußerlich höchst unansehnlich sich darbieten, im Innern aber, durch das Anbringen einer Wendeltreppe und einer (nach Südosten gelegene) Empore wahrscheinlich an Licht und Eindruck verlieren. 4) Auch dieser Umbau wird ziemlich viel Geld kosten — man spricht von 40 bis 70000 Mk., — und trotzdem kein sauberes Resultat liefern. Die Klagen werden nach wie vor bestehen bleiben, und über kurz oder lang wird sich die Stadt trotzdem zu einer durchgreifenderen Hilfe entschließen müssen.

Die bisherigen Mißstände wachsen aber noch bedeutend, wenn nun wirklich die geplante Straßenerweiterung ausgeführt wird. Soll dann diese stillose, zerfallende Kirche wirklich in der Perspektive einer großen Verkehrsstraße stehen bleiben? Und anderseits die Kirche, soll sie wirklich, an der Kreuzung von 4 Hauptstraßen liegend, all den Lärm ruhig hinnehmen, welchen der erheblich gesteigerte Verkehr dort verursachen wird? Wird sie nicht erst recht die Schäfergasse während des Gottesdienstes durch Ketten absperren lassen müssen, wie dies eben schon bei viel geringerem Verkehr geschieht? Und endlich, wird dann gerade dort an der Kreuzungsstelle die schmale Einfahrt in die Schäfergasse genügen? Nun lassen sich aber alle diese Wünsche und Bedenken auf einem so einfachen Wege erledigen, wobei in gleicher Weise die kirchlichen Ansprüche, die Rücksichten des Verkehrs und der Stadtverschönerung und last not least — der städtische Fiskus ihre Rechnung finden:

Man reiße die alte Peterskirche ganz ab, und, wenn man nicht die Schaffung eines freien Platzes an dieser Stelle für das Wünschenswertere hält, verkaufe man die beiden sehr wertvollen Eckplätze. Dadurch würden mindestens 100 000 Mk. erzielt, ja wenn das freie Plätzchen und die Kreuzerschule — für welche auf anderem stilleren Terrain, etwa in der Battonstraße, ein bedeutend billigeres Heim gefunden werden könnte, mitverkauft werden, so würde sich dieser Ertrag gut und gern verdoppeln. Aber nehmen wir auch nur 100 000 Mk. an und fügen dazu jene 70 000 Mk., welche der jetzt projektierte Umbau kosten würde, so haben wir 170 000 Mk., d. h. die Summe, zu welcher gegenwärtig die Lutherkirche geplant wird. (Vergl. dazu S. 244.) Eine solche neue Peterskirche setze man auf den Peterskirchhof, etwa mit der Fassade nach der Bleichstraße. Dort hat die Kirche Licht und Luft und auch ohne verkehrsstörende Absperrung, ohne Anlegung eines kostspieligen Holzpflasters die ihr so notwendige Ruhe, und zwar so zu sagen auf ewige Zeiten. Die gesetzliche Bestimmung, daß auf dem Peterskirchhof nicht gebaut werden dürfe, ruht auf einem Senatsbeschluß als communaler Behörde und kann durch einen Magistratsbeschluß jeden Tag wieder aufgehoben werden. Die Rücksichten der Pietät können durch einen Kirchenbau nur gefördert, und ebenso kann das stimmungsvolle Stillleben des Friedhofs durch das Gotteshaus nur gehoben werden. Das Geläute, die — nur vielleicht um einige Register zu vergrößernde, — werthvolle Orgel u. a. können sehr wohl aus der alten Kirche in die neue über=

tragen werden — kurzum alles fügt sich so schön in einander, wie man es sich nur wünschen kann.

Offenbar ist jetzt, wo man an die Straßenverbreiterung denkt, der richtige Zeitpunkt des Handelns gekommen. Beide Projekte greifen in einander und unterstützen sich gegenseitig, wir wenden uns darum an die städtischen Behörden, wir wenden uns an die öffentliche Meinung mit der Bitte: „Schmiedet das Eisen, so lange es heiß ist."

Mittlerweile hatte die Stadtverordnetenversammlung den Rügemer'schen Vorschlag abgelehnt und beschlossen, daß einstweilen die Anbauten der alten Kirche abgerissen und neue Vorschläge für einen Umbau oder einen Neubau gemacht würden. Der Gang der Diskussion bewies dabei deutlich genug, daß die Versammlung in ihrer Majorität entschieden mehr einem Neubau zugeneigt war, als einem Umbau. Seitdem fand diese Ansicht ihre weitere Vertretung sowohl in einem Antrag des Gemeindevorstandes, als auch in einer Petition der Gemeinde, welche, obwohl ohne jeden äußern Apparat und Lärm in Bewegung gesetzt, dennoch in kurzer Frist 700 bis 800 Unterschriften fand.

Das „Evangelische Gemeindeblatt," aus welchem die Tagesblätter fort und fort Auszüge brachten, vertrat nun (1889) in entschiedener Weise den Plan, die Kirche auf einer Terrasse des Peterskirchhofs zu errichten. Es schrieb damals:

„Würde man aber diesen letztern Plan zur Ausführung bringen, so hätte man einerseits Gelegenheit durch eine „Kirche auf dem Berge" eine viel bedeutendere Wirkung zu erzielen; es wäre in der That eine prächtige Idee, wenn man von dem Niveau des Peterskirchhofs zu dieser Kirche aufblicken könnte, wenn man etwa einen Kai errichtete, zu dem man in Rundgängen aufstiege, in welchem dann etwa an geeigneten Stellen Denkmäler und Büsten verdienter Mitbürger angebracht werden könnten. Ebenso wäre es ein Vorteil, wenn man von seiten der Bleichstraße aus eine Anfahrt zur Kirche hätte schaffen können. Andererseits und ganz besonders aber wäre es zu bedauern, wenn die neue Kirche wieder in den Lärm des Straßenverkehrs gezogen würde, welcher sich gegenwärtig so störend, besonders während der Wochengottesdienste, geltend macht. Wir glauben nämlich, daß auch die Verlängerung der Senkenbergstraße, beziehungsweise die Passage über den Peterskirchhof für Fuhrwerke gegenüber den wachsenden Forderungen des Verkehres bald zur bringenden Notwendigkeit wird, und jedenfalls würde dann dieser Verkehr vom Eschenheimerthor nach dem Ostende zu ein recht lebendiger und geräuschvoller werden. Es wäre darum jedenfalls wünschenswert, daß die neue Kirche nicht allzu nahe an dieser neuen Straßengrenze errichtet würde."

In der Fortsetzung dieses Artikels sagt dann das „Evangelische Gemeindeblatt" vom 1. Juni 1889:

„Wenn die Stadt Frankfurt etwas baut, so führt sie es stets anständig aus. Kirchen sind zudem auch öffentliche Monumente und gehören somit, wenigstens was ihre äußere Erscheinung betrifft, nicht nur der bestimmten Konfessionsgemeinde, sondern der ganzen Bürgerschaft an. Wir sind darum auch im voraus beruhigt, daß auch dieser Bau der Vaterstadt nicht zur Unehre gereichen wird. Wir hoffen eine anmutige, stilvolle Kirche mit ausreichenden Raumverhältnissen zu bekommen; ja wir möchten im Gegenteil davor warnen, daß nicht etwa die Herren Architekten uns einen Prachtbau hinstellten, der für die Zwecke des Gottesdienstes weniger tauglich wäre. Unsere protestantischen Kirchen sind im Gegensatz zu den katholischen in erster

Linie Predigtkirchen; wir brauchen also geschlossene Räume, in welchem der Geistliche von jedem Punkt aus gesehen und von allem gehört und verstanden werden kann. Das Beispiel der Dreikönigskirche mit ihrer schlechten Akustik beweist, wie leicht dieser Grundsatz bei aller Schönheit und Ansehnlichkeit des äußern Baues vernachlässigt werden kann. In welcher Weise nun dies Ziel erreicht werde, darüber haben wir zu wenig Urteil und richten nur die Bitte an die Herren Architekten, daß sie dies Ziel in angemessener Weise erstreben."

Die Erfahrung hat gezeigt, in wie weitem Maße diese Wünsche in Erfüllung gingen, freilich auch, wie sehr sie anderseits durch die Wirklichkeit überholt würden. Dagegen kam ein anderer Gedanke des Verfassers, den derselbe auch heute noch aufrecht hält, nicht zur Ausführung. Er wünschte nämlich, daß etwa durch Anbringung von Schiebethüren oder ähnliche Vorrichtungen die Beschaffung kleiner, mittelgroßer und ganz großer Räume ermöglicht würde, um sowohl den Bedürfnissen kleinerer Beichten und Betstunden, vielleicht auch des Konfirmantenunterrichts, anderseits den Forderungen des gewöhnlichen Sonntagsgottesdienstes und endlich denen großer Festversammlungen Genüge leisten zu können.

Diese Gedanken kamen, nachdem mittlerweile die Behörden am 20. und 23. August 1889 die Errichtung eines Neubaues auf dem Peterskirchhof beschlossen hatten, in einem Antrag an den evangelisch-lutherischen Gemeindevorstand zum Ausdruck, welcher nachher in Nr. 40 des Ev. Gemeindeblattes abgedruckt und von da durch Vermittlung der deutschen Bauzeitung den Architekten Deutschlands zur Kenntnis kam. Derselbe lautete:

1. Der gothische Stil werde zum mindesten vor den anderen Stilarten nicht bevorzugt.

2. Als äußerst wünschenswert möge die Beschaffung zweier Säle zu je 100 Sitzplätzen innerhalb des Raumes der Kirche bezeichnet werden. Diese Säle sollen für die Regel vom Hauptraum der Kirche durch Schiebethüren oder ähnliche Vorrichtungen abgetrennt, bei besonderen Gelegenheiten und größeren Gottesdiensten zum Hauptraum der Kirche gezogen werden können.

3. Die praktische, die künstlerisch wohlgefällige und besondere Kosten nicht verursachende Durchführung dieser Forderung dürfte am ehesten bei der Errichtung einer zweischiffigen Kirche ermöglicht werden.*

4. Diese Säle würden etwa mit je einem Harmonium, einem Rednerpult, einem einfachen Altartisch, einem Taufstein, einem Ofen und den nötigen Subsellien auszustatten sein.

5. Die Größe der neuen Kirche würde mit etwa 600 Sitzplätzen im Hauptschiff, 200 auf der Empore und 200 in den darunter liegenden Sälen unseren Wünschen entsprechen.

6. Alle künstlerisch oder historisch wertvollen Epitaphien des alten Peterskirchhofs mögen in die Mauern der neuen Kirche zum Teil innen, zum Teil außen eingemauert werden.

Motivierung.

ad 1. Wir wünschen in erster Linie eine akustisch gute Kirche. Gerade in dieser Hinsicht hat man aber mit der ohnehin kostspieligen Mode der Gothik an vielen Orten z. B. auch bei der hiesigen Dreifönigskirche schlechte Erfahrungen gemacht, während sich andrerseits der romanische Stil, z. B. bei der neuen Garnisonkirche in Stuttgart, bewährt hat, und auch für die Renaissance höchst beachtens=

---

* Diese Stelle war auch damals fett gedruckt.

werte Vorbilder existieren. Gerade in unserer Zeit tritt in den Kreisen evangelisch kirchlicher Baukunst immer deutlicher das Bestreben hervor, sich von der Alleinherrschaft der Gothik, welche weit eher dem katholischen Kultus entspricht, zu befreien und für die protestantische Predigtkirche eine geeignetere Form zu schaffen. Diesen ideal wertvollen Bestrebungen sollte sich Frankfurt nicht durch den prinzipiellen Ausschluß jeder andern Stilart entziehen.

ad 2. Während für die Bedürfnisse unseres Gottesdienstes an gewöhnlichen Sonntagen mittelgroße Räume genügen, ja den allzugroßen Kirchen entschieden vorzuziehen sind, haben wir im Jahr etwa 20 Gottesdienste für welche jeder mögliche Zuwachs an Raum äußerst erwünscht ist. Daneben giebt es aber auch eine ganze Reihe von kleineren Gottesdiensten, als Betstunden, Beichten, kleinere Trauungen, Taufen ꝛc., für welche bescheidenere Räume, Säle oder Kapellen, die größten Vorzüge darböten. Denn einmal ermöglichten diese kleineren Räume eine auf die Länge der Zeit sehr bedeutende Ersparnis an Licht und Feuerung. Sodann und besonders aber ergiebt sich in ihnen eine viel innigere und wirkungsvollere Beziehung des Redenden zu den Zuhörern, während es immer ein peinliches Ding ist, wenn ein Redner zu vielleicht 20 Personen spricht, welche sich in einer weiten Kirche sozusagen verlieren.

Es würden ferner hierdurch für die immer größere Bedeutung gewinnende kirchliche Vereinsthätigkeit, z. B. für die innere Mission und verwandte Bestrebungen, entsprechende Lokalitäten geschaffen, und endlich könnte in Erwägung gezogen werden, ob nicht auch der Konfirmandenunterricht aus den durchaus unzulänglichen Stuben der Pfarrhäuser aus Rücksichten der Gesundheitspflege in diese Kirchensäle zu verlegen wäre.

ad 3. Daß die Lösung dieser Aufgabe ohne Erhöhung der Bausumme und ohne Beeinträchtigung des künstlerischen Eindrucks möglich sei, haben uns mehrere namhafte Architekten versichert. Denn was die einfache Herrichtung dieser Säle kosten würde, das würde schon durch den Wegfall einer Empore wieder erspart. Besonders leicht und einfach dürfte sich diese Lösung darbieten bei der Annahme einer zweischiffigen Kirche, welche auch in Hinsicht der künstlerischen Wirkung große Vorzüge darböte. So liegt uns die Nr. 35 der deutschen Bauzeitung vom 1. Mai 1889 vor mit der Besprechung eines Kirchbauprojekts für Dortmund, welches, wie wir hören, in Künstlerkreisen hohe Beachtung gefunden hat. Aus diesem von sachkundiger Hand verfaßten Artikel heben wir an dieser Stelle nur den einen Satz hervor:

„Daß eine zweischiffige Kirche erfahrungsgemäß am billigsten sich stellt und daß sie zu einer eigenartigen künstlerischen Behandlung der Aufgabe besonders günstige Gelegenheit giebt, sind Vorteile, die gleichsam nebenher gewonnen werden, die aber gewiß gleichfalls nicht zu unterschätzen sind."

Wenn nun nach diesem beiliegenden Grundriß die außer der großen Orgelbühne einzige Empore über dem Seitenschiff zu errichten wäre, so ergäbe es sich von selbst, wie leicht und einfach der unter der Empore liegende, nur wenige Meter hohe Raum dieses Seitenschiffes, durch eine Scheidewand in zwei Säle geteilt, nach dem Hauptschiff hin, nach welchem er ohnehin durch Säulen getrennt wäre, je nach Bedürfnis durch Schiebewände abgeschlossen oder zu dem Hauptschiff hinzugezogen werden könnte. In welchem Abstand und in welcher Zahl dann diese die beiden Schiffe trennenden Säulen zu errichten, und in welcher Breite somit die Schiebewände vorzusehen wären, ob und wie dieselben zu bekleiden oder künstlerisch zu zieren wären, das alles bliebe dem Architekten überlassen und böte der künstlerischen Fantasie einen weiten Spielraum.

Und selbst wenn man von diesem Plan einer Vereinigung jener Säle mit dem Hauptraum der Kirche absehen und diese gewünschten Nebenräume als Annexe an die Kirche anbauen wollte, so könnte dies bei der Wahl einer zweischiffigen Kirche in glücklicher Lösung der architektonischen Gesamtaufgabe immer noch in den Grenzen der für einen gothischen Bau vorgesehenen Bausumme geschehen, und Frankfurt hätte den Ruhm, neben seinen verschiedenen mehr oder weniger rein gothischen Kirchen auch einmal etwas neues auf dem Gebiet kirchlicher Baukunst geschaffen zu haben und an der bedeutsamen Lösung der protestantischen Kirchbaufrage mitgewirkt zu haben.*

ad 6. Die Aufbewahrung wertvoller Epitaphien in den Mauern der Kirche würde nicht nur diese Denkmäler vor der Zerstörung und dem Zerfall bewahren, sondern sie dienten auch der Kirche zum würdigsten Schmuck. Es wäre zugleich die Möglichkeit geboten, den Kirchhof immer mehr zum Parke zu gestalten, und zugleich wäre auf diese Weise die Stadt am besten vor lästigen Reklamationen gesichert, welche andrerseits von den Familien dort Begrabener vielleicht einlaufen könnten.

Die Idee der Abteilung des Kirchenraumes fand nun zwar wenig Anklang, da ihr technische und ästhetische Be-

---

* Wenn der Verf. damals gegen die Gothik aus finanziellen und akustischen Gründen polemisierte, so schwebten ihm weite Steinbauten mit gewaltigen Säulen und Spitzbogen vor, also Bauten, bei denen ja die gefürchteten Gefahren allerdings nahe liegen. Das war nun freilich ein Irrtum, insofern als die verschiedenen Stilarten in gleicher Weise diesem Bedenken unterliegen.

denken im Wege standen. Wir halten jedoch die Ausführung derselben durch die praktischen Bedürfnisse des protestantischen Gottesdienstes in so hohem Grade geboten, daß wir an der Überwindung dieser Schwierigkeiten und somit an der Durchführung des Gedankens bei späteren Bauten gar nicht zweifeln.

Ja wir möchten sogar jetzt noch, nach der Vollendung der schönen neuen Kirche, behaupten, daß diese Abtrennung des Seitenschiffes vom Hauptschiff, etwa durch Vorhänge sich ebenso aus ästhetischen wie aus praktischen Rücksichten empfehlen würde. Denn es läßt sich kaum leugnen, daß in dem sonst so wohlgelungenen Bau die Durchführung der östlichen Bänkereihe unter das Seitenschiff nicht sehr glücklich erscheint. Diese Bänke sind viel zu lang, und da erfahrungsgemäß die zuerst ankommenden sich meist an das Ende der Bänke zu setzen pflegen, so führen die später kommenden Kirchbesucher allerlei Drückereien und Störungen herbei; ähnliche Schwierigkeiten bieten sich dann auch bei der Entleerung der Kirche. Abgesehen davon scheint aber auch das Seitenschiff unter der Empore etwas gedrückt, und die für das Hauptschiff berechneten Subsellien im Nebenschiff zu hoch. Wie einfach hätte sich das alles ändern lassen! Mit Leichtigkeit hätte man die nicht allzugroßen Bogen zwischen den die Empore tragenden Säulen durch Vorhänge abschließen und nur im Bedürfnisfall öffnen können. Die geeignete Auswahl der Vorhänge hätte dem genialen Baumeister Vorwurf zu neuem eigenartigen Schmuck geboten, das Seitenschiff wäre in zwei Säle geteilt und diese wären zweckentsprechend, etwa durch ein wenig niedrigere Stühle möbliert worden. Dadurch hätten wir die rechten Räume für die vielen kleinen Gottesdienste, vielleicht auch für kirchliche Gemeinde- und Vereins-Versammlungen gewonnen, ohne dafür, wie es jetzt notwendig ist, das ganze große Gotteshaus erwärmen und erleuchten zu müssen. Vor allem aber hätten wir in den Pfarrwohnungen sehr viel Geld ersparen können, dadurch daß die Konfirmandensäle in den Pfarrhäusern erspart werden konnten. Ein Frankfurter Pfarrer hat gegenwärtig nicht ganz Mk. 4000 Gehalt, eine Summe, die gegenüber den an ihn gestellten Anforderungen gewiß zu gering ist. Dagegen bedingen besonders diese Konfirmandensäle, daß ein jeder ein Haus vom ungefähren Mietswert von ebenfalls Mk. 4000 bewohnt. Wieviel praktischer wäre es doch, man gäbe den Pfarrern etwa Mk. 6000 und Wohnungen von Mk. 2000, wie sie sich doch für diesen Preis sehr anständig herstellen lassen.

Wir wissen es, viele werden über diese Pläne und Gedanken den Kopf schütteln und ihre Erwähnung im Zusammenhang dieser Schrift für mindestens überflüssig finden. Wir halten sie dagegen für so sehr geboten und sind von ihrem späteren Sieg so fest überzeugt, daß wir nicht unterlassen wollten, sie bei dieser Gelegenheit gleichsam festzulegen.

Im Übrigen hatte obige Kundgebung, wie auch die deutsche Bauzeitung es gelegentlich bezeugt, die Wirkung, daß bei der späteren Konkurrenz die Entwürfe der Renaissance und vor allem der zweischiffigen Anlage zahlreich und in vorzüglicher Qualität vertreten waren, während sie bei früheren Preisbewerbungen in anbetracht der geringen Aussicht ihres Durchdringens gegenüber der herrschenden Vorliebe für Gothik weit mehr zurückgetreten waren. Auch der Gedanke einer Halle für die Aufstellung von Denkmälern und Grabmonumenten fand in dem schönen Entwurf des Architekten Henrici von Aachen einen Ausdruck und verschaffte demselben den dritten Preis.

Denn das ist ja die bezeichnende Lage des Kirchbaues

der Gegenwart, besonders des protestantischen Kirchbaues, daß man weit lebhafter als je zuvor nach neuen Ideen, neuen Gestaltungen sucht, daß man dem besonderen Wesen evangelischer Frömmigkeit auch in den Bauten ihrer Gottesverehrung die angemessene Form zu schaffen sucht, gerade so wie der Protestantismus bestrebt ist, aus der Kraft seiner Ideen sich eine neue Liturgie zu schaffen und sich auch auf diesem Gebiet von den Traditionen der katholischen Kirche zu befreien, in welchen er bisher noch befangen ist. In den seit 2 Jahren eingeführten Kongressen für den Kirchenbau, in welchen Theologen und Architekten in gleicher Zahl vertreten sind, sucht und ringt man, zwar noch nicht mit voller Klarheit und Einigkeit, aber jedenfalls mit dem regsten Eifer nach diesem schönen Ziele einer „Predigtkirche," und es war wahrlich kein bloßer Zufall, daß unter den zur Konkurrenz um die Peterskirche eingelaufenen 58 Bauplänen nicht weniger als drei diesen Titel „Predigtkirche" als Motto führten.

Der Wettbewerb um die Peterskirche war eine nicht unbedeutsame Etappe auf dem Wege dieser Bestrebungen. In diesem Sinne spricht sich auch die deutsche Bauzeitung in ihrem Referat über den am 12. März 1890 ausgeschriebenen Wettbewerb aus. Es heißt da in No. 88 vom 1. November:

„Der frische lebendige Zug, der zur Zeit in der deutschen Baukunst sich geltend macht, drängt zur Entwickelung und Ausgestaltung neuer Gedanken — auf dem Gebiete des protestantischen Kirchenbaues um so mehr, als man sich allseitig klar darüber ist, daß dieses Gebiet noch zu einer reichen und vielseitigen Entwickelung Raum gewährt. Bei Licht betrachtet, ist man auch berechtigt, jedes Preisausschreiben um einen Kirchen-Entwurf, falls nicht etwa die Baustelle außergewöhnliche Schwierigkeiten darbietet, als eine Aufforderung zu dem Versuche einer neuen und eigenartigen Lösung des Grund-Problems aufzufassen. Denn, um einen sogenannten „normalen" Kirchen-Entwurf zu erlangen, braucht sich heutigen Tages kein Bauherr mehr die Weitläufigkeiten und Kosten eines Preisausschreibens aufzuerlegen; es sind in Deutschland zur Zeit wohl einige Dutzend Architekten vorhanden, die jedem bezüglichen Auftrage entsprechen werden.

So sahen wir denn bei den Preisbewerbungen dieser Art in steigender Zahl Arbeiten vertreten, deren Urheber sich bemüht hatten, die herrschende Kirchen-Schablone zu durchbrechen — sei es, daß sie in neuen, aus dem Bedürfnis des evangelischen Gottesdienstes abgeleiteten Grundriß-Anordnungen sich versucht — sei es, daß sie in der Turmstellung und in der Wahl der Fassaden-Motive Neuerungen angestrebt — sei es, daß sie, statt der landesüblich gewordenen frühgothischen Formen, die Formen der Spätgothik, des romanischen Stils, der deutschen Renaissance oder des Barockstils gewählt hatten. Noch niemals war es jedoch einem derartigen Entwurfe gelungen, einen Erfolg zu erringen. Die Preisrichter haben — ob aus Abneigung gegen jede Neuerung, ob aus anderen sachlichen Gründen, läßt sich bei der Seltenheit öffentlich erstatteter Gutachten nur schwer beurteilen — fast regelmäßig einer „normalen" Lösung den Vorzug gegeben. Daß das Gutachten des Preisgerichtes über den Wettbewerb um eine neue evangelische Kirche für Dortmund (1889), welchem Otzen und Wiethase angehörten, auch den Vorzügen jener vom Herkömmlichen abweichenden Entwürfe gerecht wurde und einzelnen Arbeiten die „Anlehnung an bekannte Anlagen, ohne neue Gedanken" zum Vorwurf machte, mußte schon als bemerkenswerther Fortschritt erscheinen.

Bei dem diesmaligen Frankfurter Wettbewerbe scheint

dagegen die Zurückstellung derjenigen Entwürfe, welche sich damit begnügt hatten, „bekannte Anordnungen oder oft schon dagewesene Vorschläge mit ganz unwesentlichen Abänderungen zu wiederholen," gewissermaßen das Leitmotiv für die Thätigkeit der Preisrichter gebildet zu haben. Die 3 zu vergebenden Preise sind Arbeiten zu teil geworden, welche selbständige Grundriß=Gedanken und einen in Renaissance=Formen gestalteten Aufbau zeigen!"

Daß dieses befriedigende Resultat sich ergab, war wesentlich durch die Wahl der Preisrichter bestimmt. Gewöhnlich herrscht in solchen Gremien eine künstlerische Richtung entschieden vor, und so gewissenhaft dann auch die Herren zu richten bestrebt sein werden, so ist dann doch die Entscheidung oft zu einem guten Teil präjudiziert. Das war hier nicht der Fall. Neben den mehr oder weniger zur Gothik neigenden Herren Hofbaudirektor von Egle aus Stuttgart, Architekt Wiethase und Stadtbaurat Behnke aus Frankfurt, saß auch der Freund und Protektor der Renaissance, Geh. Reg. Rat Prof. Raschdorff, im Preisrichterkollegium, und wenn auch der demselben als Laienmitglied beigeordnete Pfarrer Battenberg seine eigene Meinung selbstverständlich vor der maßgebenderen Ansicht der Fachleute zurückzuhalten bemüht war, so war er doch eingestandenermaßen von Anfang an den Renaissanceprojekten vorzugsweise zugeneigt. Übrigens muß hervorgehoben werden, daß sich das Preiscollegium sehr leicht einigte, daß seine Enscheidung nach sehr eingehender Prüfung und Besprechung schließlich einstimmig erfolgte und daß auch die der Gothik zugeneigten Herren den hervorragenden Wert der schließlich preisgekrönten Renaissanceprojekte — so weit man dieselben überhaupt mit diesem Namen belegen darf — bedingungslos anerkannten.

Die Preisrichter waren am 27. September vormittags

10 Uhr, vollzählig erschienen und begannen ihre Arbeit im Saale der Musterschule angesichts der 59 eingelaufenen Entwürfe. Herr Hofbaudirektor von Egle übernahm den Vorsitz. Gemäß vorliegendem Posteintragschein war der Entwurf 59 der Post zu spät überliefert und schied daher aus dem Wettbewerb aus, es verblieben zur Beurteilung mithin 58 Entwürfe. So groß diese Zahl erscheinen mochte, ergab sich dennoch bei aufmerksamer Besichtigung, daß die für einen nutzbringenden Wettbewerb tauglichen Entwürfe nur in verhältnismäßig geringer Zahl vertreten waren. Die Grundrisse zeigten vielfach schon gar oft auf dem Gebiete des Wettstreites beobachtete Vorschläge mit ganz unwesentlichen Abänderungen, was wohl hauptsächlich seinen Grund darin finden dürfte, daß der Bauplatz zu keinen Sonderheiten Veranlassung gab.

Wir fanden vor uns:

46 Kreuzkirchen, darunter 18 mit polygonalen, und 28 mit geraden Querschiffabschlüssen, 4 gleichseitige Langschiffkirchen ohne Kreuze mit schmalen Emporen, einige mit vorgelegtem Balkon, 4 zweischiffige Langschiffkirchen und 4 sonstige Grundrißformen.

Bezüglich der gewählten Stilarten waren vorhanden: 38 rein gothische Anlagen, 2 in einem Stile, der zwischen Gothik und Renaissance die Mitte hält, 5 in entschiedenem Früh- und Spätrenaissancestyl und 13 in nicht definirbarem Stil, darunter mehrere mit Anklängen an den romanischen.

Mit wenigen sehr beachtenswerten Ausnahmen war die künstlerische Bearbeitung der Pläne im gothischen Stile eine minderwerthige, besonders fanden sich bei den Turmlösungen fast ausschließlich bekannte Anordnungen.

Beachtung der für Frankfurt charakteristischen Stilformen des Mittelalters fand sich lediglich bei dem Plane „Gen Aufgang." Bei vielen Projekten war der Maßstab der Einzelheiten zu kleinlich. Eine würdigere Vertretung in bezug auf die Architektur fanden wir bei den Arbeiten der Renaissance-Abteilung.

Charakteristisch für die Ausstellung war das zum ersten Male mit Entschiedenheit vertretene Bestreben, der zweischiffigen Anlage Geltung zu verschaffen, was wohl hauptsächlich der Dortmunder Konkurrenz zu verdanken ist.

Durch die erste Sichtung mußte eine größere Zahl von Entwürfen ausgeschieden werden, die entweder Verstöße gegen das Programm zeigten, oder unzweifelhaft als minderwertig zu erachten waren. Bei weiterer eingehender Prüfung wurden wieder 19 Entwürfe ausgeschieden und es verblieben nur noch die mit den Kennworten

Nr. 5 Motto: „Dem neuen Geiste neue Form,"
„ 16 „ „allezeit vorwärts,"
„ 18 „ „Deo,"
„ 22 „ „Predigtkirche," II.
„ 34 „ „Gut protestantisch,"
„ 35 „ „Gen Aufgang,"
„ 47 „ „Liberal."

bezeichneten Entwürfe zur engeren Wahl.

Bei der Schlußberatung wurden dann auch aus diesen sieben Plänen noch vier ausgeschieden und so wurden zuletzt die übrig bleibenden Nr. 34, Nr. 47 und Nr. 16 zur Preiserteilung vorgeschlagen. Von diesen drei verbleibenden Entwürfen sagt das Gutachten:

Entwurf Nr. 16, „allezeit vorwärts."

Für die Lage der Kirche sind zwei gutdurchdachte Vorschläge gemacht, welche in der allgemeinen Betrachtung über die Lagepläne bereits angedeutet sind. In dem einen dieser Vorschläge ist der Grundriß der Kirche mit demjenigen eines

Pfarrhauses, einer Küsterei und einer Halle zum Aufstellen von alten Grabdenkmalen in Verbindung gebracht.

Der klare und schöne Grundriß zeigt ein Mittelschiff mit seitlichem Korridor, daneben ein breites Seitenschiff mit darüberliegender Empore; die große Treppe im Turm, die beiden Nebentreppen und deren Ausgänge sind sehr ausreichend bemessen. Der Turm bildet den Kopf des Seitenschiffes; vor dem Mittelschiff befindet sich eine schöne Vorhalle. Der Architektur, welche in den Formen der Renaissance behandelt ist, fehlt die Einheitlichkeit; der Übergang zum Turmhelm ist kein glücklicher, die Gestaltung des Portals und der Orgelbühnenanlage ist eine kleinliche.

Entwurf Nr. 47, „Liberal."

Der Bau steht an der Bleichstraße auf einer Terrasse.

Der Grundriß ist ein Langhaus mit 2 schmalen Seitenemporen mit vorgelegter Gallerie, oblongem Hauptturm und Sakristeianlage mit 2 Nebenräumen hinter dem Chor; die Orgelempore liegt über dem letzteren bezw. über der Sacristei; es sind vier bequeme Treppenräume vorhanden. Auf einer Variante ist die Kanzel in die Mitte des Chores hinter den Altar gestellt. Wird dieser, allerdings oft bekämpfte Vorschlag gebilligt, so stehen dem Grundrisse in keiner Weise Bedenken entgegen, um so weniger, als er mit Verständnis und Sicherheit in guten Verhältnissen dargestellt ist.

Die Architektur zeigt reizvolle, mit künstlerischer Hand entworfene Renaissanceformen; für den Turm sind zwei Lösungen gegeben, von denen die mit dem Dachreiter den Vorzug verdient.

Entwurf Nr. 34, „Gut protestantisch."

Die Lage des Baues ist ungefähr in der Mitte zwischen den beiden Straßen angenommen. Der Grundriß mit breitem Mittel- und etwa halb so großem Seitenschiff mit darüber-

liegender Empore, einem Glockenthurm an der Kopfseite des
letzteren mit der Stiege zur Orgelempore, mit einfacher Vorhalle, achteckig geschlossenem Chor und dahinter liegender
Sacristei zeigt unter allen Entwürfen die einfachste und klarste
Anlage, ohne irgendwie hinter den gestellten Anforderungen
zurückzubleiben.

Ebenso lobenswert ist die Architektur des Aufbaues,
welche in mittelalterlichen Formen mit Anklängen an die
deutsche Renaissance entworfen ist. Mit bestimmter und
kunstgerechter Hand sind alle Formen abgewogen und überall
einfache Gliederungen und gute Verhältnisse gewonnen.
Kleine Beanstandungen, wie die Gestaltung des Wendel-
stiegenturmes, können leicht Abhilfe finden.

Die Möglichkeit, den Kirchenbau nach Maßgabe dieses
Entwurfes innerhalb der festgesetzten Bausumme ausführen
zu können, erscheint um so gesicherter, als die bebaute Grundfläche äußerst sparsam bemessen ist.

Die durch Herrn Senator Dr. von Oven vorgenom-
mene Eröffnung der den Entwürfen beigegebenen Briefum-
schläge ergab als Verfasser

für Entwurf Nr. 34:
die Herren Architekten Hans Grisebach und
Georg Dinklage in Berlin;
für Entwurf Nr. 47:
Herrn Architekt Joh. Vollmer in Berlin
für Entwurf Nr. 16:
Herr Architekt Carl Henrici in Aachen.

Zu ihrem Entwurf geben die Architekten Grisebach und
Dinklage selbst einen Erläuterungsbericht, dem wir folgendes
entnehmen:

Innere Anordnung. Die Kirche enthält 1009 Sitzplätze
von je 0,55 × 0,90 m Grundfläche, von denen 295 auf

einer Sektion und Orgel-Empore angeordnet sind. Die gewählte einseitige Nebenschiffanlage bietet den großen Vorteil, daß die so sehr ungünstigen Emporenplätze an der Kanzelseite ganz fortfallen und dagegen von sämtlichen Plätzen Altar und Kanzel gesehen werden können. Zugänge und Treppen sind zugfrei angeordnet. Der Altar ist an die Chorwand gerückt, so daß das große Chorfenster als Altarbild dient. Für Kommunionzwecke ist hinter dem Altar ein Umgang disponiert. (Diese Anordnung wurde später geändert. Anm. des Hrsgeb.)

Äußere Gestaltung. Der inneren Disposition folgend gruppiert sich das Äußere zu einer auch der Situation entsprechenden malerisch gruppierten Anlage. Der Turm ist seitlich dem Chor angeschlossen, wodurch auch die rückseitige Ansicht des Baues eine größere Bedeutung erhält.

Der Stil der Kirche lehnt sich an die zur Zeit der Reformation in unserm Norden eigentümlich entwickelten Renaissanceformen an, in welchem eine dem Protestantismus charakteristische Bauweise erkannt werden darf. — Zur Erwärmung der Kirche hatte der Entwurf eine Heißwasserheizung vorgesehen, statt welcher aber später auf Wunsch der Baudeputation eine Niederdruckdampfheizung eingerichtet wurde.

Die Entscheidung dieses Preisgerichts fand, wie gesagt, am 29. September 1890 statt. Am 8. Oktober 1890 schrieb auch die Johannisgemeinde in Gießen den Wettbewerb um eine etwas kleinere und einfachere Kirche mit 850 Sitzplätzen aus. Dort trat das Preisgericht am 1. April 1891 zusammen und erteilte den ersten Preis an dieselben Architekten, welche in Frankfurt in erster Linie inbetracht gekommen waren, nämlich Grisebach & Dinklage und daneben Vollmer. Am 31. Juli 1891 gab dort bei Stimmengleichheit des

Kirchenvorstands der Vorsitzende seinen Entscheid zu gunsten von Grisebach & Dinklage, die in Gießen einen ganz ähnlichen Entwurf eingereicht hatten, wie bei uns in Frankfurt. Trotzdem also, daß die Entscheidung in Gießen ³/₄ Jahr später fiel, als in Frankfurt, war dort der Bau schon im Herbst 1893 vollendet und eingeweiht, während die Kirche in Frankfurt kaum unter Dach war. Denn in Gießen war man nach unwesentlichen Änderungen des Entwurfs noch im Oktober 1891 ans Werk gegangen; bei uns dagegen ergaben sich, nachdem die prinzipielle Entscheidung schon getroffen war, so schwere Bedenken und Schwierigkeiten, daß eine Zeit lang das ganze Projekt gefährdet erschien, und erst Mitte August 1892 wurde mit den Erdarbeiten begonnen.

Zwar einige Wünsche der Behörden bezüglich der Abänderung des ursprünglichen Entwurfes, die Änderung des Treppenturmes, Verwendung romanischer Elemente in der Fassade wurde von den Architekten um so bereitwilliger berücksichtigt, als man ihnen im übrigen die selbständige Ausarbeitung des Entwurfes im Sinne der Renaissance zugestand. Gefährlicher aber wurden die Einwendungen, welche von seiten einzelner Privatpersonen und in der Tagespresse gegen die Wahl des Platzes erhoben wurden. Man hielt es für unrecht, den freien Platz des alten Kirchhofs zu bebauen. Man sah sich daher nach anderen Plätzen um und schlug besonders das Terrain in der Promenade zwischen Bethmannschule und Peterschule vor. Ganz besonders gefährlich drohte jedoch das Projekt, die Kirche auf das Gelände der Taubstummen-Anstalt an der Eckenheimer Landstraße zu verlegen. Schon war dazu ein Situationsplan ins Auge gefaßt, schon waren die Architekten zu Rate gezogen, welche bei aller Bevorzugung des Peterskirchhofs doch auch die Möglichkeit der Ausführung im Garten der Taubstummen-

Anstalt zugeben mußten! Die kirchlichen Organe waren bezüglich dieser Pläne noch nicht befragt und hatten somit nicht die Möglichkeit an maßgebender Stelle ihre Bedenken zu äußern. Da that die Presse wieder gute Dienste mit einem am 29. März 1891 veröffentlichten Aufsatz im Frankfurter Journal, in welchem wir uns mit aller Entschiedenheit gegen die Verlegung an die Eckenheimer Landstraße aussprachen. Wir haben Grund zu der Annahme, daß diese Meinungsäußerung nicht unbeachtet geblieben ist. Am 14. April 1891 beschloß der Magistrat definitiv die Erbauung der Kirche auf den Peterskirchhof und beauftragte die Baudeputation, mit den Herren Grisebach & Dinklage wegen Übernahme der Bauleitung und Ausarbeitung der Kostenvoranschläge in Verhandlung zu treten. Diese Verhandlungen, soweit sie die Kostenvoranschläge betrafen, zogen sich jedoch gewaltig in die Länge. Der Magistrat wollte und konnte keine wesentliche Überschreitung der ursprünglichen Bausumme von 300000 Mark gestatten, zumal da in dieser Summe die bedeutenden Kosten für Orgel, Glocken, Gestühl, innere Ausschmückung und Architektenhonorar nicht inbegriffen waren, und da außerdem erhebliche Mehrkosten durch den Beschluß der städtischen Behörden, die Kirche auf einer Terrasse in der Höhe der Bleichstraße und zehn Meter von deren Rand entfernt, zu errichten, sich ergeben hatten. Wiederholt mußten die Vorschläge der Architekten zurückgewiesen, und Einschränkungen der ursprünglichen Pläne vorgenommen werden. Diese Verhandlungen dauerten bis in das Frühjahr 1892 zwischen den städtischen Behörden einerseits, und denselben und den Architekten andererseits. Endlich im Mai 1892 einigte man sich zu der Summe von 505000 Mark zur Bestreitung der Gesamtkosten, einschließlich des Terrassenbaues, der Ausschmückung und inne-

ren Ausstattung (siehe jedoch S. 233), sowie des Architekten=
honorars, jedoch ausschließlich der Orgel. Man beschloß,
Erhebungen anzustellen, ob nicht die in der alten Peters=
kirche befindliche Orgel Verwendung finden könne und leitete
den Vertrag mit dem evangelisch=lutherischen Gemeindevorstand
ein, worin dieser erklärte, gegen Übergabe der neuen Kirche
auf die alte ganz zu verzichten, — und somit waren endlich
alle Vorbedingungen zur Inangriffnahme des Baues erfüllt.

Noch einmal ergaben sich aber ernste Schwierigkeiten
wegen der Übergabe des Gotteshauses an die Kirchengemeinde.
Niemand hatte in Frankfurt daran gedacht, daß die an sich
so berechtigte Bestimmung des königlichen Kultusministeriums,
wonach Bauten und Denkmäler des Altertums nur mit
staatlicher Genehmigung niedergerissen werden dürfen, auch
bei dieser alten Peterskirche in Anwendung kommen könnte.
War doch gerade der Wunsch, das unscheinbare Gebäude,
welches auch in dem offiziellen Werk des preußischen Staates
(die Baudenkmäler im Reg.=Bez. Wiesbaden von Friedrich
Schneider) als „nicht bedeutend" bezeichnet wird, zu ent=
fernen, die Hauptveranlassung und die selbstverständliche Be=
dingung zur Erbauung der neuen Kirche gewesen, ohne
welche die städtischen Behörden nun und nimmermehr die
letztere bewilligt hätten. Um so mehr war man überrascht,
als während des Baues der neuen Kirche staatlicher Seits
auf die obenerwähnte gesetzliche Bestimmung hingewiesen
wurde und nach längeren Verhandlungen zwischen städtischen
und staatlichen Behörden der Abbruch der alten Kirche vor=
läufig untersagt wurde.

Unter diesen Umständen war es begreiflich, daß der
Magistrat sich weigerte die neue Kirche der Gemeinde zu
übergeben, bevor er die Genehmigung zum Abbruch des alten
Baues erhalten hätte. Freilich wurden durch diesen Beschluß

die Dispositionen der Kirchengemeinde und des Pfarramts in empfindlichster Weise gestört, aber man konnte es dem Magistrat doch kaum verübeln, wenn er sich seinerseits auf den Rechtsboden stellte und die neue Kirche nur gegen Übergabe der alten der Kirchgemeinde zu übergeben beschloß. Zur Zeit, da diese Zeilen geschrieben werden, ist die Differenz zwischen staatlichen und städtischen Behörden noch nicht ausgeglichen. Wir wissen nicht, wie lange sich die Sache noch hinausziehen mag; jedenfalls wird die Besitznahme der Kirche von Seiten der Gemeinde dadurch verzögert.

2. Kapitel.

Bauausführung, Technisches, Werkmeister; Kosten.

Im Hochsommer 1892 gegen Mitte August wurde mit den Bauarbeiten begonnen. Unter der Aufsicht des Architekten Kielland aus dem Atelier Grisebachs, entwickelte sich bald auf dem sonst so stillen Peterskirchhof geräuschvolles Treiben und emsiges Schaffen der Bauleute. Etwa ein Viertel des ganzen Platzes war zur Baustelle für die neue Kirche und Terrasse bestimmt.

Das Kriegerdenkmal inmitten des Kirchhofes mußte seinen Platz einstweilen verlassen, um dereinst auf der neuen Terrasse einen bevorzugten Standort zu erhalten. Viel Bäume und Buschwerk fielen, manch würdig alte Gedenksteine und Grabmonumente wurden niedergelegt und seitwärts auf den freibleibenden Teil des Kirchhofes abgelagert. Die neuen Fundamente schnitten erbarmungslos durch die alten Grabstellen, durch Wege und Anlagen. Große Haufen ausgegrabener Gebeine sammelten sich aus den Gruben der Fundamente; auch Schmuckwerk und vermoderte Sargreste entnahm man der dunklen Erde. Seitlich in großen Kasten und Gruben vorläufig untergebracht und desinfiziert, sind diese Überreste im kommenden Frühjahre pietätvoll wieder der Mutter Erde zurückgegeben worden. In diesem Sommer wurde bekanntlich Hamburg von der fürchterlichen asiatischen Cholera heimgesucht, und tausende von Menschen sind davon hingerafft worden. Die Furcht vor diesem Würgengel war es, welche auch hier die Ausführung der Erdarbeiten, das Ausgraben der vermoderten Gebeine, mit größter Vorsicht vorzunehmen verlangte.

Durchschnittlich 2—3 m tiefe Fundamentgräben deckten einen guten, zuverlässig gewachsenen Baugrund auf, welcher die verlangte Standsicherheit für die neuen Mauermassen garantierte. Das Turmfundament erheischte besondere Vorsicht und solideste Ausführung; dieserhalb wurde der untere Kern des Turmes aus einer geschlossenen mächtigen Cement=Betonschicht mit starker Eisenarmierung hergestellt, welche die Turm= mauern trägt.

Vor dem strengen Winter 1892, Anfang Dezember war's, da standen die meisten Fundamente und Stützmauern bis zur Terrassenhöhe fertig, und während der Wintermonate wurden die großen Erdmassen zum Auffüllen der ganzen Terrasse eingebettet.

Dann ging's im März 1893 mit neuen Kräften wieder frisch ans Werk. War es doch zur Aufgabe gestellt, in diesem Jahre Kirche und Turm noch im Rohbau zu vollenden. Ein anderer Bauführer, Herr Architekt Claus Mehs, eben= falls aus dem Atelier Grisebachs in Berlin, trat an die Stelle seines Vorgängers und leitete die Ausführung des Baues bis zu dessen Vollendung mit Ernst und Eifer, mit aller Hingebung und verständnisvollstem Eingehen auf die Intentionen seines Chefs.

Die erste Arbeit war das Aufstellen der gezimmerten Rüstung und das Vollenden des Terrassenanbaues für das Kriegerdenkmal.

Bald erhoben sich auf der neuen Terrasse starke Rüstungen, auf welchen eiserne Hebekrahne weit überragten, um die schweren und vielen Haussteine zu heben und leicht versetzen zu können. Das Turmgerüst wurde auf 24 lange bis zum gewachsenen Boden eingerammte Pfähle gestellt, weil bei der großen Höhe ein ungleichmäßiges Senken der Rüstung sonst wahrscheinlich war.

Damals brachte der Herausgeber dieses Buches einen Artikel in dem evangelischen Gemeindeblatt über diese Rammarbeiten. Derselbe wurde in der „Täglichen Rundschau" abgedruckt und fand infolgedessen die eingehende Beachtung und Besprechung mehrerer auswärtiger hervorragender Kenner deutschen Volkstums. Mit Berücksichtigung dieses Interesses drucken wir aus dem Artikel die betreffende Stelle hier nochmals ab.

„Auf dem alten Peterskirchhof wird rüstig gearbeitet, und wenn es so weiter geht, mag das Ziel dieses Baujahres, die Fertigstellung des Rohbaues der Kirche, wohl erreicht werden. Wir gehen öfters hinaus und erfreuen uns nicht nur an dem rüstigen Fortschreiten der Arbeit, sondern auch an der Freundlichkeit und Höflichkeit sämtlicher Arbeiter. So schlimm sind diese Sozialdemokraten doch nicht! Es sind doch unsere Brüder, wenn auch in dem einen oder anderen Punkt irre geleitet! — Vor drei Wochen waren wir zugegen, wie die Leute die Balken des Turmgerüstes einrammten, und da gerade dieses Gerüst viele Stockwerke zu tragen hat, so werden die untersten Balken besonders fest bis auf den gewachsenen Grund hineingetrieben. Diese Balken nennen die Leute Pilotten. Sie werden eingerammt durch ein sehr schweres Gewicht, die „Litz,"* welches an einem Seil befestigt ist, das über eine Rolle läuft. An dem anderen Ende des Seiles ziehen etwa 12 Mann das Gewicht in die Höhe und lassen es dann auf die Pilotte herunter fallen. Um dieses Anziehen und Fallenlassen gleichmäßig zu machen, singen sie dazu alte Zimmermannssprüche, Pilottenlieder. Diese Lieder sind so volkstümlich und urdeutsch, daß wir nicht verfehlen wollen, einige davon unsern Lesern mitzuteilen.

1. Pilottenlied.

1, 2, 3, 4, 5, 6, 7, 8, 9!**
Der Pfahl muß hinein!
Durch Felsen und Stein!
Durch Wasser und Sand!
Dem König ins Land!
Dem Kaiser ins Reich!
Drum Brüder zieht allzugleich!
Ich seh ein, der zieht nicht!
Ich seh ein, der mag nicht!
Ich könnt ihn euch nenne!
Ihr werdt ihn wohl kenne!
Ich bild mir ihn ein!
Es muß der August wohl sein!
Warum zieht er denn jetzt?
Weils geht auf die letzt!
Hoch auf!
Einen darauf!
Einen aufs Haupt!

---

* Wie uns ein Sachkundiger belehrte, bedeutet „Litz" nur das Seil- und Schnurwerk, durch welches der Rammklotz angebunden ist.

** Bei jeder dieser Ziffern ziehen die Leute an und lassen das Gewicht fallen. Dann fällt es je bei dem betonten Wort der nächstfolgenden Verse.

Die Bauausführung.

Einen oben auf den Pfahl!
Einen daneben!
Wir wollen ihm noch fünf geben!
Eins, zwei, drei, vier, fünf!
Festgesetzt!
Dies ist der letzt!

2. Pilottenlied.*

Hoch auf mit der Litz!
Es donnert und blitzt!
Es blitzt, es kracht!
Der Schlingel steht da und lacht!
Er ist Dumm Erbfeind!
Hat Haare wie ein Pudelhund!
Macht alle Pilotten rund!
Hoch auf!
Einen drauf!
Ein daneben!
Wollen ihm noch zehn geben!
1, 2, 3, 4, 5, 6, 7, 8, 9, 10.
Hoch auf und laßt ihn stehn!

3. Pilottenlied.**

Pfeifchen sag, wer hat dich erfunden?
Pfeifchen sag, wer hat dich erdacht?

---

* Noch interessanter ist dies zweite Lied. Der „Dumm" Erbfeind ist offenbar der Teufel, der Feind der Bauhandwerker, welcher ihr Werk nach bekannten Sagen so häufig stört. Hier macht er die Pilotten rund, d. h. nach der Aussage meines Gewährmannes, eines prächtigen „jung Zimmergesell," er zersplittert sie am Kopfende und hindert damit die Wirkung des Schlages. In dem „Dumm Erbfeind" dürfte vielleicht eine Reminiscenz an den dummen Teufel liegen, welcher ja bekanntlich in dem Volksglauben eine große Rolle spielt. Interessant ist hier auch der Vergleich mit dem Pudelhund. Man denkt an den Pudel im Göthe'schen Faust.

** Dieses dritte Lied ist bei weitem nicht so volkstümlich wie die beiden anderen. Immerhin ist es in seiner Einfalt und in

> Und dein Namen ist verschwunden!
> Sag wer hat denn das erdacht?
>
> Komm ich abends spät nach Hause,
> Wenn die Thür verschlossen ist,
> So nehm ich mein Pfeif und rauche
> Bis die Thür geöffnet ist!
>
> Die Weiber woll'n uns verfluchen,
> Wenn der Tabaksrauche reißt!
> Ei so wollen wirs versuchen,
> Ob das Rauchen schädlich sei!
>
> Lieg ich einst im Schoß der tiefen Erde,
> So reicht mir meine Pfeife dar!
> Ich rauche mit jedem um die Wette
> Zug für Zug mein Pfeifchen leer!
> Hoch auf und laßt ihn ruhn!

Die Rüstungen selbst bestanden aus einzelnen Geschossen, praktisch und solid gezimmert, weshalb das Aufstellen verhältnismäßig schnell voran schritt. Vom strengen Winterfroste vorher war einiges Mauerwerk verletzt worden; dies war bald ergänzt, und rüstig fing dann das Mauern wieder an, wobei das Hauptaugenmerk stets auf das Anwachsen des Turmes gerichtet blieb. Den ganzen Bauplatz bedecken bald große Massen Baumaterialien, die von allerwärts hier zusammen gebracht waren, Ziegelsteine aus dem Taunus und Bruchsteine vom Mainthale, schwarzblaues Basaltgestein aus der Wetterau, Lahnkalk, Mainsand, Sandstein, Quader- und Bausteine aus der Rheinpfalz, sowie Treppenstufen von dem Ahr- und Rheinthal. Dazu ge-

---

seiner souveränen Verachtung des metrischen Rhythmus interessant für die Kenntnis des Gefühlslebens des gemeinen Mannes. Möglich auch, daß uns hier der Gewährsmann zu wenig authentisch berichtete.

gesellten sich später festes Tannenholz aus dem Schwarzwald, auserlesener Schiefer aus den Felsen des Rheinthales, Eisen, Blei, Zink, Kupfer aus weit entfernten deutschen Industriestädten.

In der großen Rüstung wuchsen die Mauern bald höher, schon wölbten sich Bögen über Thüren und Fenster, Treppenstufen und Podeste hatten bereits ihren Platz, die Portale mit viel Steinwerk entstanden und schlossen sich in schweren Bögen, schwere Steinblöcke, als Konsolen und Tragsteine eingemauert, verblieben noch den Steinmetzen und Bildhauern zum Fertigstellen. „Immer höher und rüstig voran" war die Parole.

Anfang September mauerte man bereits in unterer Höhe der großen Schallluken des Hauptturmes, am Kirchenbau war das Dachgesimse angelegt und die Stellung der starken inneren Säulen und Bögen angefangen. Ende Oktober wuchsen die Turmgiebel auf, das steile Dachwerk wurde über den Kirchenraum gestellt, die Giebel der Ost- und Nordfront erhoben sich schon über die Rüstung, und immer hieß es, voran mit den Arbeiten, die Aufgabe dieses Jahres war noch nicht bewältigt.

Der Winter war diesmal gnädig; als man kurz vor Weihnachten die Bauarbeiten ruhen ließ, war der Turmhelm schon einige Meter über die oberen Giebeln gefördert; die Rüstung ragte darüber hinaus und der übrige Kirchenbau hatte sein schützendes Dach. Im Innern bot die Kirche ein wirres Bild von Rüstung, von Steinblöcken, von Dachwerk, Schornsteingerüst, halbfertigen Mauern und angefangenen Bögen und Wölbungen. Dank der sicheren und erfahrungsreichen Leitung des Bauführers, der wackeren Hilfeleistung von Werkmeistern und Policen ging all das schwierige Arbeiten ohne jeglichen Unfall oder Schaden

15*

Die Kirche mit dem Turm in seiner Rüstung.

Die neue Peterskirche von Nordost aus gesehen.

voran. Daß bei so viel verschiedenen Werkleuten, bei so mannigfachen Anlieferungen und Geschäftseinrichtungen nicht alles so exakt ineinander gegriffen hat, wie es gewünscht war, ist kaum Wunder zu nehmen.

Ein paar Wochen nur war Ruhe auf dem Bauplatz; dann wurde bei gelinderer Witterung Mitte Januar wieder am Turmhelm begonnen und bis zur Fertigstellung ohne wesentliche Störung weitergeschafft. Im Februar fegte ein schauerlicher Sturmwind durch die Lande; die hoch hinauf reichende Rüstung des Turmes stöhnte und ächzte, gepreßt von dem Orkan, und kaum war es möglich, die Arbeiten in dem Gerüst zu fördern. Mit kundiger Sorgfalt wurde dem Wetter gewehrt und rastlos das Werk zu Ende geführt. Das Datum 10. 3. 94. ist im obersten Steinknauf des Turmhelmes eingemeißelt als Gedenktag des Versetzens.

Am 22. März 94 fand die Feier der Turmvollendung und Urkundeneinlegung in den obersten Steinknopf statt.

Alle Vertreter der Stadt, Magistrat, Stadtverordnete, die kirchlichen Behörden, die Baumeister, Vertreter der Presse, die Werkmeister und Künstler des Baues waren auf dem Bauplatze versammelt.

An der südlichen Grenze des zweiten Kirchhofes war angesichts des Turmes eine kleine Tribüne errichtet, auf welcher von einem in Frankfurter und deutschen Farben gezierten Baldachin überdacht, ein Rednerpult aufgestellt war. Von dort aus erfolgten die Ansprachen. Nachdem ein erhebender Choral verklungen, sprach Herr Oberbürgermeister Abicks in würdevollster Weise, den Baumeistern dankend, den Bau selbst dem Segen Gottes empfehlend. Daran schloß sich die Verlesung der nachfolgenden Urkunde:

„Im Jahre des Herrn 1894 am 22. März unter der Regierung Sr. Majestät des deutschen Kaisers und Königs von Preußen Wilhelm II, im 6. Jahre seiner Regierung und am Geburtstage des glorreichen Begründers des deutschen Reiches, des hochseligen Kaisers Wilhelm I, wurde das oberste Kreuz auf dem Turm der neuerbauten Peterskirche aufgestellt und hiermit der Turmbau vollendet."

„Diese neue Kirche soll bestimmungsgemäß die auf der südöstlichen Grenze des Peterkirchhofs gelegene alte Peterskirche ersetzen, welche 1417 an der Stelle einer früheren dort befindlichen Kapelle erbaut war und nunmehr niedergelegt werden wird.

„Der Neubau wurde durch Magistratsbeschluß vom 10. Mai 1892 unter Bewilligung eines Kredits von 505000 Mark nach dem im öffentlichen Wettbewerb preisgekrönten Entwurf des Architekten Hans Grisebach und Georg Dinklage in Berlin genehmigt und den genannten Baumeistern unter Aufsicht der städtischen Baudeputation zur Ausführung übertragen. Der Bau wurde noch im Sommer 1892 begonnen und so gefördert, daß die Übergabe des fertig gestellten Gotteshauses an die evangelisch-lutherische Kirchengemeinde voraussichtlich im November dieses Jahres stattfinden kann.

„Voll Dank gegen Gott vertrauen wir den Bau seiner Allmacht an, bittend, er möge ihn beschirmen und bewahren für alle Zeit, sowie Segen geben unserer lieben Stadt und allen denen, welche zur Aufrichtung des Baues geholfen haben."

Folgen die Unterschriften der städtischen und kirchlichen Behörden, sowie der Baumeister.

Hierauf erbat Herr Architekt Grisebach das Wort, brachte den mitwirkenden Künstlern und Werkmeistern des Baues seinen Dank aus und verlas deren Namen aus einer künstlerisch ausgeführten Urkunde; seine Rede schloß mit einem Hoch auf die Stadt Frankfurt. Währenddessen schrieben die eingeladenen Vertreter der Behörden ihre Namen in die Urkunden ein und mit einem abermaligen Choral der Musikkapelle schloß diese Feier auf dem Kirchhof.

(Leider war bei dieser Feier durch das Versehen irgend einer expedierenden Unterbehörde die selbstverständlich beabsichtigte und angeordnete Einladung des Gemeindevorstandes unterlassen worden, ein Versehen, welches nicht ohne Mißstimmung empfunden wurde; der dem Gemeindevorstand untergeordnete Sprengelvorstand mit den beiden Pfarrern war natürlich zugegen.)

Darauf wagte der größere Teil der Eingeladenen den für die meisten recht ungewohnten und darum nicht recht geheuerlichen Weg über die Treppen und Leitern der Gerüste zur Spitze, wo durch die Hand des Herrn Oberbürgermeisters die verlöthete Kapsel in dem obersten Steinknopf eingelegt wurde.

Damit war der Rohbau in der Hauptsache fertig gestellt und rüstig wurde dazu geschritten, den innern Kirchenraum auszubauen.

Die Deckengewölbe über dem großen Raum, die Steindecken der Emporen und der Vorhallen wurden hergestellt, eine Arbeit, die größte Aufmerksamkeit und Sorgfalt erheischte. Wie in einem Walde von Rüstholz sah es derzeit in der Kirche aus, weil alle die Hausteinrippen auf schweren Lehrbögen versetzt und mit Entlastungsbögen abgefangen werden mußten. Die Gewölbekappen dazwischen sind freihändig aus Tuffsteinen gemauert worden. Währenddessen wurde an der Niederlegung des Turmgerüstes gearbeitet, nachdem die übrigen Fronten der Kirche bereits in diesem Frühjahre vom Gerüst befreit, ausgefugt und gereinigt waren.

Zuerst wurde der Turmhelm frei, dann wuchs immer mehr der mächtige Turmriese aus der niedergelegten Rüstung

hervor und blickte stolz in das Weichbild der alten Reichs=
stadt. Gleichzeitig wurde die Niederlegung des Turmgerüstes
sowie das Reinigen und Ausfugen der Mauern besorgt,
und die Steinmetz= und Bildhauerarbeiten am Turme
vollendet.

Jetzt erst konnte auch die Sakristei und der Chorgiebel
gemauert und mit dem Dach versehen werden, weil vorher
das Turmgerüst noch dort im Wege gestanden hatte.

Im Innern waren währenddessen die Gewölbe fertig
geworden, und das Putzen derselben sowie der Wände konnte
Anfang Juli 1894 beginnen.

Der freie umzäunte Platz vor der Nordfront war
Hauptwerkstätte für die Bildhauerarbeiten; dort entstanden
in monatelanger Arbeit aus schweren gewaltigen Steinblöcken,
die Statuen der Nordfront.

Gar viel und eigenartig Schmuckwerk hat die Kirche
an den Außenfronten an den Portalen, Fenstern, Giebeln,
Strebepfeilern, reichere und zierlichere Ornamentik im Innern
an Konsolen, Kapitellen, Brüstungen. Vielleicht ist in der
mannigfachen und liebevollste Ausdauer verlangenden Art
der Skulpturen ein Grund zu erraten, weshalb die Bild=
hauergehilfen im Frühjahr 1894 die Arbeiten einstellten:
die Gehilfen verlangten Lohnerhöhung, was der Unternehmer
resp. Meister nicht bewilligen wollte. Der eigentliche Grund
des Streiks lag vielleicht mehr in der gestellten Forderung,
statt Accordarbeiten, Bezahlung im Tagelohn zu bewilligen.
Schließlich endete auch dieser Streik, wie schließlich alle
andern, mit Wiederaufnahme der Arbeiten nach kurzer Frist.

Außerdem fehlte noch die Fertigstellung der Terassen=
brüstung, der Freitreppen, der Pflasterung und die Anlage
des Friedhofes, welche Arbeiten im Verlauf des Sommers
zu Ende geführt wurden.

Mittlerweile hatte sich auch herausgestellt, daß die Verwendung der Orgel der alten Peterskirche in dem Neubau doch nicht angänglich sei. Es wurden Verhandlungen mit der Firma Walker in Ludwigsburg angeknüpft, welche das Ergebnis hatten, daß dieselbe die Lieferung des neuen Orgelwerkes von 35 klingenden Stimmen, zwei Manualen und einem Pedal samt Gehäuse für 18300 M. übernahm und von dieser Summe noch 3300 M. für die alte Orgel in Abzug brachte. Außerdem wurde von dem Architekten eine würdigere Ausstattung der Kirche, die Ausführung des Gestühls in Eichenholz statt in Kiefern, die Beschaffung einer Altarstickerei, überhaupt würdige Ausstattung des Kirchenraumes als durchaus wünschenswert bezeichnet und eine Nachbewilligung erbeten. Die städtischen Behörden erkannten die Angemessenheit dieser Forderungen an und bewilligten unter dem 5/12. Juni 1894 einen weiteren Kredit von 15000 M. für die Orgel und 37000 M. für die Ausrüstung.

Im August 1894 begannen die Malerarbeiten. Von sicherer Meisterhand entworfen, entstand da viel herrlicher und formvollendeter Blumen- und Blütenschmuck an den Decken und Wänden, und eine Lust war es anzuschauen, wie der treffliche Künstler mit viel Sinn und Geschmack in einfach edler und stilistisch echter Form auf den kahlen Putzflächen solch prächtigen Zierrat entstehen ließ (s. Kap. 3).

Nachdem die Malerei im Schiff beendet und das Gerüst entfernt war, konnten die Fußböden, Heizungskanäle und Rohrleitungen fertig gestellt werden, sodaß beim baldigen Eintritt des Winters im geheizten Kirchenraume weitergearbeitet werden konnte mit Aufstellen und Befestigen der Möbel, Bänke, Altar, Kanzel, Leuchter 2c.

Die Fenster hatten noch provisorische Verglasung. Die Lieferung der großen Schiffsfenster verzögerte sich etwas, weil die reichere, wertvollere Ausführung sämtlicher Fenster durch hochherzige Privat=Stiftungen und Schenkungen erwartet wurde und zum großen Teil damals schon gesichert war.

Nach mancherlei Verhandlungen, Proben und Correkturen waren endlich auch diese Fenster dem Raum eingefügt. Dann wurden die Bänke gestellt, die Fußboden gelegt, Kanzel, Chorstuhl und Altar fertiggestellt. Die Orgelbauer waren wochenlang mit Montieren und Stimmen des großen Orgelwerkes thätig. Was noch an Möbeln fehlte, Chorstuhl, Sakristeimöbel, Lesepult und Taufbecken, Fußbodenteppiche, Opferstöcke, Altarstickereien, Altarkreuz und Leuchter, kam noch rechtzeitig, sodaß die Kirche zur ursprünglich projektierten Einweihung auf Palmarum 1895 vollendet sein wird.

Während des ganzen fast dreijährigen Baues ist kein Unfall, keine wesentlichere Verletzung oder Beschädigung an Menschenleben dank guter Fürsorge und Vorsicht zu vermelden.

Die technische Ausführung des Baues entspricht allen Anforderungen und Bedingungen eines Monumentalbaues betreffs solider und meisterhafter Ausführung.

Die Fundamente sitzen auf gewachsenem Boden; in einzelnen schweren Pfeilern der Ersparnis halber aufgelöst, spannen sich auf dieselben starke Gurtbögen, welche das Mauerwerk tragen. Im Turmfundamente ist eine eisenarmierte 1,50 m hohe Betonschicht auf die horizontale feste Erdsohle gebracht, dieselbe ist nach außen in Höhe verstärkt.

Bei der ungleichen Belastung der Turm= und Schiff=

mauern ist ein ungleiches Setzen des Baues unvermeidlich; um diesem zu begegnen sind die Turmmauern getrennt von den Umfassungswänden des Schiffes aufgeführt worden..

Der schmiedeeiserne 8 m hohe Glockenstuhl ist 6300 kg schwer, die vier Bronze-Glocken in den Tönen cis-e-fis-gis wiegen zusammen ca. 3350 kg. Die größte Glocke cis wiegt 28 Zentner. Sie haben verbesserte Pendellagerungen und sind deshalb sehr leicht zu läuten. Unter dem Glockenstuhl ist zwischen starken Eisenträgern eine Zementbetondecke eingespannt; zwei schwere I-Träger fangen die halbe Last der Glockeneinrichtung auf und sind, um Lockerungen im Mauerwerk durch die immerwährenden Schwingungen beim Läuten auszugleichen, frei, in dem Mauerwerk auf großen Zementbetonklötzen abgelagert.

Die vor dem Glockengeschoß liegenden Gallerien haben Zementbetonfußboden und starke Bleiabdeckung, welche das Tageswasser zu den Wasserspeiern leitet.

Die große Turmuhr, ein Meisterwerk mit allen Verbesserungen der modernen Uhrmacherkunst, steht unter dem Glockengeschoß und hat direkte Zeigertreibleitungen aus Stahl zu den Zifferblättern.

In halber Höhe des Glockengeschosses beginnt im Innern die Austragung zur Unterstützung des Turmhelms In Höhe der Turmgiebel ist ein schwerer Eisenring eingemauert zur gleichmäßigen Lastverteilung des daraufsitzenden Steinhelmes, letzterer besteht blos aus einem massiven Mantel von 30—35 cm Stärke von Basaltsteinen in einzelnen 60 cm hohen Schichten mit horizontalen Standfugen ausgeführt, welche durch Eisenklammern zu einzelnen Ringen verbunden sind.

Die Helmspitze aus Sandstein ist in den einzelnen Schichten mittelst Bronzeklammern und Dübel verbunden; sie ist mitten durchlocht und in ihr steckt das 4 m höher ragende Eisenkreuz, dessen unteres 6 m tiefer hängendes Ende mit Steingewicht beschwert ist. Somit kann es auf dem oberen Steinknopf ruhend frei pendeln, und sind Beschädigungen der Steinspitze durch unvermeidliche Bewegungen des Eisens unter dem Einfluß von Sturm oder Wärme vermieden.

Das Turmmauerwerk besteht in seinem tragenden Kern aus Ringofensteinen und Kalkmörtel, außen ist Sandstein und Basaltblendung; dagegen sind die vier hohen Eckpfeiler in Höhe des Glockengeschosses mit Zementmörtel ausgeführt und durch geschlossene Eisenanker verstärkt.

Alle übrigen Mauern der Kirche wurden im Innern aus Feldbrandsteinen und Kalkmörtel hergestellt und außen verblendet. Tuffstein, ein leichtes poröses Baumaterial, ist zur Wölbung der Decken über dem Kirchenraum verwendet; der schweren Belastung halber wurden die Gewölbe unter den Emporenböden aus Ringofensteinen in Zementmörtel ausgeführt.

Die Gewölbefelder sind freihändig in einzelnen Ringen gemauert.

Weil die Hausteine der Grat- und Gurtbögen nicht sehr stark sind, so hat man das ganze Gewicht der Gewölbekappen mit Entlastungsbögen aufgefangen, welch letztere wieder durch große Eisenklammern mit den Sandsteinrippen verbunden sind. Das verwendete Sandsteinmaterial ist ziemlich dicht, doch ohne sehr ausgesprochene Lagerung, dennoch wurde darauf geachtet, daß alle tragenden und besonders belasteten oder dem Wetter ausgesetzten Bauteile, wie Säulen, Bögen, Strebepfeilerköpfe und Fialen auf dem natürlichen Lager liegen. Die inneren Wände, durch Luftschicht gegen äußeren Temperatureinfluß geschützt, sind mit gewöhnlichem Kalkmörtel geputzt, der natürlich auf das

Sorgfältigste zubereitet und gemischt werden mußte, weil derselbe ohne Farbeüberzug der Grundton für die innere Malerei ist.

Die Fußböden sind Zementbeton, worauf in allen Gängen Terrazzo (eine obere Bedeckung mit kleinen Marmorstückchen, die später abgeschliffen wurden) getragen ist, während Zementglattstrich blos unter den Sitzbänken sich befindet.

Sämtliche Öffnungen des Baues sind massiv überwölbt, zum teil noch mit Entlastungsbogen darüber versehen. Der große Heizungsschornstein mußte von der Westfrontmauer, in welcher er ausgespart ist, über den halben Kirchenraum hinweg zum Dachfirst geführt werden; zu diesem Zwecke wurde ein einfaches starkes Gerüst aus Eisen hergestellt, auf dessen schräger Seite der Schornstein aufliegt.

Alles Dachwerk ist nach den besten Regeln des Zimmererhandwerks in einfachem System gewerkt und von dem erfahrenen Meister sorgfältig und sicher aufgestellt worden. Die Passage im Dachraume ist durch einen Laufgang ermöglicht.

Die Dächer wurden mit Schiefer in deutscher Deckart auf Asphaltpappunterlage eingedeckt. Bleistreifen an den Maueranschlüssen dichten diese Stellen; sonst sind alle Kehlen, die immer etwas exponierten Grate und die Firsten nur mit Schiefer eingedeckt.

Nirgendwo am Dache ist von außen sichtbares Holzwerk, da alle Holzteile mit Schiefer, Blei oder Zink bekleidet sind. Es kann deswegen von außen kaum durch Flugfeuer die event. Gefahr einer Feuersbrunst entstehen. Weil nun die massiven inneren Deckengewölbe einen feuersicheren Abschluß nach unten gewähren, so war die Herstellung eines eisernen Dachstuhles aus Sparsamkeitsrücksichten nicht vorgesehen.

Die Dachrinnen liegen direkt auf der Dachtraufe und sind mit Graphit bleifarben geschwärzt.

Auf der Ostseite mußte die Ableitung des Regenwassers mittelst einer inneren großen Dachrinne erfolgen. Letztere hat außerdem noch eine Schutzrinne, welche ihren event. Abfluß zu den steinernen Wasserspeiern der Strebepfeiler hat.

Die Ableitung der Regenrohre steht unterirdisch mit dem städtischen Kanalnetz in Verbindung. Alle Dachspitzen sind aus Kupfer und Eisen hergestellt.

Zum Schutze des Bauwerks gegen Blitzschäden führt von der eisernen Spitze des Hauptturmes, von dem Chordachkreuz, dem Giebelkreuz und der nördlichen Treppenturmspitze ein unter sich geschlossenes Kupferdrahtnetz in zwei Leitungen zum Erdboden, wo sie etwa 8 m tief in wasserführender Erdschicht mit großen Kupferplatten endigen.

Sämtliche Fenster und Thüroberlichte haben Bleiverglasung von starkem Antikglas. In den großen Fensteröffnungen des Hauptschiffes sind starke Flacheisengerippe eingestellt, in welchen durch innere Deckschienen verbunden, die Verglasungen in einzelnen großen Scheiben befestigt sind. Das nördliche Giebelfenster hinter der Orgel ist noch mit einer inneren blanken Glasschicht versehen, um schädliche Temperatureinflüsse des direkt anschließenden, sehr empfindlichen und kunstvollen Orgelwerks zu vermeiden.

Vom Dirigentenplatz der Orgelempore ist eine elektrische Klingel angebracht zur Sakristei und auch zum Läuteboden im Turm, um die betreffenden Zeichen zum Beginn des Gottesdienstes und zum Glockenläuten zu geben.

Die Erwärmung der Kirche geschieht durch eine Niederdruckdampfheizung, System Körting, dessen Dampfkessel und gemauerte Feuerungsstelle sich unter der nördlichen Vorhalle

befindet. Die Brennmaterialien werden von der Terrassen=
fahrbahn eingeschüttet. Das geschlossene Rohrsystem ist im
Schiff von einem großen passierbaren Mittelkanal abgezweigt
und wieder als Rücklaufrohre mit dem Dampfkessel in Ver=
bindung. Über dem Zementboden liegen im Schiff die
eisernen Heizrohre verdeckt unter den Fußbrettern der Sitz=
bänke. Außerdem liegen unter den Wandbänken im Seiten=
schiff und der Seitenempore, sowie der nördlichen und
Turmvorhalle 20 cm dicke eiserne Rippenrohrstränge, welche
im Kreislauf direkt mit dem Dampfkessel in Verbindung
stehen. Beim starken Frost diesen Winter hatten wir in der
noch nicht dicht abgeschlossenen Kirche 10—14° Wärme
bereits bei der geringen Kesselspannung von $1-1^1/_2$ At=
mosphäre. Der Koaksverbrauch wird sich beim regelrechten
Betrieb auf ca. 4—5 Zentner für einmaliges ganzes Anwärmen
auf 16° stellen.

In der Sakristei ist Gasheizung.

Die Beleuchtung des ganzen Kirchenraumes geschieht durch
elektrisches Licht, dessen Hauptzuführung von der Bleichstraße
aus erfolgt. Im Kirchendienerraum, an der nördlichen Vorhalle,
sind die Schaltungen angebracht und zwar so, daß die ganzen
190 elektrischen Flammen à 16 Normalkerzen stark von dort
aus in 6 Gruppen ein- und ausgeschaltet werden können.
Außerdem sind die kleinen Hängeleuchter der Vorhallen und
Seitenschiffe so eingerichtet, daß die Ausschaltung einzelner
Lichtergruppen durch Bewegen des Ausschaltringes am Leuchter
direkt erfolgt.

Weil der Kirchengemeindevorstand anfänglich Bedenken
trug, das elektrische Licht einzuführen statt der zuerst vor=
gesehenen Gasbeleuchtung, so war ein Gasrohrnetz bereits
ausgeführt, als endlich doch elektrisches Licht genehmigt

wurde. Die fertigen Gasrohrleitungen wurden deswegen zur Notbeleuchtung verwendet.

Zur Ventilation der Kirche während des Gottesdienstes sind in den drei großen Fenstern über der Seitenempore je eine große Scheibe zum öffnen eingerichtet. Aus Rücksichten event. leichten Undichtwerdens solcher Fensterrahmen sind diese drei Scheiben für ausreichend erachtet worden. Zur Lüftung der Kirche außer dem Gottesdienste werden die Thüren geöffnet. Dieselben sind nach außen aufgehend und genügend weit, um das Entleeren der Kirche nach dem Gottesdienste oder bei einer event. eintretenden plötzlichen Panik oder Gefahr schnell und ohne Stockung zu gewährleisten.

Die Ausführung der Bauarbeiten wurde, soweit es thunlich und vorteilhaft erschien, den hiesigen Gewerken und Künstlern übertragen.

Die Maurerarbeiten und Materiallieferungen zum ganzen Bau, zur Terrasse und Entwässerung sind von Herrn Bauunternehmer Th. Streit hier solid und zuverlässig hergestellt.

Die hiesige Firma Löffler & Söller führte alle Steinmetzarbeiten aus, sowie die ornamentalen Bildhauerarbeiten, Altar, Kanzel und Kriegerdenkmal.

Die Bildhauerarbeiten wurden von den Meistern Scheuer, Warmuth und Lang trefflich gefertigt.

Herr Georg Grumbach hier, ein sehr gediegener und bewährter Meister, brachte alle Zimmerarbeiten zur Ausführung, Herr J. Steinbrecher in Bornheim die Dachdeckerarbeiten, die Dachspitzen wurden von Gebr. Armbrüster hier und Herrn G. Knodt in Bockenheim gefertigt, während Meister J. H. Schmidt hier alle Spenglerarbeiten herstellte.

Die Blitzableitung ist von Herrn Ph. C. Bechtolf hier gut und sicher ausgeführt. Die Glocken und den Glockenstuhl lieferte Meister F. W. Rincker in Sinn (Nassau), die Turmuhr der hiesige Stadtuhrmacher Herr Chr. Spohr. Die Dampftischlerei J. W. Proesler hier hatte die Herstellung des Gestühls und aller Thüren und Portale übernommen und sehr gute Arbeit geliefert.

Die Herren Gebr. Armbrüster lieferten die sämtlichen Thürbeschläge, Treppengitter, Altarleuchter ꝛc. in bester Arbeit, Herr Schlossermeister Zimmermann alle Schmiede- und Grobeisenarbeiten zum Bau.

Von Herrn F. W. Brauer & Co. in Stuttgart sind Kanzelbaldachin, Altarrückwand, Chorstuhl und Sakristeimöbel.

Die Orgel samt Gehäuse stammt aus der bestrenommierten Orgelbauanstalt von E. F. Walcker & Co. in Ludwigsburg.

Herr Maler K. J. Grätz hier hat in bekannter Meisterschaft mit Hilfeleistung des Malers Gathemann sämtliche Malereien ausgeführt, ersterer den figürlichen, letzterer den ornamentalen Teil.

Die Beleuchtungskörper sind aus der bekannten und bedeutenden Fabrik von Riedinger in Augsburg, die auch Taufbecken und Lesepult lieferte, hervorgegangen, Gas- und elektrische Rohr- und Drahtleitungen führte Herr Ingenieur Staudt hier aus.

Die Gypsmodelle für alle dekorativen Bauornamente entstammen der Meisterhand des Bildhauers H. Giesecke in Berlin, während die Hauptportalreliefs und Zwickel, die Chorgiebelzwickel und die Schlußkonsole des nördlichen

Giebelfensters aus dem Atelier des genialen Bildhauers H. Brütt in Berlin hervorgegangen sind.

Die Statuen der vier Evangelisten und des Petrus am nördlichen Giebel sind von den hiesigen Bildhauern Herrn F. Krüger und Fritz Hausmann.

Diese letztgenannten Statuen, deren Abbildungen wir hier bringen, sind sämtlich ganz vorzüglich gelungen und bestätigen aufs neue den vorzüglichen künstlerischen Ruf ihrer Meister. Von Herrn F. Hausmann sind auch die prächtigen vier Reliefs der Kanzelbrüstung und die zwei wundervollen Engel der Altarrückwand, von welchen der eine in der Vignette unseres ersten Kapitels des zweiten Teiles verwandt ist.

Über die Fenster von Linnemann & Zettler werden wir an anderer Stelle sprechen.

Die gewöhnlichen Fenster der Vorhallen und Nebenräume sind von Herrn Lehmann hier gefertigt.

Die Kunststickerin Frl. M. Jörres in München lieferte die wertvolle Altarstickerei. Herr G. Hulbe in Hamburg fertigte außer der Einbanddecke der Altarbibel das prächtige Lederantipendium des Altartisches.

Herr Juwelier Schürmann hier hat das wertvolle Elfenbeinkruzifix neu mit Silber montiert.

J. A. Mohr dahier lieferten die Läufer und die Kokosmatten sowie die Linoleumteppiche. Einige andere Lieferanten sind noch in dem Kapitel Schenkungen und Stiftungen erwähnt.

———

Die Kosten des Baues stellen sich für die einzelnen Arbeiten in runden Ziffern folgendermaßen:

2. Kapitel. Die Bauausführung.

Erdarbeiten . . . . ca.	10000	Mk.
Maurerarbeiten einschließlich Terrasse . „	180000	„
Steinmetzarbeiten „ „ . . „	154000	„
Bildhauerarbeiten einschließlich Modelle . „	34000	„
Zimmerarbeiten . . . . „	9000	„
Dachdeckerarbeiten . . . . . „	6000	„
Spenglerarbeiten . . . . „	3000	„
Tischlerarbeiten . . . . „	10000	„
Schlosser= und Schmiedearbeiten . . . „	10000	„
Glaserarbeiten, gewöhnliche Fenster . . „	2000	„
„ gemalte Fenster (Privat= stiftungen) . . . . „	30000	„
Malerarbeiten . . . . „	13000	„
Pflasterarbeiten . . . . „	13000	„
Altar=, Kanzel=, Chorstuhl=, Sakristei= einrichtung . . . . „	19000	„
Glocken, Uhr, Blitzableitung . . . . . „	11000	„
Orgel . . . . „	16000	„
Beleuchtungsanlage, elektr. und Gas=Lei= tungen . . . . „	5000	„
Kronleuchter . . . . „	9000	„
Architekten=Honorar, Bauleitung . . „	34000	„
Insgemein . . . . „	15000	„
Summa	593000	Mk.

Dazu kommen noch die im vierten Kapitel erwähnten Stiftungen, soweit sie hier nicht mit inbegriffen sind, sodaß man den Gesamtwert der Kirche gut und gern mit 600000 Mk. beziffern kann.

Die Baustelle war städtisches Eigentum und brauchte darum nicht in Anschlag gebracht zu werden.

3. Kapitel.

Beschreibung des fertigen Baues.

as äußere Bild der neuen Peterskirche giebt dem Beschauer sofort eine genaue Anschauung der ganzen Disposition; die zweischiffige Anlage des Innenraumes vereinigt das Ganze zu einer originellen und lebendigen Gebäudegruppe.

Der **Hauptturm** nach Süden in der Ecke zwischen Seitenschiff und Chor der Kirche stehend, ist 9,60 m im Geviert groß und beherrscht mit seiner 78 m über dem Fußboden hohen Turmspitze den ganzen oberen Stadtteil; kühn ragt dieselbe weit über den anschließenden reich gegliederten Kirchenbau in die Luft. (Der Pfarrturm ist 95 m hoch, da aber der Fußboden der Peterskirche bedeutend höher

3. Kapitel.

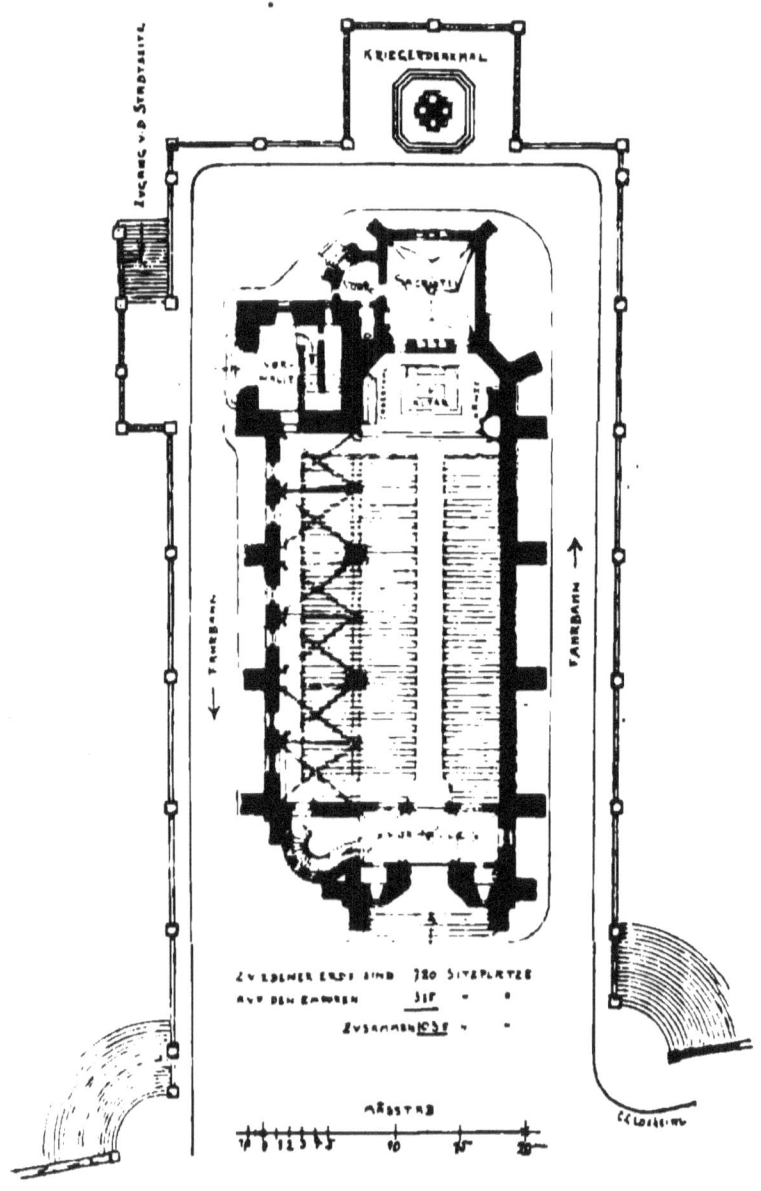

Grundriß der neuen Kirche.

Beschreibung des fertigen Baues.

Querschnitt.

Die Statuen auf der Nordfront, Petrus und die vier Evangelisten darstellend.

Beschreibung des fertigen Baues. 249

liegt, so beträgt die Horizontaldifferenz der beiden Turmspitzen nur wenige Meter.)

Die Hauptfront zur Bleichstraße mit breiter Freitreppe und großem freien Platz vor derselben hat als vorherrschende Partie die große Portal= und Fensternische; unten das ernste Hauptportal mit Steinsäulen, der kraftvoll gegliederten Rundbogenarchivolte und den Konsolen, den interessanten schönen Kapitelen und der tiefen Leibung. Das steinerne Bogenfeld stellt im Mittelrelief die Geburt Christi dar; während aus den beiden Zwickeln über dem äußern Bogen prächtige Engelgestalten herniederschauen.

Hoch über dem Portal, flankiert von den kühn empor= schießenden schlanken Säulen, befindet sich das weite, reich umrahmte Giebelfenster.

Die 4 Strebepfeiler am Nordgiebel sind unten einfach gegliedert; im oberen Teile tragen sie unter stolzen, reichen Steinbaldachinen die 4 Statuen der Evangelisten weit über Lebensgröße, als Wächter und Herolde der Kirche. Das große Mittelfenster hat im Rundbogenschluß ein weit aus= ladendes Engelkonsol, als Träger der über dem ganzen stolz und majestätisch thronenden Steinfigur des Apostel Petrus, ebenfalls unter hohem Steinbaldachin.

Zwei steinerne seitliche Giebelaufsätze und ein reiches steinernes Mittelkreuz schließen die Giebel ab; seitlich neben dem Kreuz wachsen Krabben auf als lebendige Gliederung der Giebelkontur. Links zwischen Nordfront und Seitenschiff ragt ein massiver, runder Treppenturm in die Höhe, dessen Fensterstellung die innere Treppenführung schon außen anzeigt. Oben lebendig mit Lisenen und gekuppelten Rundbogen= fenstern ausgebildet, trägt er eine schlanke schiefergedeckte Dachkegelspitze, welche oben in zierlicher Eisenspitze ausklingt.

Die Ostseite als Hauptfront in bewegter Gestaltung

Portal der Nordfront.

schließt mit 3 spitzen Giebeln ab; sie hat unten 6 kleine Fensteröffnungen im Seitenschiff und oben 3 große Rundbogenfenster über der Empore, inmitten stark vortretenden Strebepfeilern. Zwischen und auf den Giebelspitzen sind verschiedenartig gegliederte Steinaufsätze und Fialen. Einige Bildhauerarbeiten an den Wasserspeiern der Strebepfeiler, an den Giebelfialen und den Mittelkonsolen beleben die durch kräftige Gesimse scharf gegliederte Front. Südlich vorgebaut steht der **Hauptturm**, in seinem unteren Teile ein geschlossener ernster Mauercoloß mit wenigen Öffnungen, welche naturgemäß nach oben größer werden.

In reicher und klarer Gestaltung bringt das **Turmportal** in seinen frischen lebendigen Gliederungen einen effektvollen Gegensatz zu den ruhigen Mauerflächen. Ähnlich dem Hauptportal hat es tiefe Leibung mit zierlichen Säulen und Kämpferkapitellen, darüber stark profilierte Rundbogenarchivolte. Das Bogenfeld ist symbolisch ornamentiert mit Kreuz und Engelköpfe im Strahlenkranz von Blumen und Blüten umgeben; außen in den Bogenzwickeln sieht man die Wappen von Luther und Melanchthon. Ein hoher zweiteiliger Schriftfries mit kräftigen Hauptgesims darüber, deckt das Portal ab. In den Friesen sind die beiden Bibelsprüche:

1) Herr, ich hab lieb die Stätte deines Hauses und den Ort, da deine Ehre wohnet. Und

2) Kommt her zu mir alle, die ihr mühselig und beladen seid, ich will euch erquicken.*

Nach oben klingt die Architektur in kräftigem Ornament als Voluten, über einer mittleren Muschelpartie und in zierlichen Steinfialen aus.

---

* Eigentlich hätte das Herrenwort links, wo wir zu lesen beginnen, stehen sollen, worauf dann das Psalmwort gleichsam als Antwort gefolgt wäre.

Schmale gekuppelte Fenster über dem Portal spenden der Uhrstube und dem Läuteboden hinreichend Licht. Darüber steigt das Glockengeschoß mit 12 m hohen zweiteiligen Schallöffnungen und feststehenden Holzjalousien nach allen 4 Seiten empor; in Höhe des Fußbodens sind rings=

Ostportal mit Treppenaufgang.

um Gallerien angelegt für etwaige Posaunenbläser und zur freien Ausschau in das Panorama der Umgegend. Vier große Uhrzifferblätter über den Schallöffnungen mit je 2,75 m Durchmesser sind auf hellem Grund mit blauem Mittelfeld und Goldstrahlen in Ölfarbe gemalt. Schlanke Giebel mit Fialen und Volutenornament krönen die untere Hauptmasse des Turmes.

Ansicht der Südostseite der Kirche mit dem Turme.

Aus derselben entsteigt der schlanke massive Helm ca. 31 m hoch, oben gekrönt mit eisernem vierteiligem Kreuz; unter dem Knopf wachsen knospenartig aus der Steinpyramide zierliche Voluten.

Das reich geschmiedete Eisenkreuz trägt als Wetterfahne das Bild des Apostel Petrus; dasselbe ragt 4 m frei in die Luft und hängt, auf dem Steinknopf sitzend, 6 m in die durchlochte Helmspitze herab, am unteren Ende durch ein Steingewicht beschwert.

Zur **Südseite** lehnt sich an die Chormauer in gefälligen Dimensionen die geräumige Sakristei mit Vorplatz und besonderer Eingangsthüre an. Zwischen Turm und Sakristei ist ein Closet. Über demselben führt eine massive Wendeltreppe zum oberen Turmgeschoß. Ziemlich steil ragt das Dach der Sakristei vor dem großen Chorfenster auf, ohne dasselbe von innen zu beeinträchtigen. Der Vorplatz hat Kuppeldach und vereinigt sich mit dem Dache der Sakristei zu einer interessanten Gruppe.

Ein kleinerer, oben reich mit Zwickelfiguren und Voluten geschmückter Giebelaufbau über dem großen Fenster gestaltet diese Chorpartie ganz wirkungsvoll; das steile Chordach endigt in einem zierlichen Kreuz aus Schmiedeeisen.

Klar, einfach und monumental ist die **Westfront** gegliedert. Unten ruhige Mauermassen; darüber zwischen den kräftigen Strebepfeilern ist die Mauerfläche durch große lichtbringende Fenster geöffnet. Die Strebepfeiler der Westseite zeigen in ihren Steinaufsätzen, wie auch sämtliche Fialen des ganzen Baues eine gestaltungsreiche Mannigfaltigkeit.

Rings um den ganzen Kirchenbau führt eine befahrbare Terrasse; eine Fahrbahnerweiterung gestattet vor der Sakristei außerdem ein Umwenden der Fuhrwerke, wiewohl ja im

allgemeinen nur in einer Richtung auf dieser Terrasse ge=
fahren werden wird.

Südlich des Kirchenbaues vor der Sakristei ist die
Terrasse zu einer Plattform erweitert, zur Aufstellung des
Kriegerdenkmals, das früher in dem alten Peters=Kirchhof
innerhalb des von der neuen Kirchenbebaute Terrain gestanden
hatte. Das Postament ist aus dem alten Steinmaterial neu
bearbeitet und erhöht worden, um seinem neuen Standorte
und der umgebenden neuen Architektur angepaßt zu werden.
Die Bronzefiguren sind die alten geblieben.

Naturgemäß wurden die Anlagen des alten Kirchhofes,
welche dem Neubau der Kirche weichen mußten, wiederher=
gestellt und neu gestaltet; wenn einmal die Bäume und
Sträucher gediehen sind, so wird eine ebenso anmutige als
würdige Umgebung des Baues erstehen.

Die alten Grabsteine kamen zum Teil wieder in den
neuen Anlagen zur Ausstellung, teilweise wurden sie an
die Basaltmauern der Terrasse angelehnt, wo sie, vor den
Unbilden der Witterung und dem Mutwillen spielender
Kinder möglichst geschützt, noch Jahrhunderte hindurch das
Andenken der Verstorbenen den kommenden Geschlechtern über=
mitteln werden.

Dabei wurde der frühere Standort dieser Grabsteine
möglichst berücksichtigt. Sollten späterhin noch andere
Epitaphien des Kirchhofs von ihrer bisherigen Stelle weichen
müssen, so bietet die Mauer reichlichen Platz zur Aufstellung
dieser Denkmäler der Vorzeit.

Die äußere Erscheinung des Baues giebt ein lebendiges
malerisches Bild, dessen Farbenstimmung als eigenartig und wohl=
gelungen bezeichnet werden kann. Alle Konstruktions= und selb=
ständigen Teile des Baues, die Portale, Fenstereinfassungen,
Eckquaderungen, Gesimse, Giebel, Fialen, Statuen der Außen=

fronten und die Terrassenbrüstung sind aus grau-grünem Pfälzer Sandstein aus der Gegend von Alzey hergestellt und mit klarer wohlabgewogener und markiger Profilierung gegliedert. Die Zahnung der einbindenden Quaderungen ist den Zufälligkeiten der Steingewinnung im Bruch entsprechend gestaltet. Aus den Basalt-Brüchen in Lohrdorf bei Gießen entnommen, ist die gesamte Außenverblendung aller Mauerflächen mit sog. Lungstein in großen und kleinen Schichten als hammerrechtes Mauerwerk ausgeführt. Dieses stumpfblaue Gestein hat eine rauhe löchrige Bruchfläche und ist sehr wetterbeständig. Der Sockel und alle Freitreppen sind aus Niedermendiger Basalt gefertigt, die Terrassenmauer ist mit Bockenheimer Basalt verblendet.

Die Dächer sind mit blauem Cauber Schiefer in deutscher Deckart mit geschieferten Kehlen, Gräten und Mauranschlüssen ausgeführt. Zum Turmhelm wurde dasselbe Steinmaterial wie bei den Außenflächen der Kirche verwandt; nur ist er bei ersterem glatt charriert.

Zum Innern der Kirche gelangt man, durch das nördliche, vierflüglige, reich geschnitzte Hauptportal eintretend, zuerst in eine geräumige Vorhalle; von dieser führt eine Wendeltreppe zur Orgel und Seitenempore, sowie zum Dachraum über dem Schiff. Zwei größere Fensteröffnungen in der Vorhalle gestatten eine freie Durchsicht zum inneren Kirchenraum. Zwischen denselben durch die mittlere Eingangsthür überblickt man den geräumigen Kirchenraum, der 17 m weit, 27,70 m lang und 16 m bis Gewölbeschluß hoch ist; durch zwei mächtige Säulen ist Haupt- und Seitenschiff voneinander getrennt. Der Altarraum schließt sich in der ganzen (10,80 m) lichten Weite des Hauptschiffes mit einer Tiefe von 6 m diesem an.

Zwischen den zwei großen Hauptsäulen sind auf drei

kleinen zierlichen Mittelsäulchen ruhend die Stirnbögen der Seitenempore gespannt, auf welchen die vordere Abschluß=
brüstung sich vorkragt. Hinter derselben ist in der ganzen Breite des Seitenschiffes die flache Emporendecke eingewölbt. Eiserne sichtbare Ankersplinte über den kleinen Mittelsäulchen zeigen die starke Verankerung der Gurtbögen.

Über der nördlichen Vorhalle befindet sich die nach vorne mittelst großen Steinbalkon auf schweren, reich geschmückten Consolen vergrößerte Orgelempore; im lichten Raum für das große Orgelwerk sind ca. 60 Sängerplätze. Sollte die Auf=
stellung größerer Musikchöre notwendig werden, so finden dieselben zum teil auch auf der Seitenempore Platz, von wo aus der Dirigent leicht gesehen werden kann.

Die Sitzbänke im Schiff nach dem Altar gerichtet, sind durch zwei Gänge erreichbar. Von dem weiten Mittelgang tritt man rechts zu den kürzeren für acht Personen Platz bietenden Bänken, nach links zu den langen Bänken für je 14 bis 16 Personen, deren andere Hälfte vom Seitengang unter der Empore zugänglich ist.

Im Seitenschiff und auf der Empore sind feste Wand=
bänke. Die Emporen, deren Fußboden 4,50 m über dem Kirchenboden liegen, sind nach dem Hauptschiff zu terrassen=
förmig abgestaffelt. An Sitzplätzen hat das Schiff 720, die Seitenempore 250, die Orgelempore 60, also im Ganzen 1030 bequeme Sitz=Plätze, jeder Platz 55 cm breit gerechnet. Für den Bedürfnisfall sind noch Klappstühle vorhanden, welche in den Gängen aufgestellt werden können, so daß noch in den=
selben und der nördlichen Vorhalle ca. 200 Sitz= und Steh=
plätze gewonnen werden können.

Die zwei großen Mittelsäulen tragen schwere, profilierte Gurtbögen und das Kreuzgewölbe des Kirchenraumes; sie

17

haben reich ausgebildete Kapitele mit Blumen, und Früchten, Köpfen und Cartouchen belebt.

Im höher gelegenen Altarraum befindet sich an der

Seitenempore der neuen Kirche.

geschlossenen rechten Mauer fest eingebaut die Kanzel aus französischem Kalkstein in künstlerischer Ausführung mit Ornament und Figurenschmuck. Von allen Plätzen des Kirchenraumes ist sie zu erblicken. Über derselben ist ein zierlicher hoher Baldachin aus Eichenholz, dessen untere vortretende flache Kuppel als Schalldeckel dient.

In der Axe des Hauptschiffes befindet sich der steinerne Altartisch, dahinter eine Sitzbank mit Rückwand für die Geistlichen. Links im Altarraum, an der Turmmauer befestigt, steht der Chorstuhl mit sechs Sitzplätzen für den Sprengelvorstand. Lesepult und Taufbecken aus Messing befinden sich rechts und links vor dem Altar. (Dieselben sind beweglich und können daher auch in der Sakristei aufgestellt werden.) Hinter dem Altar ist ein Umgang für die Communicanten, doch können dieselben auch durch zwei Thüren die Sakristei passieren. Sechs große Fenster der Langseiten, das große Chor- und die große Rosette des Orgelfensters lassen das Tageslicht voll in den Kirchenraum eintreten. Das Seitenschiff hat sechs kleinere Fenster unter der Empore.

Die mit einem massiven Steingewölbe überdeckte, behagliche Sakristei dient nicht nur zum Aufenthaltsort der Geistlichen und als Vorzimmer bei Trauungen, sondern sie kann auch kapellenartig zur Abhaltung kleinerer Gottesdienste, Betstunden und Beichten benutzt werden und ist dementsprechend möbliert. In der Queraxe des Altarraumes stehend, mit dem Seitenschiff durch eine breite Thür verbunden, ist die Turmvorhalle ein interessanter und wohlgefälliger Raum. Die eingebaute, massive Podesttreppe führt vom III. Podest zum südlichen Teil der Seitenempore und mittelst einer steinernen Wendeltreppe vom II. Podest aus zum Läuteboden und den oberen Turmgeschossen; letztere sind durch eiserne Wendeltreppen und in der Höhe des Glockengeschosses mit eiserner Leiter zugänglich bis zu den Zifferblättern. Der Raum unter dem Glockengeschoß nimmt das Uhrwerk und die Gewichte auf, von ihm ist durch einen Laufgang der Dachraum des Hauptschiffes zugänglich, wohin man auch direkt vom nördlichen Treppenthurm gelangen kann.

Zu ebener Erde sind an der nördlichen Vorhalle neben dem Hauptportal ein Klosett und ein Raum für den Kirchendiener geschaffen.

Die malerische Wirkung des großen inneren Kirchenraumes ist durch die interessante Gestaltung des Baues erreicht; doch tragen dazu ganz wesentlich die verwendeten Materialien wie auch die Manier der Malerei und Ausschmückung bei; alle tragenden und Konstruktionsteile des inneren Raumes, wie Säulen, Bögen, Kapitele, Gesimse, Brüstungen, Konsolen, Wanddienste u. s. w. sind aus demselben Sandsteinmaterial hergestellt wie an den Außenfronten; dagegen ist die Profilierung im Innern, bei aller Einfachheit und Schärfe doch etwas zierlicher und feiner in der Ausführung. Während im Äußern die Steine charriert und grob aufgespitzt sind, wurden die inneren Arbeiten teils geschliffen und teils charriert. Sämtliche inneren Mauer- und Wandflächen sowie alle Gewölbe sind mit gewöhnlichem, gleichmäßig gemischtem, feinen Kalkmörtel geputzt letztere in etwas hellerer Tönung durch Verwendung von schärferem Sand und etwas mehr Kalk. Dieser Putz ist in seiner Naturfarbe direkt der Untergrund für alle innere Wandmalerei gewesen, welche in Aquarellmanier mit Caseïnfarbe den Raum belebt. Die Fußböden bestehen durchweg aus Terrazzo; nur unter den Bänken ist glatter Cementstrich und darüber Holzboden. Alle Gänge sind mit Kokosläufern belegt; der Boden des Altarraums und der Sakristei mit rotem Filzteppichstoff, auf welchem echte Velours als Läufer liegen. Zu den Möbeln im Innern, zu den Thüren, Portalen, Bänken, Kanzelschalldeckel, Orgelgehäuse, dem Chorstuhl u. s. w. ist durchweg nur Eichenholz verwendet, welches in natürlicher Färbung geblieben ist und blos geölt wurde; nach dem Prinzip, all die verschiedenartigen Materialien in ihren Naturfarben zu zeigen und nach ihrer Struktur und Bearbeitungsfähigkeit entsprechend zu bearbeiten und zu schmücken, sind alle Arbeiten der ganzen Kirche durchgeführt: Stein, Putz, Eisen, Holz, Messing sind sichtbar geblieben und entsprechend profiliert; es ist nichts mit Malerei verdeckt oder zugeklebt, sondern die Malerei ist unterordnend und nachhelfend angewandt, nur als Schmuck und Zierwerk.

Die steinernen Bildhauerarbeiten, Kapitele, Konsolen, Brüstungen erhielten stellenweise etwas belebende Farbe und Vergoldung, die Eisenarbeiten, Anker, Geländer, Beschläge sind entweder durch Metallfarbe oder Vergoldung vor dem Rosten geschützt, oder mit Leinöl und Kienruß gebrannt und blank geschmirgelt.

Das Eichenholz speziell der Möbel im Altarraum und der Orgelprospekt erhielt reichere Vergoldung und etwas Farbe in Friesen oder Wappenschildern.

Zur eigentlichen farbigen Ausschmückung mit Malerei des Innenraumes sind die Bestrebungen deutscher Frührenaissancemeister, Dürer, Holbein, Flötner in moderner Auffassung mit Anklängen an mittelalterliche Überlieferungen zu grunde gelegt, dasselbe Prinzip, welches auch zu den ornamentalen Modellen der Bildhauerarbeiten dem sehr talentvollen und geübten Bildhauer Giesecke in Berlin als Richtschnur diente. Zur Malerei war ein hochbegabter jüngerer Maler, der jahrelang schon an Meister Grisebachs Bauten thätig war, gewonnen; alle Ornamente sind stilisiert dem direkten Naturstudium entnommen. Fast durchweg deutsche Vegetation ist dabei vertreten an Früchten, Pflanzen, Blüten und Blumen, wie Disteln, Astern, Passionsblumen, Lilien, Klee, Sonnenblumen, Maiglöckchen, Granatäpfeln. Dieselben sind belebt mit allerhand kleinem Getier, meist symbolisch angebracht und gedeutet. Die ganze Malerei des Innenraums hat als Lokalfarbe ein stumpfes, warmes Grün. Die Putzflächen in ihrem scharfen Korn ließen die Malereien in Caseïnfarbe sehr interessant und wirkungsvoll und zugleich mit der Gewähr großer Haltbarkeit entstehen.

Betrachten wir die gemalte Ausschmückung des Innenraumes, so erblicken wir im Haupt= und Seitenschiff alle Wände bis zur Emporenhöhe resp. dem Gurtgesims mit einem grünlichen Teppich bedeckt, über welchem im Schiff sich ein Schriftfries mit Bibelsprüchen an der Westmauer und rings im Altarraum herumzieht. Im Schiff steht geschrieben: „Gott ist Geist, und die ihn anbeten, müssen ihn im Geist und in der Wahrheit anbeten"; „Gott ist Liebe und wer in der Liebe bleibt, der bleibt in Gott und Gott in ihm" während die Wände des Altarraumes den Spruch tragen: „Bauet euch zum geistlichen Haus und zum heiligen Priestertum, zu opfern geistliche Opfer, die Gott angenehm sind durch Jesum Christum."

Die Wände im Seitenschiff haben ein großes, einfaches Muster von Kreuzornamenten und Blumen. Die Decke, in roter Grundfarbe leicht lackiert, trägt als Streumuster helle Granatäpfel in zierlichem Rankenwerk. Die geschlossene Westmauer ziert ein regelmäßiges Muster von Sonnenblumen, durch Vertikalfriese mit kandelaberähnlichem Ornament in einzelne Felder geteilt. Im Altarraum schmückt die Umringe unten ein prächtig gemaltes ornamentales Teppichmuster, das man für echte Seidenweberei halten könnte. Die vier oberen Wandflächen im Altarraum schmücken flott gemalte Baldachinarchitektur, in dessen unterem Raume die Zeichen der vier Evangelisten zu sehen sind. Im oberen Friese windet sich ein Spruchband, das fortlaufend den Bibelspruch trägt: „Du hast vor Zeiten die

Erde gegründet und die Himmel sind deiner Hände Werk. Sie werden vergehen; du aber bleibest wie du bist und deine Jahre nehmen kein Ende.".

Dieser Idee und dem Kreislauf der Zeiten folgend, sind in dem Fries in 12 Feldern, von Kindern und Engelgestalten gehalten, die Symbole der Himmelszeichen dargestellt. Oben klingt die gemalte Architektur in zierlichen Bogen, Fialen und Kreuzblumen aus.

Die Deckenmalerei im Altarraume als großes, breites Distelornament mit Passionsblumen, darin singende Kinder schweben, spannt sich als leichtes Netzwerk über diesem Hauptteil der Kirche. Im Mittelfeld schweben große geflügelte Engel und halten das Monogramm Christi. Die einzelnen Felder sind mit breiten ornamentalen Friesen eingefaßt. Einfacher ist die Bemalung der Deckengewölbe im Schiff. Nach mittelalterlichem System sind die Gewölbezwickel mit mannigfachen Blumen und Blütenornamenten in abwechselnd offenen und geschlossenen Rankenführungen geschmückt, die Gurtbogen begleiten wie leichte Krabben viel Hängezapfen und zierliche Blumenbündel; um die fein profilierten Schlußsteine mit Vergoldung und etwas Bemalung schlingen sich Blumenkränze durch breitere Blütenmuster in Kreuzform.

Von den Schlußsteinen hängen tief herab sechs mächtige Messingkronleuchter, die an Zugstangen breite Reifen tragen, aus welchen auf leichten Armen gehalten die Lichtkörper wachsen. Strahlenförmig entwickeln sich aus den kandelaberartig getriebenen Mittelkolonnen die unteren reichen Bügel- und Bodenornamente.

Einfacher, aber in gleicher Art sind die Hängeleuchter im Seitenschiff und den Vorhallen gearbeitet.

Den Hauptschmuck des Kirchenraumes bieten die gemalten großen Fenster, von denen das große Chorfenster den ganzen Kirchenraum beherrscht. Wir reden ausführlicher von dem künstlerischen Werte und der religiösen Bedeutung dieser Fenster im Kapitel „Schenkungen und Stiftungen."

Diese Fenster geben der Kirche eine künstlerisch erhabene und weihevolle Innenwirkung, die jeden profanen Charakter verdrängt. Wie mit leuchtendem lebendigen Sonnenschein übergossen, erscheinen die einzelnen Bauteile, Möbel, Ornamente, Malerei und Kunstwerke zu einem harmonisch großen, monumentalen Kirchenraume verbunden.

Die große Orgel ist ein eigenes Kunstwerk, trefflich und vorzüglich gearbeitet, aus der altbewährten Orgelbauanstalt Walcker in Ludwigsburg entstanden.

Die Orgel, als Opus 703, aus der berühmten Orgelbauanstalt der Firma E. F. Walcker & Cie. in Ludwigsburg hervorgegangen, hat 3 Manuale, 1 Pedal, 37 klingende Stimmen und 10 Nebenzüge, im Ganzen also 47 Register mit 2244 Pfeifen und folgende Dispositionen:

I. Manual (C—f 54 Noten):

1. Prinzipal 16' . . . . 54 Pfeifen
2. Prinzipal 8' . . . . 54 „
3. Viola di Gamba 8' . . . 54 „
4. Doppelflöte 8' . . . . 54 „
5. Gedeckt 8' . . . 54 „
6. Gemshorn 8' . . 54 „
7. Quintatoen 8' . . 54 „
8. Trompete 8' . . . 54 „

432 Pfeifen

Beschreibung des fertigen Baues.

Übertrag 432 Pfeifen

  9. Octav 4′ . . . . . . 54 ,,
10. Rohrflöte 4′ . . . . 54 ,,
11. Spitzflöte 4′ . . . . 54 ,,
12. Octav 2′ . . . . . . 54 ,,
13. Cornett = 8′ Ton 4= u. 5=fach 258 ,,
14. Mixtur 2⅔′ 5=fach . . . 270 ,,

zus. 1176 Pfeifen.

II. Manual (C—f 54 Töne).

1. Bourdon 16′ . . . . . 54 Pfeifen
2. Principal 8′ . . . . . 54 ,,
3. Liebl. Gedeckt 8′ . . . 54 ,,
4. Salicional 8′ . . . . 54 ,,
5. Concertflöte 8′ . . . . 54 ,,
6. Clarinette 8′ . . . . 54 ,,
7. Fugara 4′ . . . . . 54 ,,
8. Hohlflöte 4′ . . . . 54 ,,
9. Traversflöte 4′ . . . . 54 ,,

zus. 486 Pfeifen.

III. Manual (C—f 54 Noten, Schwellwerk).

1. Geigenprincipal 8′ . . . 54 Pfeifen
2. Gedeckt 8′ . . . . . 54 ,,
3. Aeoline 8′ . . . . . 54 ,,
4. Vox celeste 8′ . . . 42 ,,
5. Gedecktflöte 4′ . . . . 54 ,,
6. Flauto dolce 4′ . . . . 54 ,,
7. Solo=Gamba 8′ . . . 54 ,,
8. Solo=Prinzipal=Flöte 8′ 54 ,,

zus. 420 Pfeifen.

Pedal (C—d 27 Noten).
1. Prinzipalbaß 16′ . . 27 Pfeifen
2. Subbaß 16′ . . . . . 27 "
3. Violonbaß 16′ . . . . 27 "
4. Posaunenbaß 16′ . . . 27 "
5. Oktavbaß 8′ . . 27 "
6. Violoncello 8′ . . . . . 27 "

zus. 162 Pfeifen.

Nebenzüge und Koppeln:
1. Koppelung II. Man. zum I. Man.
2. „ III. „ „ II. „
3. „ I. „ „ Pedal,
4. „ II. „ „ „
5. „ III. „ „ „
6. Kollektivpedal für Tutti und Koppeln
7. „ „ Forte im I., II. u. III. Man. ⎫ sich gegen-
    und Pedal ⎬ seitig aus-
8. „ „ Piano „ I., II. u. III. Man. ⎭ lösend.
    und Pedal
9. Schwelltritt zum III. Manal,
10. Auslöser aller Kollektivpedale.

Zusammenstellung:
I. Manual 14 Stimmen mit 1176 Pfeifen,
II. „ 9 „ „ 486 „
III. „ 8 „ „ 420 „
Pedal 6 „ „ 162 „

zus. 2244 Pfeifen.

5 Koppeln,
3 Kollektivpedale,
1 Schwelltritt,
1 Auslöser,

zusammen 47 Register mit 2244 Pfeifen.

Von der Einrichtung weiterer moderner Hilfszüge und sonstiger technischer Neuerungen wurde mit Rücksicht auf die Bestimmung des Werkes als Kirchenorgel und auf speziellen Wunsch der Baudeputation abgesehen.

Indes glaubten die Erbauer der Orgel (die Firma E. F. Walcker & Cie.) ihrer Dankbarkeit gegen die Stadt Frankfurt a. M., der sie nunmehr, mit der neuen Peterskirchenorgel, in einem Zeitraum von nahezu 60 Jahren (die erste von ihr dahin gelieferte Orgel war die 1833 in der Paulskirche errichtete) nicht weniger als 34 Orgelwerke von 3 bis 74 klingenden Stimmen liefern durfte, am besten und nachdrücklichsten dadurch Ausdruck zu geben, daß sie dieser neuen Orgel unentgeltlich die folgenden Vervollständigungen angedeihen ließ und zwar:

   a) indem sie die 3 Kollectivpedale zum gegenseitigen Auslösen einrichtete und mit einem besonderen Auslöser ausrüstete und

   b) das III. Manual dadurch vervollständigte, daß sie demselben zwei weitere Solo=Stimmen beifügte:
      Solo=Gamba 8′ und
      Solo=Prinzipal=Flöte 8′
   und diese beiden Stimmen mit mehr als doppeltstarkem Wind aus eigenem, vom übrigen Werk unabhängigem Gebläse und Regierwerk versah.

(Der Werth dieser Mehrleistungen beträgt circa Mk. 1500.—, wofür wir der verehrten Firma zu lebhaftem Danke verpflichtet sind.)

Diese beiden, mit hohem Winddruck intonirten Labial= Register haben jedes für sich etwa die fünffache Kraft einer gewöhnlichen Stimme und verfehlen nicht die Gesamtwirkung und Tonfülle des Ganzen wesentlich zu erhöhen und sich auch vorzüglich als Solostimmen zu eignen da, wo es sich darum handelt, die Melodie ganz besonders hervorzuheben.

Diese neueste Errungenschaft im Orgelbau dürfte neben den von früher her bekannten, ebenfalls mit hohem Winddruck intonirten Zungenstimmen (Tuba mirabilis u. drgl.) insbesondere zu Konzertzwecken und in großen Domen wohl zu empfehlen sein.

Wie bei den übrigen Stimmen des Werkes, so ist auch hier, trotz des höheren Windbruckes die Charakteristik jedes einzelnen Registers strengstens gewahrt.

Mit geradezu überwältigender Majestät und Würde ergreifen die gewaltigen Tonmassen des vollen Werkes den Besucher des Gotteshauses, aber wohlthuend und wie aus einem Gruße empfindet das Ohr die herrlichen erhabenen Harmonien dieser „Königin der Instrumente."

Es ist überflüssig, hier die Meisterschaft hervorzuheben mit der die Intonation jeder einzelnen Stimme in bezug auf schöne Ausgleichung und Charakteristik getroffen ist, wir sind an eine solch vollendete Arbeit von der Firma Walcker & Cie. gewöhnt.

Aber auch in Bezug auf technische Vollendung hat die Firma Walcker & Cie. das möglichste geleistet.

Das ganze Regierwerk funktioniert mit seiner durchaus pneumatischen Röhrentraktur sowohl für Manuale, Pedal, Register und Nebenzüge mit einer Präzision und Sicherheit, die wohl ihres gleichen suchen dürfte.

Die schnellsten Passagen, Triller und Staccatos, nicht nur in einzelnen Tönen, sondern auch in ganzen Akkorden kommen mit überraschender Deutlichkeit zum Vortrag, das Spiel selbst ist äußerst leicht und angenehm.

Die Windladen sind Kegelladen nach Walcker'scher Konstruktion, und dieser Firma gebührt auch die Ehre und das

Beschreibung des fertigen Baues.

Innenansicht der Kirche von der Nordostseite; die Orgel.

Vorrecht, diese ihre Kegelladen (als die ersten unter den Orgelbauern) in pneumatische Kegelladen mit Röhrentraktur umgewandelt und eingerichtet zu haben.

Es erübrigt uns noch, dem prachtvollen, nach Zeichnung des Baumeisters Herrn Architekt Grisebach, ebenfalls in der Werkstätte der Firma E. F. Walcker & Cie. in Ludwigsburg ausgeführten Orgelgehäuse einige Worte der Anerkennung zu weihen.

Aus schönstem astfreiem Eichenholz gefertigt, zeigt es in sauberster Ausführung in welch kunstverständiger, sinniger Weise die Herren Walcker & Cie. auf die Ideen des Baumeisters einzugehen und dieselben zu verkörpern verstanden.

Auch das Gehäuse darf mit vollstem Recht als eine hervorragende Leistung der Kunsttischlerei und Bildhauerei bezeichnet werden.

Möge dieses Muster- und Meisterwerk deutscher Orgelbaukunst auf Generationen hinaus seinem erhabenen Zweck ungestört dienen und stets eine Zierde des schönen Gotteshauses bleiben zum Ruhm und Lob des Allerhöchsten und zur Freude und Erbauung seiner Gemeinde!

Das reich geschnitzte Orgelgehäuse, in Eichenholz konstruiert und meisterhaft vollendet, hat viel Vergoldung an den Holzschnitzereien. In reicher Gestaltungsfähigkeit sind die einzelnen Ornamente geschnitzt. Am großen Spieltisch sind in Medaillons fünf Komponisten und Dichter kirchlicher Gesänge und Lieder, Gellert, Bach, Luther, Händel, Paul Gerhard, allerdings mit nur geringer Portraitähnlichkeit, in das Holz geschnitzt. —

Das Hauptmöbel der Kirche „die Kanzel," an der westlichen Mauer und auf den Chorstufen erhöht stehend, ist aus französischem Kalkstein (Vauligny) in reichster Profilierung und Skulpturenschmuck gefertigt; sie ruht auf vier kleinen Säulchen und hängt fest in der Mauer.

Die vier Füllungen der Brüstung sind mit zierlichen Konsolen und geflügelten Engelfigürchen in Hermenform eingerahmt; darüber in flachen Bögen zierliche Cartuschen mit Sprüchen der betreffenden Evangelisten; letztere sind hochrelief in Brustbildern, prächtig und edel nach Modellen des genialen Bildhauer F. Hausmann ausgehauen und von ihm selbst vollendet. Über der Kanzel schwebt ein leichter Kuppelbaldachin mit hohen zierlichem Aufbau, mit teilweiser Vergoldung. Im untern Fries der Kuppel ist auf blauen Grund der Bibelspruch: „So kommt der Glaube aus der Predigt, das Predigen aber durch das Wort Gottes." Auf dem kleinen oberen Fries stehen die Worte: Soli Deo gloria. Die untere Decke des Baldachins ist kasettenartig reich= gegliedert; in der Mitte desselben reich geschnitzte Rosetten mit Symbol des heiligen Geistes als Tauben.

Der Altar steht auf einem Podest von zwei Stufen. Der steinerne Altartisch trägt auf der Vorderseite ein reiches gepreßtes und vergoldetes Lederantipendium. Auf dem Altar steht ein silberbeschlagenes Ebenholzkreuz mit wertvollem, prächtigem altem Kruzifixus aus Elfenbein; daneben zwei getriebene Messingleuchter. Hinter dem Altar, in der reichen Holzrückwand aufgehängt, ist eine prächtige Woll= und Seidenstickerei nach einem berühmten Wandgemälde des 16. Jahrhunderts im Kloster zu St. Marco in Mailand, das Abendmahl darstellend. Auf den zwei hohen Quer= wangen stehen zwei schrifttragende, geflügelte Engelgestalten, in edler Anmut vom Bildhauer Hausmann geschaffen. Reiche Goldflächen zieren Rückwand und Stickerei.

Der schön geschnitzte Chorstuhl für den Sprengelvorstand

Die Kanzel und die westliche Hälfte des Chores.

hat reiche Vergoldung und prächtiges, braunrotes Teppichmuster in der Rückwandtäfelung. Die Sitze und Rückwand decken geschnittene und gebeizte Lederpolster.

Einfach geschnitzt und dem praktischen Zweck entsprechend sind sämtliche Sitzbänke im Schiff und den Emporen hergestellt. Unter den Fußbrettern derselben liegen die Rohre der Heizung; eiserne Haken an den Rücklehnen der Bänke dienen zum Aufhängen der Hüte und Schirme.

Die vier Glocken, welche die Gemeinde zum Gottesdienst rufen, und von dem Turmuhrwerk geschlagen, die Zeit angeben sollen, haben einen dur und einen Mollaccord in den Tönen cis-e-fis-gis und sind von F. W. Rinker in Sinn mit leichter Rippe gegossen aus einer Mischung an 78% Kupfer und 22% Zinn. Durch ein Versehen ist bei Verpackung der Glockenlieferung nicht genau bestimmt worden, ob die neue (Pariser) Stimmung oder die alte ca. $1/2$ Ton höhere (Wiener) Stimmung für die Glocken angenommen werden müßte. Sämtliches Geläute der hiesigen Kirchen, speziell das große Domgeläute hat Pariser Stimmung. Als nach Probeläuten konstatiert wurde, daß leider die neuen Glocken nach der Wiener Stimmung gegossen seien, so mußte nachträglich in schwieriger Arbeit im Innern der Glockenmäntel das Bronzemetall ausgebohrt werden. Die vier Glocken sind benannt: Jesaia, Jeremia, Hesekiel, Daniel, und tragen die Inschriften:

„Heilig, heilig, heilig ist der Herr Zebaoth, alle Lande sind seiner Ehre voll."

„O Land! Land! Land! höre des Herrn Wort."

„Bekehret Euch, so werdet ihr leben."

„Wer stolz ist, den kann er bemüthigen."

Auf der Rückseite trägt jede Glocke die Inschrift: Gegossen von F. W. Rinker in Sinn 1894.

Über die Epitaphien der Familie Glauburg und die wertvollen Marmorreliefs nach Luca della Robbia siehe das nächste Kapitel.

4. Kapitel.

Die Schenkungen und Stiftungen in der neuen Peterskirche.

Wir sahen schon bei der Geschichte der alten Kirche im Mittelalter, in wie glänzender Weise der Gemeinsinn der Bürger sich bewährte. Auch heutzutage ist diese freiwillige Liebesthätigkeit nicht erloschen, sondern sie bethätigt sich im Gegenteil in noch weit größerem Umfang. Zwar die Objekte dieser gemeinnützigen Arbeit sind zum Teil andere geworden. Galt deren Bemühen früher ganz vorwiegend der Kirche, so finden heutzutage neben und oft vor derselben die humanitären Aufgaben ihre Erledigung. Und ebenso haben sich auch die Subjekte geändert. Die alten Geschlechter sind zum Teil ausgestorben, zum Teil finden und beanspruchen sie nicht mehr die führende Rolle, die ihnen früher zukam, und an ihre Stelle sind andere Familien aus dem Kaufmannsstande, vom

Handwerk und der Industrie getreten. Endlich sind aber auch die Motive der Liebesthätigkeit andere geworden. Zwar wollen wir es den Zeiten des Mittelalters nicht vorwerfen, daß man damals mit seiner Liebesbewährung sehr deutlich auf den Gotteslohn spekulierte; der Großherzigkeit der Gesinnung entbehrten die Schenkungen trotzdem nicht. Wir wollen es auch nicht vergessen, daß auch heutzutage nicht immer die reine Liebe zur Sache der Beweggrund zu diesen Schenkungen ist, (wir reden hier nicht von der Peterskirche besonders, sondern von den Schenkungen im Allgemeinen), daß vielmehr gar mancherlei Menschliches mitwirkt, die Leute zu solchen Stiftungen zu bewegen. Aber im Allgemeinen läßt es sich doch behaupten, daß die Ethik des Gebens sich vervollkommnet hat, daß die Motive des Schenkens mehr und mehr die Liebe zur Sache, die Einsicht von der Notwendigkeit des Schenkens geworden ist.

Jedenfalls hat die Peterskirche alle Ursache, den zahlreichen freundlichen Schenkern für ihre zum Teil großartige Stiftungen von Herzen zu danken. Nur mit ihrer Hilfe ist es gelungen, der Kirche den Schmuck zu leihen, der ihrem ganzen Aufbau entspricht und ihr erst den rechten Eindruck verleiht. Einige dieser Schenkungen wurden uns ohne unser Zuthun zu Teil, bei anderen bedurfte es nur des Hinweises, um sogleich freundliche Geber zu finden. Zu den ersten gehörte Herr Georg Reutlinger, welcher, sobald er vom Bau der Kirche hörte, sich bereit erklärte, die Glockenseile gratis zu liefern, wie dies sein Großvater im Jahre 1771 für die alte Kirche gethan hatte. Herr Buchbindermeister Dieterich schenkte eine wundervolle Kanzelbibel, ein Prachtstück und zugleich das letzte Meisterstück der Buchbinderinnung hier in Frankfurt. Desgleichen schenkte auch Herr Detloff nicht nur eine schöne Bibel in 3 Bänden zum Handgebrauch, sondern

Schenkungen und Stiftungen. 277

noch außerdem den Text einer großen Altarbibel in Folio. Diese letztere wird von Hulbe in Hamburg in getriebenem und geguntem Leder gebunden und erhält die wertvollen alten Messingbeschläge einer anderen von Herrn Carl Birkenstock gestifteten Familienbibel. Diese Bibel des Herrn Birkenstock ist ein interessantes Druckwerk; in Großfolio sehr solid gebunden, hat sie zahlreiche Bilder und zwischen den einzelnen Versen weitläufige Kommentare. Die Eckbeschläge aus Messingguß tragen in reicher Ornamentik biblische Medaillons, außerdem der Vorderdeckel ein schönes Mittelstück, Moses darstellend, der Rückdeckel, als zum Neuen Testament gehörig, eine Darstellung des Stifters des neuen Bundes. Kamen die Beschläge dieser alten Bibel, wie gesagt, auf den Detloff-Hulbe'schen Band, so wurde die alte Bibel mit Abgüssen desselben geziert. Trotz des Interesses nämlich, welches die Birkenstock'sche Bibel an sich bietet, war sie ihres kolossalen Gewichtes von 23 Pfund wegen und der beständigen Unterbrechung des Textes durch die Kommentare zum praktischen Gebrauch in der Kirche weniger geeignet, und wird daher zur würdigen Ausstattung der schönen Sakristei verwandt werden. Dagegen wollten wir doch nicht darauf verzichten, wenigstens einen Teil der alten Bibel, eben jene wertvollen alten Beschläge, auch auf den Altar zu bringen.

Ein höchst wertvoller Schmuck wurde uns durch eine Schenkung der Geschwister Diehl, in einem alten Kruzifix zu teil. Die Figur des Gekreuzigten in einer Höhe von etwa 20 cm ist aus Elfenbein von ganz wunderbarer Arbeit. Der Ausdruck des Hauptes ist ergreifend schön; die Anatomie des Körpers von überraschender Feinheit und Exaktheit. Die Architekten ließen das Kreuz in dem Atelier der Herren Schürmann und Cie. in Silber reich montieren. Die Kosten dieser Montierung überstiegen zwar den ursprünglich beabsichtigten Betrag, aber das Ganze in seinem hohen, künstlerischen Wert ist dennoch mit 550 M. für Montierung nicht zu teuer bezahlt.

Eine weiße Abendmahlsdecke mit reicher Stickerei verdanken wir dem Nähverein der Frau Pfarrer Dechent. Hat dieser kleine Kreis schon so manche Gustav-Adolf-Kirche mit ähnlichen Arbeiten beschenkt, so hat er sich durch diese Stiftung für eine unserer Stadtkirchen auch unsern herzlichen Dank erworben.

Ein eigentümliches Schicksal hatte die reiche Schenkung des Fräulein E. J., das schöne Ölgemälde in der Sakristei, das heilige Abendmahl darstellend. Sobald die Erbauung der Kirche beschlossen war, erklärte sich diese Dame bereit, ein Altarbild zu stiften, wie es in all unsern lutherischen Kirchen anzutreffen ist. Wir selbst hatten sie dabei beraten, und freuten uns mit ihr, in dieser Schenkung der Kirche eine angenehme Überraschung zu bieten. Die Dame beauftragte demgemäß den Maler, Herrn E. Körner, in einem förmlichen Vertrag mit der Herstellung dieses Bildes. Dasselbe sollte den im Meere sinkenden und die rettende Hand des Heilands ergreifenden Petrus darstellen. Schon hatte der Maler seine Studien begonnen und die ersten Entwürfe zum Bild ausgeführt, da erkärte der Architekt, daß an dieser Stelle des Chores, unmittelbar unter dem großen gemalten Chorfenster ein Ölgemälde, auch wenn es noch so großartig ausgeführt wäre, wirkungslos bleiben müßte und darum nicht aufgestellt werden dürfte. Wir konnten uns der Richtigkeit dieser Argumentation nicht verschließen, auch nicht der weiteren Überlegung, daß auch sonst in der Kirche für ein bedeutendes Ölgemälde kaum ein richtiger Platz zu finden wäre, und pflichteten daher dem Vorschlag des Architekten bei, Herrn Körner zu ersuchen, anstatt dieses ausgeführten Ölbildes den

Karton für ein in Stickerei auszuführendes Altarbild zu entwerfen. Diese Stickerei sollte die Rückwand des Altars einnehmen, und schon ihrer lang gestreckten Gestalt nach, schien es wünschenswert, die Darstellung des heiligen Abendmahls dafür zum Vorwurf zu wählen. Der Maler, welcher vollauf berechtigt gewesen wäre, auf dem mit ihm geschlossenen Vertrag zu bestehen, entschloß sich gleichwohl, wenn auch mit Bedauern, so doch in zuvorkommender Anerkennung der geltend gemachten Motive, den Vorwurf zu dieser Stickerei zu liefern. Da er aber mit vollem Rechte zweifeln mußte, ob es gelingen würde, in der Stickerei den von ihm beabsichtigten Eindruck des Gemäldes wiederzugeben, und befürchtete, daß dann ein Mißerfolg doch lediglich auf sein Konto geschrieben werden würde, so begnügte er sich nicht mit der Zeichnung eines Kartons, sondern entwarf ein vollständiges Staffeleibild. Als dann dieses an die berühmte Stickereifirma des Frl. Mathilde Jörres in München geschickt wurde, erklärte die Stickerin, daß es unmöglich, oder doch nur mit ganz enormem Kostenaufwand möglich sei, ein solches ausgeführtes Bild in der Stickerei plastisch nachzubilden, und Herr Architekt Grisebach ordnete demgemäß die Herstellung eines anderen, mehr stilisierten Bildes nach dem Original eines alten Meisters des Cinque Cento, nämlich des Dominico Ghirlandaio im Kloster San Marco zu Mailand an, während das Bild Körners seinen Platz in der Sakristei finden sollte. Die Stickerei wird ihre Farbenwirkung nicht verfehlen. Sie wird sich stimmungsvoll in das Ganze dieser prächtigen Chorausschmückung einfügen. Ob sie jedoch, lediglich als Bild betrachtet, in ihrer unendlichen Naivität der Auffassung ihre Wirkung erzielen wird, das steht dahin. Wir zweifeln nicht im Geringsten, daß die große Mehrzahl auch der kunstverständigen Kirchbesucher das Körnersche Bild in dieser Hinsicht vorziehen wird, daß sie

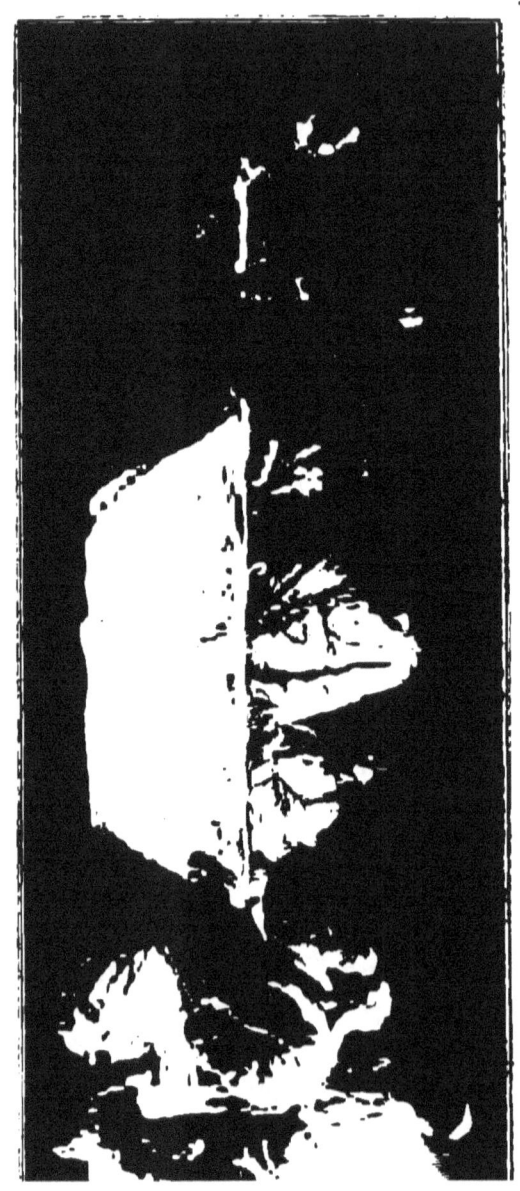

Das Heilige Abendmahl von Körner.

seine Darstellung unserer heutigen Empfindungsweise des heiligen Abendmahls entschieden abäquater finden, und daß sie die religiöse Erhebung, welche ein solches Bild an solcher Stelle zu erwecken bestimmt ist, in diesem Stickereigemälde zum Teil vermissen wird. Wenn es auch zweifellos ist, daß das Körnersche Bild in der Sakristei eine viel günstigere Beleuchtung findet, wie dies je auf dem Chor möglich gewesen wäre, und wenn auch diese Sakristei bestimmt ist, nicht etwa blos als eine Art Garderobe zur Kirche zu dienen, sondern ihrer ganzen Ausstattung gemäß auch zur Abhaltung mancher Gottesdienste, zu einer Art Kapelle neben der Kirche dienen soll, so bleibt es immerhin zu bedauern, daß ein so schönes Gemälde seinen Platz nicht in der Kirche selbst gefunden hat. Wenn übrigens irgend jemand in dieser Angelegenheit einen Vorwurf trifft, so sind wir es, die wir die Stifterin beraten haben, bevor wir uns über die Wünsche des Architekten informiert hatten. Das war eine Übereilung, aber sie war in bester Absicht geschehen und hatte jedenfalls das erwünschte Resultat, der Kirche, bezw. der Sakristei zu dem schönen Bild zu verhelfen, welches wir sonst nicht erhalten hätten. — Der prächtige Chorstuhl ist gestiftet von Simon Moritz Freiherrn von Bethmann und seiner Gemahlin Freifrau Helene von Bethmann, geborenen Freiin von Wendland.

Vor allem aber ist noch eine Schenkung von sehr bedeutendem Wert und hoher Schönheit zu nennen: Zwei Marmorreliefs, Nachbildungen nach Lucca della Robbi, aus dem Dom zu Florenz von einem jüngeren deutschen Künstler gearbeitet. Sie haben ihren Platz auf der Seitenempore neben der Orgel gefunden. Auch dieses edle Kunstwerk verdanken wir der Stifterin des Mittelfensters auf der Ostfront, der Frau S. Jay.

Die schönen Epitaphien der Familie Glauburg und der

Kronleuchter in der Sakristei sind der alten Kirche entnommen und von der Stadt uns gütigst überlassen worden. Schlossermeister Zimmermann, dem die Schlosserarbeit beim Bau übertragen war, schenkte drei selbst gearbeitete schmiedeeiserne Opferstöcke, Herr C. H. das schöne Lesepult aus Messing mit dem Abguß des berühmten Adlers in dem Dom zu Halberstadt, Gebrüder Armbrüster, die Verfertiger der prächtigen Kunstschmiedearbeiten des Kirchenbaues, 2 aus Messing getriebene Altarleuchter. Herr Uhrmacher Leuchs eine wertvolle Wanduhr mit Schlagwerk in der Sakristei, deren Gehäuse er selber entworfen hatte.

Das Taufbecken in dieser Sakristei ist von den Konfirmanden der beiden jetzt amtierenden Pfarrer Wolf und Battenberg geschenkt.

Der Vollständigkeit halber seien endlich auch noch die drei Gipsstatuen in der Turmhalle erwähnt: Christus und die beiden Apostelfürsten darstellend. Dieselben sind Modelle des verstorbenen Professors Zwerger aus dem Nachlaß Vannis herrührend, und zwar diente die Christusfigur zum Modell des in dem Kurhessischen Mausoleum unseres neuen Friedhofes stehenden edlen Crucifixes. Diese 3 Figuren sind von dem Herausgeber dieses Büchleins geschenkt.

Und nun zu den Hauptstiftungen der Kirche, den prächtigen Glasfenstern in ihrer eigenartigen, so vornehm wirkenden Schönheit. Sie sind sämtlich bis auf die sechs kleinen unter der Empore befindlichen Fenster, gestiftet, und auch zu diesen letzteren hat der Künstler, Herr Architekt und Glasmaler Linnemann, Mk. 500 beigesteuert, beziehungsweise dieselben um diesen Betrag unter dem Selbstkostenpreis geliefert. Auch die anderen Fenster sind mit Ausnahme des großen aus der Kgl. Bayrischen Hofglasmalerei des Herrn Zettler in München hervorgegangenen Orgelfensters von unserm genialen Linnemann geschaffen.

Was zunächst die künstlerische Bedeutung dieser Glasfenster anlangt, so ist vor allem ein bemerkenswerter Unterschied zwischen dem Zettlerschen Orgelfenster und den von Linnemann hergestellten übrigen Fenstern zu konstatieren. Die letzteren sind nach den Intentionen Griesebachs hell, klar und heiter gehalten. Die Ornamentik ist, vor allem was die Seitenfenster angeht, die Hauptsache. Nur drei Grundfarben, gelb, weiß und schwarz, sind in verschiedenen Nüancierungen angewandt und dadurch ist ein ebenso zarter wie prächtiger Eindruck erzielt, eine Wirkung, die ungemein stimmungsvoll und vornehm genannt werden muß. Die Ornamentik stimmt aufs harmonischste mit der sonst in diesem Kirchbau in Malerei und Architektur angewandten Stylisierung überein.

Es sei an dieser Stelle dem verdienstvollen Erbauer dieser Kirche, dem Herrn Architekten Griesebach unser wärmster Dank ausgesprochen, besonders auch für die Fenster. Sein Verdienst ist es, sowohl in der Kirche zu Gießen, als wie hier bei uns in Frankfurt, diese neue Art der Glasmalerei eingeführt und höchst wahrscheinlich für alle ähnliche Kirchen und alle verwandte monumentale Bauten vorbildlich gemacht zu haben. Der Münchener Glasmaler hat sich an diese Intentionen des Architekten bei seinem Fenster über der Orgel nicht gehalten, sondern darnach gestrebt, die geschlossene, tiefe, teppichartige Wirkung der Mehrzahl der mittelalterlichen Glasmalereien fest zu halten. Das ist ihm denn auch durchaus gelungen, und in einer mehr mittelalterlichen Kirche würde dies Zettler'sche Bild noch größere Wirkung erzielen, als in diesem so andersartigen Kirchenbau.

In der That entspricht denn auch, wenn wir nicht irren, die Gesamtwirkung dieses ganzen Kirchenbaues weniger dem

Beifall des kunstsinnigen Stifters dieses Orgelfensters, der vielmehr die ernsteren Formen des romanischen und des gothischen Stiles vorzieht, eine Auffassung, welche bekanntlich auch sonst

Die Huldigung der Weisen aus dem Morgenlande.

gar manche Kirchen- und Kunstfreunde teilen. Hervorgehoben sei indes bei diesem Orgelfenster, die Huldigung der Weisen aus dem Morgenlande vor dem Jesuskindlein darstellend, die schöne Zeichnung des Bildes. Besonders Maria, und

Schenkungen und Stiftungen.

das Jesuskindlein, aber auch die einzelnen Nebengestalten sind, eine jede für sich betrachtet, ganz herrliche, herzgewinnende Gestalten, und ebenso ist die Gesamtkomposition des Bildes eine hervorragend künstlerische Leistung. Dagegen stimmt die Ornamentik weniger zu der sonstigen Formgebung des Innenraums der Kirche, und die Farbenstimmung des Bildes erscheint nicht diskret genug.

Die Komposition und Ausführung sämtlicher übrigen Fenster, der 6 großen Schiffsfenster, der 6 kleinen unter der Empore, der 3 kleinen Sakristeifenster, sowie des großen Chorfensters, rührt von dem Frankfurter Glasmaler und Architekt A. Linnemann her, wie schon oben berichtet.

Die Detaillierung der Architektur in natürlicher Größe hat derselbe in freundlichem Entgegenkommen auf Wunsch des leitenden Architekten Herrn Maler Gathemann überlassen, um dadurch eine vollkommene Übereinstimmung mit den so charakteristischen und eigenartigen Formen der Wanddekoration zu erzielen, Formen, welche Herr Grisebach nach ernstem, dauerndem Studium als Spezialität herausgearbeitet hat. Wie trefflich dies Herrn Gathemann gelungen, kann Jedermann leicht kontrolieren. Schwerlich hätte ein anderer dies so gekonnt, der nicht so vollkommen in der Grisebachschen Formensprache zu Hause ist wie dieser Künstler. Auch die sämtlichen zu diesen Fenstern gehörigen figürlichen Darstellungen, mit Ausnahme des von Maler Graetz entworfenen Medaillons zum Juretschen Fenster, sind das Werk Linnemanns. Nach seinen Entwürfen sind die Kartons in natürlicher Größe mit Hilfe von Naturstudien von einem andern Maler gezeichnet, freilich in einer so derben Realistik, wie wir sie nicht billigen können, am wenigsten in einer Kirche. Die Kunst, und in erster Linie die religiöse Kunst, muß uns vor allem erheben, und diesem Zweck scheinen uns so manche, der hier entworfenen Gestalten gar wenig zu genügen. Im übrigen zeigen die Fenster Linnemanns in ihrer Gesamtheit die Vorzüge, die dem Manne eigen sind, welcher die Kunst der Glasmalerei in Frankfurt aus hundertjährigem Schlaf wieder erweckte, so daß sein Ruf sich schnell über ganz Deutschland verbreitet hat, und sein Einfluß auf die Hebung der Glasmalerei überall so durchschlagend geworden ist. Es ist vor allen Dingen das Colorit, was bei dieser Kunst den Ausschlag giebt, dann die Komposition in bezug auf coloristischen Effekt und die Phantasie, die Sinnigkeit der ornamentalen Inspiration. Würde zu diesen Vorzügen auch noch die Gefälligkeit und Feinheit des figürlichen Teils hinzutreten, so wären in diesen Fenstern Kunstwerke von durchaus vorbildlicher Meisterschaft geboten. Denn daß er ein Meister des Kolorits sei, daß er es versteht, seinen Glasbildern „Ton" zu geben, das beweist Linnemann, wie in seinen früheren Schöpfungen, so auch in diesen Bildern unserer Kirche in überzeugender Weise, und wir freuen uns, daß unser genialer Landsmann sich auch mit diesen Werken ein Denkmal geschaffen hat, welches seinen Namen für kommende Geschlechter in ehrender Erinnerung bewahren wird.

Die Komposition des großen Chorfensters über dem Altare war eine ganz besonders interessante aber auch heikle Aufgabe. Dieses Fenster ist 4,10 Meter breit und 7,16 Meter hoch und maßwerkartig durch Steinpfosten geteilt. Den oberen Teil nimmt ein mächtiger Kreis ein in der vollen Breite des Fensters. Er ruht auf einem kräftigen wagerechten Teilungsgurt, kleine Kreise füllen die Zwickel. Unter der wagerechten stehen fünf kleine rundbogige Fenster, bloß durch die Pfostenstücke von einander getrennt. In diesem also geteilten Fenster sollte die Himmelfahrt Christi dargestellt werden, in der Weise, daß die Komposition das ganze verfügbare Licht des Fensters ausnutzt, sich also nicht den Formen der einzelnen Felder anbequemt, sondern ohne Rücksicht auf die Steinteilung sich ungeniert entfaltet, als ob der Zuschauer durch das Fenster durch, auf den vor demselben sich abspielenden Vorgang sähe, natürlich nicht ohne daß der Stein gar manches verdeckt. Es mußte sogar mit größter Kunst von den Figuren stets so viel abgeschnitten werden, daß sie nicht aussahen, als quälten sie sich vergebens und unnützer Weise in den lichten Raum, sondern so, daß sie eine ungezwungen zusammenhängende Gruppe blieben und doch wieder im Einzelnen so glücklich abgeschnitten wurden, daß keine unverständlich gemacht werde.

Die Lösung dieser Aufgabe ist denn auch dem Künstler aufs glücklichste gelungen. Die Gruppierung der verschiedenen Gestalten, die Schilderungen des verschiedenartigen Eindrucks, welchen das Ereignis auf die Zuschauer machen mußte, ist eine sicherlich natürliche und bedeutende, — wenn nur diese Gestalten etwas mehr der Auffassung entsprächen, welche wir uns von den Aposteln des Herrn machen müssen. Waren es auch von Haus aus Schiffer und Handwerker, die der Herr um sich sammelte, so waren es doch auch durch seinen Umgang geheiligte Menschen, die etwas von jener Verklärung zeigen müßten, welche der Einfluß des Evangeliums auch auf den äußeren Menschen bewirkt.

In dem Kreisfelde oben schwebt Christus in hellem Festgewande zum Himmel auf, den Blick nach der ewigen Heimat gerichtet mit ernstem feierlichen Ausdruck des Gesichts. Zu den Seiten stehen die beiden von dem Evangelisten erwähnten „strahlenden Gestalten." Außer den Aposteln unten finden sich auch noch einige weltliche Zuschauer oben, welche ebenfalls das Verhalten verschiedenster

Lebensalter, Geschlechter und Berufsklassen typisch charakterisieren. Als Hintergrund erblickt man die friedliche Landschaft und den feierlich leuchtenden Himmel. Das Ganze ist umrahmt und geht vor in einer Architektur, die der in den Schiffsfenstern verwendeten entspricht. Auch in der Farbenwirkung fällt dieses Fenster durchaus nicht aus dem Rahmen der Schiffsfenster heraus, sondern ist nur eine energische Steigerung ein und desselben Glanzes. Reich und kontrastvoll in der Mannigfaltigkeit der Farben, ist es doch zusammengepackt zu einem wuchtigen, glanzvollen, festlichen Akkord, der uns tief aber freudig bewegt.

Wenn aber auch dieses Glasgemälde eine noch so große Wirkung macht, so beeinträchtigt es doch nicht die schöne diskrete Chordekoration und zeigt, daß auch bei solchen Fenstern, bei denen das Figurale das herrschende ist, eine ganz helle Stimmung sich durchführen läßt, die in ihrer Art einen gerade so hohen Reiz haben kann, als die tiefe Glut der Fenster des 13. und 14. Jahrhunderts.*

In diesen Glasfenstern sollte indeß auch eine bestimmte religiöse Anschauung ausgedrückt werden.

In dieser Hinsicht besteht ein gewisser Unterschied in dem Ausdruck der beiden Hauptbilder auf der Orgel- und der Chorseite einerseits, und den Darstellungen auf den beiden Seitenfronten andererseits. Tritt uns auf den ersteren die Geburt Jesu (genauer die Huldigung der Weisen aus dem Morgenlande) und die Himmelfahrt des Herrn vor Augen, so erblicken wir in den Medaillons der Seitenbilder den Helfer und Erquicker der Mühseligen und Be-

---

* Leider konnten wir weder von dem Chor im Ganzen noch von dem Chorfenster eine Abbildung bringen, weil beide zur Zeit der Drucklegung dieses Buches noch nicht zum Photographieren fertig waren.

labenen, dort den Herrn als den Ausdruck der in uns wohnenden Glaubensgewißheit, hier den geschichtlichen Jesum Christum als das Lebensideal. Zwar die ältere Theologie, der nur dasjenige „wahr" ist, was „wirklich" ist, würde diesen Unterschied kaum anerkennen, ihr ist jede biblische Darstellung aus dem Leben des Herrn eine geschichtliche. Um so mehr entspricht aber eine solche Differenzierung der modernen, in ihrem Kern wahrlich nicht weniger frommen Anschauung der Heilsgeschichte. Es bestand ursprünglich die Absicht, diesem Gedanken noch deutlicheren Ausdruck zu geben. Es sollte ein jedes dieser Medaillons eine möglichst denselben Grundgedanken ausdrückende Über- oder Unterschrift tragen, etwa „Jesus der Gottesfreund" (der 12 jährige Jesus im Tempel), „Jesus der Kinderfreund" (Lasset die Kindlein zu mir kommen), „Jesus der Verklärer menschlicher Freude" (Hochzeit zu Cana), „Jesus der Freund der Seinen" (Maria und Martha), „Jesus der Sünderfreund" (Maria Magdalena), „Jesus der Freund der Leidtragenden" (Töchterlein des Jairus). Man sah aus technischen und ästhetischen Gründen von diesen Inschriften ab, aber der leitende Gedanke ist doch derselbe geblieben. Übrigens ist die Anordnung und Reihenfolge dieser Bilder nicht sachgemäß. Besser wäre etwa die Reihenfolge gewesen: Jesus als Gottesfreund, als Kinderfreund, Freund der Seinen, Verklärer menschlicher Freude, Sünderfreund und Tröster der Leidtragenden. Aber wir konnten den nach und nach gewonnenen Stiftern weder die Wahl des Gegenstands noch die der Lage der betreffenden Fenster verwehren.

Auch die Fenster in der Sakristei wurden gestiftet, und zwar von den noch lebenden Angehörigen des Pfarrers der St. Peterskirche und Seniors des Predigerministeriums Dr. phil. et theol. Johann Philipp Bentard (s. S. 131).

Diese Fenster bieten in gefälliger Ornamentik drei Medaillons (sogen. Schweizerscheiben), die Versinnbildlichung, von Glaube, Liebe, Hoffnung darstellend.

Das große Chorfenster ist aus dem Ertrag der Sammlungen gestiftet, welche der zu diesem Zwecke als Komitee sich konstituierende Sprengelvorstand eingeleitet hatte; es kostet 7000 M. Das große Fenster über der Orgel ist von der Familie Metzler hier gestiftet worden, zum Andenken ihrer Voreltern, deren Asche an dieser Stätte im Schatten der Kirche ruht.

Von den Fenstern der westlichen Seitenfront hat das erste (vom Chor aus gezählt) Herr Generalkonsul Leuchs-Mack geschenkt, das zweite (Jesus die Kinder segnend) Herr Schneidermeister Jureit, das dritte (Töchterlein des Jairus) Herr Robert Propach; von den Fenstern der Ostfront ist das erste (Hochzeit zu Cana) ein Geschenk der Frau P. Lohse zum Andenken an ihren verstorbenen Gatten, ihren Schwiegersohn und ihrer ihr unvergeßlichen Tochter (Herrn und Frau Dr. med. Stahl), das mittlere von Frau S. Jay zum Andenken an ihren verstorbenen Gatten Herrn Louis Jay, das dritte von Herrn Karl Julius Wernher in London, dem Sohne des hier verstorbenen Eisenbahndirektors Wernher gestiftet. Vier dieser Fenster nämlich, das des Herrn Leuchs-Mack, des Herrn Jureit, des Herrn Propach und der Frau Lohse tragen in den Nebenpersonen Portraits.

Außer diesen Stiftungen erhielten wir aber auch sehr namhafte Geldgeschenke. Es spendeten Herr Adolf Grunelius und Frau Müller-Kolligs je 1000 M., Herr Albert Keyl und Herr Viktor Mößinger je 500 M., Herr Wilhelm Mößinger 250 M., Frau Dr. Schlemmer und N. N. je 200 M., Herr L. Lichtenstein & Co. 170 M., N. N. 125 M.; Herr G. L. Daube, Herr Friedr. Letzkauff, N. N. je 100 M.;

Schenkungen und Stiftungen.

Freiherr Dr. Schott von Schottenstein, Herr A. Marburg, Herr C. Gail, Herr Baron Ludwig von Erlanger, Freiherr Georg von Holzhausen, Herr Dr. G. Rumpf, Herr L. Burckhardt, Herr L. Kalb, N. N. je 50 M.

Durch Sammlungen in der Gemeinde, welche wir abgesehen von obigen Beträgen von Kolporteuren ausführen ließen, erzielten wir abzüglich der Spesen für Inserate und Kolporteurgebühren (im Betrag von 390 M. 61 Pfg.) in Einzelgaben von 40 M. bis 50 Pfg. die Summe von 3106 Mark;* außerdem an Zinsen und Kursgewinnen circa 250 M., summa summarum also circa 8050 Mark.

Dazu bewilligte der ev.-luth. Gemeindevorstand noch die Summe von 2800 Mark für manche bei der Veranschlagung vergessene Gebrauchsgegenstände, als Liedertafeln, Läufer, Teppiche u. a. m. Aus dem Ertrag der Sammlung wurde das obenerwähnte Chorfenster, die Montierung des Kruzifixes und der größere Teil des (750 Mark kostenden) Harmoniums bestritten. Die spezifizierte Rechnung kann erst nach der vollständigen Vollendung des Baues geliefert werden.

---

* Solches Sammeln durch bezahlte Kolporteure hat, wenn es nicht mit großer Weltklugheit betrieben wird, seine mißlichen Seiten, zumal für einen solchen Zweck, bei dem so jeder Maßstab des richtigen Gebens fehlt. Gar mancher Wohlhabende, der ebenso gern den 10fachen Betrag gezeichnet hätte, hat sich mit minimalen Gaben begnügt, lediglich weil die anderen vor ihm in der Liste auch nur 1 oder 2 Mark gezeichnet hatten. Andererseits fehlten auch die Scherflein der Witwen nicht. So haben es sich z. B. die fast durchweg sehr bedürftigen Betstundebesucherinnen nicht nehmen lassen, ihre Pfennige zusammenzulegen, um doch auch etwas für die neue Kirche zu thun.

5. Kapitel.
Die Backofen'sche Kreuzigungsgruppe aus dem Peterskirchhof.*

Die Kreuzigungsgruppe hat für Frankfurt ein ziemliches kultur- und kunstgeschichtliches Interesse. Sie gehört zu den wenigen uns in Frankfurt erhaltenen Bildhauerarbeiten des Mittelalters und stammt wenn nicht aus demselben Jahr, wie die von Heller gestiftete schönere und wertvollere Gruppe (1509), so jedenfalls aus annähernd derselben Zeit. Im Jahre 1504 grassierte hier jene schlimme Seuche, welche so zahlreiche

---

* Dieses Kapitel hätte freilich mit demselben Recht seine Stelle im ersten Teil dieses Buchs gefunden. Da aber die Kreuzigungsgruppe versetzt und mit dem Neubau in Beziehung gebracht wird, und da sie zugleich aus dem Schatten der Anonymität in das Licht der Kunstgeschichte geführt wird, wollten wir ihre Besprechung auch dem den Toten gewidmetem ersten Teil entziehen und sie den Lebendigen, der Gegenwart und der Zukunft beigesellen.

Opfer erforderte. Wohl mag Heller seine Stiftung auf dem Bartholomäuskirchhof in der Absicht gemacht haben, den grimmen Tod damit zu beschwören, gerade wie in ähnlicher Weise auch jetzt noch in streng katholischen Landen ähnliche Anlässe dergleichen Stiftungen hervorrufen. So wurden vor wenigen Jahren in Neapel während der Cholerazeit eine Menge Marien- und Heiligenstatuen aufgestellt, denen das Volk mit besonderer Devotion huldigte. Es mochten damals, im Anfang des 16. Jahrhundert, die Neustädter, als eben der sogenannte erste Friedhof (im Unterschied zu dem damals geschlossenen allerersten, auf dem Gebiet des Pfarrhofs und der jetzigen Kreuzerschule gelegenen,) eröffnet war, ein ähnliches Palladium wünschen, wie es der Kirchhof zu St. Bartholomäi in der Altstadt erhielt.

Wenn es aber nun seit Lersner's Zeiten, als unumstritten galt, daß diese Kreuzigungsgruppe auf dem Peterskirchhof eine Stiftung des Gärtners Hartmut Nenter und seiner Ehefrau Chryshildis sei, so ist dies ein Irrtum, bei dem wir wieder einmal erkennen können, wie vorsichtig solche urkundlich nicht beglaubigten Nachrichten der Chronisten aufzunehmen sind. Allerdings war Nenter einer der „Buwenmeister" oder Pfleger der Kirche, d. h. der vom Rat zur Aufsicht dieses Baues Deputierte, und als solcher hat er sich immerhin besondere Verdienste um diese Gruppe erworben. Daß er dieselbe aber nicht allein stiftete, sondern daß dieselbe aus dem Ertrag von Sammlungen aus der Gemeinde beschafft wurde, geht aus den Akten unseres Archivs, die Peterskirche betreffend, zur Evidenz hervor. Zu diesen losen Blättern gehören drei oder vier aus dem Jahr 1512 und 1513 von der Hand des damaligen Pfarrers an der Peterskirche, Kaplan Heinrich Winter von Butzbach geschrieben. In zwieen dieser Urkunden rechtfertigt sich Winter gegen die

Anklage, daß er Beträge von Sammlungen frommer Leute für das Kruzifix unterschlagen habe, während er doch zusammen mit Nenter große Verdienste um die Aufrichtung des Kruzifix sich erworben hätte; er habe mit Nenter Geld vorgelegt und zudem „den Leuten manchen guten Trunk gegeben." Er habe sorgfältig Rechnung über alle Einnahmen und Ausgaben geführt und diese Rechnung dem Herrn Bernhard Rohrbach auf dem Römer überreicht. Winter hatte nachher, wie uns dieselbe Aktensammlung bezeugt, mit Nenter der Kreuzigungsgruppe wegen einen Streit, weil er das vom Pfarrhof auf den Kirchhof führende Thor, durch welches man einen unmittelbaren Ausblick auf das Kruzifix hatte, mit Tannendielen hatte verschlagen lassen, welche Nenter wieder herabreißen ließ. In diesem Streit ließ sich der Kaplan zu harten und ungeziemenden Ausdrücken wider den Rat und dessen Deputierten hinreißen, welche zu einer Klage vor dem Rat führten. Obwohl nun Winter sich zu entschuldigen suchte mit der Ausflucht, diese Ausdrücke seien nicht auf Nenter und den Rat, sondern auf den Totengräber gemünzt gewesen, so scheint es doch, daß dieser Streit zu seiner Entlassung aus Frankfurter Diensten führte, denn 1514 ist er in die Dienste des Grafen zu Solms-Braunfels getreten und schreibt von dort wieder Briefe an den Rat wegen jener Beschuldigung der Geldunterschlagung. Aus diesem Aktenstück (Nr. 14) erfahren wir nun auch die interessante Nachricht, wer der Verfertiger dieser Kreuzigungsgruppe gewesen sei. Winter berichtet nämlich, daß Nenter und er das Kreuz verdinget und das Geld dazu vorgestreckt haben an den ehrsamen Meister Hans Backofinn, (Backofen, Backoffen) Bildhauer und Bürger zu Mainz.

Mit dieser Nachricht ist nun in höchst erfreulicher Weise eine Lücke in unserer bisherigen Kenntnis Frankfurter

Kunstlebens im Mittelalter ausgefüllt. Wir sind ja wahrlich nicht reich an Kunstwerken aus jener Zeit und der größere Teil dessen, was vielleicht wirklich einmal an Kunstwerken zweiten und dritten Ranges existiert haben mag, ist vergessen und verloren. Zu den bedeutenderen erhaltenen Werken gehören aber zweifellos die beiden Kreuzigungsgruppen am Dom und an der Peterskirche. Leider wußte man aber bisher den Namen des oder der Meister jener Kunstwerke nicht, man wußte nicht, ob man die Arbeiten Frankfurter Meister und damit den Beweis vor sich habe, daß zur Zeit Albrecht Dürer's auch in Frankfurt eine Stätte produktiver Kunst gewesen sei, wie dies in Nürnberg, in Köln, in Ulm in so reichem Maße der Fall war, oder ob auch diese Werke aus der Fremde stammten. Besonders wendete sich dies Interesse der Gruppe an dem Dom zu. Dieselbe war ja ursprünglich weit reicher und edler angelegt, sie war außerdem auch nicht so stark verwittert, wie die seit nahezu vier Jahrhunderten allen Unbilden der Witterung ausgesetzte Kreuzigungsgruppe auf dem Peterskirchhof. So wurde denn die letztere von manchen übersehen und für eine gewöhnliche Handwerker= arbeit gehalten, obwohl sie doch bei näherem Betrachten die Spuren hoher Schönheit, nicht nur in der Haltung der Gestalten, in dem Faltenwurf der Gewänder, sondern sogar in dem Ausdruck der Gesichter so deutlich erkennen läßt. In den nunmehr aufgefundenen Archivnotizen haben wir jetzt den über allen Zweifel erhabenen Beweis, nicht nur daß diese Kreuzigungsgruppe von einem tüchtigen Künstler herrührt, sondern was noch wichtiger ist, auch den Hinweis auf naheliegende Schlüsse bezüglich der Heller'schen Gruppe und einiger auswärtiger Kunstwerke.

Backofen ist uns kein unbekannter Name. Es ist das Verdienst des bekannten Kunstgelehrten, früheren Dom=

kapitularen und jetzigen päpstlichen Prälaten Herrn Dr. Friedrich Schneider in Mainz, diesen Hans Backofen zuerst im Korrespobenzblatt des Gesamtvereins der deutschen Geschichts= und Altertum=Vereine in den Aufsätzen „Künstler und Kunstwerke der Renaissance in Mainz" 1876, pag. 72 und in der Darmstädtischen Zeitung 1884. pag. 1172 ans Licht gezogen zu haben. Ebenso hat Geheimer Oberbaurat Professor Heinreich Wagner in der Festschrift der technischen Hochschule zu Darmstadt 1886 pag. 93 ff über die Mainzer Kunstwerke im Zusammenhang mit der Heller'schen Gruppe und dem Wimpfener Calvarienberg ein= gehend und höchst interessant geschrieben. Beide Gelehrte haben eine Congenialität dieser Kreuzigungsgruppen und auch des herrlichen Denkmals des 1514 verstorbenen Erz= bischof Uriel von Gemmingen angenommen. Auch war es bekannt, daß die schöne Kreuzigungsgruppe an der Ignatius= kirche in Mainz von dem 1519 verstorbenen Hans Backofen und seiner Gattin Katharina Fustin (einer Nichte oder Groß= nichte des Genossen Gutenbergs) testiert war. Schneider hat außerdem ausfindig gemacht, daß nach 1523 ein Conraidt von soltzbach, steynmetz, civis Moguntinus war, der sehr wohl, wie Schneider vermutete, Schöpfer der Mainzer Gruppe, vielleicht auch schon Mitarbeiter an den Frankfurter Gruppen sein könnte. Das oben erwähnte Denkmal des Uriel von Gem= mingen wurde mit Wahrscheinlichkeit dem Hans Backofen zugeschrieben.

War also bisher schon die Congenialität der Mainzer, Wimpfener und besonders der Heller'schen Gruppen am Dom zu Frankfurt nachgewiesen und die Beziehungen Hans Backofens zu einzelnen dieser Werke sicher gestellt, so ergiebt sich durch den positiven Nachweis der Urheberschaft dieses Künstlers für die Kreuzigungsgruppe im Peterskirchhof zwar nicht der Beweis, aber doch immerhin die Wahrscheinlichkeit, daß er auch der Schöpfer der Heller'schen Stiftung gewesen sei, eine Annahme, die noch weiterhin gefördert wird durch die Berücksichtigung der geschichtlichen Veranlassung beider Frankfurter Gruppen. Es ist durchaus wahrscheinlich, daß die Neustädter im Jahre 1509 oder 1510 sich an denselben bewährten Meister gewandt haben, der auch die Gruppe in der Altstadt schuf.*) Wir hoffen, daß diese Beziehung der beiden interessanten Kunstwerke zu einander noch deutlicher vor Augen treten wird, wenn die Gruppe auf dem Peterskirchhof von demselben Meister renoviert sein wird, dem diese Arbeit bezüglich der Heller'schen Gruppe so wohl gelungen ist, nämlich Herrn Bildhauer Rumpf und, bedauern, daß wir noch nicht in der Lage sind, ein Bild des renovierten Werks an Stelle des hier gebotenen, durch Jahrhunderte langen Schmutz ziemlich unkenntlich gewordenen und teilweise zerstörten, geben zu können.

Was die Beziehung Renters zu dem Kunstwerk betrifft, so steht es nach den erwähnten Aktennachrichten ebenso sehr fest, daß er in hervorragender Weise, als wie, daß er nicht allein um die Errichtung des Kruzifixes sich verdient gemacht hat. Dafür sprechen auch erhaltene Spuren an dem Denkmal selbst. Von den drei Figuren dieser Gruppe trägt nämlich die, von dem Beschauer aus betrachtet, auf der linken Seite stehende, die Figur der Maria, an ihrem Fußende die Überreste dreier betender Figuren, die anbetend zur Maria aufblicken und wahrscheinlich die Donatoren darstellen sollten. Eine dieser Figuren ist sicher männlich, die

---

* Nachträglich erfahren wir freilich von genauern Kunstkennern, daß unsere beiden Gruppen aus artistischen Gründen unmöglich von demselben Urheber herrühren können.

beiden andern weiblich; es war offenbar Nenter und seine beiden Gattinnen. Am Fußende der beiden rechtsstehenden kleinen Statuetten sind noch zwei kleine Wappenschilde bemerklich, von denen das eine sehr deutlich das Wappenzeichen Nenters trägt, ein heugabelähnliches Instrument. Es war ja damals im Anfang des 16. Jahrhunderts die Zeit einer gewissen Wappensucht, in der sich jeder ein Wappen machte, der noch keines besaß. Die mehrfach erwähnten Kollektaneen Faust's zeigen uns auf dem Grabsteine der Gattin Nenters Chryshilde zwei Wappenschilder, auf dem einen das obenerwähnte heugabelähnliche Instrument und sodann auf dem anderen zwei gekreuzte Spaten, also offenbar dem Gärtnergewerbe entlehnte Embleme. Die Kreuzigungsgruppe, bezw. die Figur der Maria zeigt, wie gesagt, auf dem einen dieser Schildchen jene Gabel, das andere aber ein uns unbekanntes Wappenzeichen, soweit es jetzt noch erkennbar ist, etwa die Gestalt eines Fisches nachbildend. Wahrscheinlich war dieses Zeichen das Wappen der zweiten Ehefrau Nenters, vielleicht auch dürfen wir in der Bezeichnung gerade dieser Figur mit den Nenterschen Wappen den Hinweis erblicken, daß er die Marienfigur gestiftet hat. Auf dem Sockel der Gruppe sind noch die stark verwitterten Überreste einer Inschrift bemerkbar, ganz in derselben Manier und Form der Buchstaben, wie auf der Heller'schen Gruppe. Auch ein kleiner Raum für ein ewiges Lämpchen befindet sich unter der Mittelfigur ganz wie bei der Gruppe am Dom. Die allerdings vielfach zerbrochenen Ränder der Gewandungen zeigen die Überreste vergoldeter Inschriften. Hans Backoffen war gebürtig von Sulzbach, vielleicht dem Sulzbach bei Soden oder nach Schneiders, wie ich glaube, berechtigterer Annahme aus Sulzbach in der Oberpfalz, 55 km von Nürnberg. Seine Werke zeigen entschiedene Einwirkungen der Fränkischen (Nürnberger) Schule.

Schneider schreibt darüber: „In Mainz konnte er schwerlich (wenn wir ihn aus unserer Nachbarschaft annehmen) Schule

Kreuzigungsgruppe auf dem Peterskirchhof.

gemacht haben, da seit der Niederwerfung der Stadt 1464 eigentlich alles am Boden lag und die durch Kardinal Albrecht hervorgerufene Kunstthätigkeit ganz auf Nürnberger

Kräften aufbaute. Ich würde glauben, daß Backoffen aus dem oberpfälzischen Sulzbach stammte, in Nürnberg herangebildet wurde, als fertiger Künstler nach Mainz kam und da als geschickter Meister die Catharina Fustin heiratete."

Die Stadtverordnetenversammlung hat nun in ihrer Sitzung vom 7. Februar 1895 die Mittel zur Restaurierung der Backoffen'schen Gruppe des Peterskirchhofs in der Höhe von 5000 Mark bewilligt. Bei dieser Gelegenheit wird dies Denkmal alter Kunst, dessen jetziger Standort in der Richtung der projektierten Straßendurchführung liegt, um einige Meter nach Nordwest verrückt werden, vom ersten nach dem zweiten Kirchhof, in die Verlängerung der Längsachse des Neubaues und des Kriegerdenkmals.

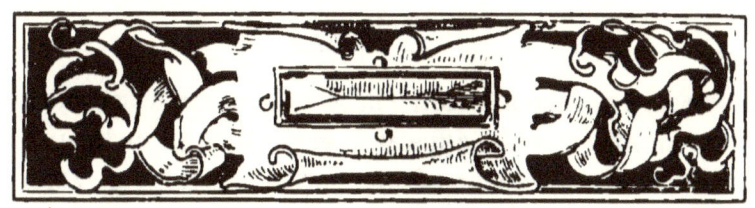

Anhang 1.
Stiftungsurkunde der Peterskirche vom Jahre 1417.

Johannes dei gracia, sancte Moguntine sedis archiepiscopus, sacri Imperii elector et per Germaniam archicancellarius: cum per divini cultus augmentum honor omnipotentis Dei et salus hominum, non modicum procuretur, publice etenim utile sit omnibus, quod clerici psallant in ecclesiis divina, ad perpetuam rei memoriam hijs, que pro divini cultus augmento pie et provide facta et constructa sunt, ut illibata consistant, libenter adicimus nostri ordinarii muuiminis (decretum): sane ex parte discretorum virorum Johannis Ockstad scabini et Jacobi Hombracht, opidani opidi Frangfurdensis nostre dyocesis nobis exhibita peticio continebat, quomodo et qualiter basilica vulgariter nominata Sancti Petri in novo opido Frangfurdensi quodammodo devastata sit et de die in diem desoletur, humilique peticione nobis supplicatum extitit, quod de nostra ordinaria auctoritate cogitare et providere dignaremur de optimo remedio, cum ipsi praedicti Jacobus et Johannes, pie sincere devocionis moti affectu, quem, ut asserebatur et verisimiliter nobis apparuit, gesserunt et hodie puro corde gerunt et habent ad ulteriorem erectionem, reformacionem, consecracionem et dotacionem eiusdem pretacte basilice atque altarium constructionem in eadem, desiderantesque ipsi pretacti Johannes et Jacobus fieri truncum in eadem basilica pro imponendis oblacionibus, quodque huiusmodi oblaciones cederent et cedere debeant ad fabricam ac structuram ac reparacionem eiusdem, affectantes eterne retribucionis et future glorie premiis adiuvari et insigniri eaque anime nostre saluti expedire reputantes ut inter alia pia et salubria opera ea, que in divini cultus augmentum cedere et provenire possunt, animo libenti et studio ferventi appetere debeamus.

Quia igitur dicta basilica tantum prohibetur ab ecclesia parochiali distare, ut populi circum circa habitantes, impediti laboribus pro acquirendis necessariis, non possint sine neglectione necessariorum victus ipsam parochialem ecclesiam adire, unde non valent congruo tempore ecclesiasticis officiis interesse, ad laudem igitur et honorem omnipotentis dei et gloriosissime virginis et matris Marie tociusque celestis curie, nec non pro salute anime nostre volentes populo indigenti super hijs salubriter providere, matura deliberacione prehabita presentibus indulgemus dictisque Johanni et Jacobo committimus, ut prefatam basilicam reforment, restaurent atque edificent nec non reformari, restaurari atque edificari faciant, altariaque tria in ea fieri et erigi ipsamque basilicam in honore sanctorum Petri et Pauli apostolorum dedicari et huiusmodi altaria consecrari procurent, eo tamen salvo, ut talismodi basilice, antequam dedicetur, competentem dotem assignent atque redditus pro luminaribus eiusdem ordinent; concedentes quoque, ut ibi fiat truncus oblacionum, que ad fabricam deputentur, liberamque potestatem de predictis omnibus et singulis disponendi et ordinaudi concedimus sepedictis Johanni et Jacobo; ita sane, quod ipsi singulis annis decano ecclesie sancti Bartholomei et seniori scabino opidi Frangfurdensis computacionem faciant legalem de legatis et oblacionibus frunci omnibusque aliis et singulis ad predictam basilicam donatis et aliis qualitercumque ad eam datis seu dandis et per eos receptis et perceptis, iniungentesque eisdem Johanni et Jacobo, quod sic fideliter et sollicite in premissis se exhibeant et faciant, ut de actis, factis et gestis per eos possint et valeant reddere racionem altissimo in districto iudicio; eos tamen per hec ad premissa angeriare (?) minime cupientes, quin onero renunciare possint vel alios loco ipsorum vel alterius ipsorum substituere, et quod altero ipsorum viam universe carnis ingresso alium fidelem, volentem et valentem sibi adiungere possint is, qui adhuc in humanis existit, sublato in premissis omnibus et singulis appellacionis obstaculo; volentes tamen, ut competens in ea basilica honor pro facultate loci ecclesie matrici servetur, videlicet, ut ipsi ecclesie parochiali competentem annuum censum emant, vel saltem annuatim aliquid eidem prestetur de redditibus dicte basilice seu dotis eiusdem; et nichilominus ex devocione singulari, quam ad huius modi basilicam habemus, et ut alios ad devocionem forcius incitemus, de omnipotentis Dei misericordia ac beatorum Petri et Pauli, apostolorum eius ac beati Martini episcopi, nostri patroni auctoritate et ea, qua indulsit nobis dominus potestate, confisi, omnibus vere penitentibus, confessis et contritis, qui dicto loco suas elemosinas ex caritate prebuerint, quadraginta dies indulgenciarum de iniunctis penitenciis misericorditer in domino relaxamus. Datum nostro sub apenso sigillo anno domini millesimo quadringentesimo decimo septimo in opido Franckfurdt nostre Moguntine dyocesis tercia feria proxima post festum Sancti Michahelis Archangeli (= 1417 Okt. 5).*)

*) U. K A Ugb. C 7. N. 32. Das Latein dieser Urkunde ist geradezu entsetzlich; der Schreiber fällt öfters aus der Construktion. An wesentlichere Abschreibefehler ist wohl nicht zu denken.

Anhang 2.

Bulle des Papst Nikolaus V., betr. die Erhebung der Peters= und Dreikönigskirche zur Pfarr= bezw. Curatkirche.

Nycolaus Epifcopus fervus fervorum Dei dilecto filio *Nycolao* tytuli sancti *Petri ad vincula* presbitero Cardinali per Almanniam apostolice fedis legato falutem et apoftolicam benedictionem. Ad hoc paftoris eterni vices licet immeriti fua difpoficione tenentes, ut ejus pafcendarum ovium curam fic folicitudine geramus exacta, quod omnes circumfcripte tutele excubiis a quibusvis preferventur periculorum difpendiis et in falutis pascuis ad eterne capefcende vite pabulum felici jugiter proficiant educata, que pro hujusmodi in grege dominico evitandis periculis fincera Chrifti fidelium profequitur devocio, benignis libenter favoribus amplectimur et in hiis humilibus ipforum votis condigne exaudicionis graciam liberaliter impertimur. Sane ficut pro parte dilectorum filiorum magiftrorum civium, confulum fcabinorum et univerfitatis opidi Franckfurdenfis Magunt. dioc. nobis nuper exhibita peticio continebat, prefatum opidum multa populofitate refertum, unicam dumtaxat parochialem, videlicet fancti *Bartholomei*, que etiam collegiata eft, habet ecclefiam et illius fub qua ultra duodecim communicancium millia degunt parochianorum, animarum cura per aliquem quem dilecti filii capituli dicte ecclefie ad hoc pro tempore deputandum duxerint regi & gubernari confuevit, fintque infra limites parochie ejusdem ecclefie unum *Sassenhusen* et aliud novum opidum nuncupata magna et popolofa fuburbia dicto opido contigua, que ambo videlicet murorum ambitu, municione turrium et portarum claufuris, *Sassenhusen* vero per decurfum fluminis Mogani et novum opidum nuncupata fuburbia per quoddam magnum foffatum ab ipfo opido funt divifa, et quia nocturno tempore ut plurimum a dicto opido ad dicta fuburbia et e converfo propter feras* et claufuras intermedias nulli tranfitus patet, non deeft occafio, quin multa negligencie miniftrandorum ecclefiafticorum facramentorum et alia pericula animarum evenire poffunt, tanta infuper eft parochianorum ipforum multitudo, quod omnes qui in feftivitatibus follennibus ecclefiam ipfam merito vifitare curant, ut tenentur, fub illus ambitu five aluco (?) non abfque preffure incommodo et devotionis impedimento recipi neque epidimie temporibus quibus eciam eft formidolofi periculi tantam hominum multitudinem unicam dumtaxat non nimis fpaciofe capacitatis ecclesiam frequentare, decedencium corpora fub ejusdem ecclefie et illius cimiterii ambitu nifi difficulter et minus decenter

---

* fera (forum, foire) = Meſſe.

sepeliri et inhumari queant, preterea quamvis ipsorum
parochianorum exposcat devocio, ut ipsi in paschate re-
surrectionis dominice sicut alii Christi fideles illarum
parcium communiter facere solent, divinissimum euca-
ristie sacramentum participant, propter multitudinem
tamen communicandorum quam plures communionem
suam post hujusmodi resurreccionis diem differri et ali-
quocies ad plures dies antequam quadragesimale jeju-
nium expleverint prevenire stringuntur, non sine magno
incommodo parochianorum eorundum, ed sicut eadem
petitio subjungebat, si sanctorum *trium Regum* in
Sassenhusen et sancti *Petri* in novo opido suburbiis
hujusmodi site cappelle in parochiales ecclesias erigeren-
tur, ac per illorum rectores habitatorum et incolarum
suburbiorum ipsorum animarum cura gereretur et ipsi illis
hujusmodi sacramenta ministrare haberent, pericula et
incommoda cessarent antedicta, prefati quoque magistri
civium et consules, de quorum patronatus jure predicte
ac sancte Katherine sita in dicto suburbio Saffenhusen
capelle fore noscuntur, suas quibus hujusmodi erecciones
commodius fieri possint, operas libenter impensuri con-
sentire parati sunt, quod dicta capella sancte *Katherine* ipsi capelle sanctorum *trium regum* ad effectum
de eo faciendi ereccionis hujusmodi perpetuo incor-
poretur, uniatur et etiam annectetur. Quare pro parte
magistrorum civium, consulum, scabinorum et universi-
tatis predictorum nobis fuit humiliter supplicatum, ut
dictas sanctorum trium regum et sancti Petri capellas
in parochiales ecclesias hujusmodi erigi nec non illis
habitatores et incolas suburbiorum supra dictorum parochiali jure subjicere dictamque capellam sancte *Katherine* cujus quatuor, predicte capelle sanctorum *trium*

Regum cujus totidem marcarum argenti, fructus, redpitus et proventus fecundum communem eftimacionem valorem annuum ut iidem magiftri civium et confules afferunt, non excedunt perpetuo uniri, incorporari et annecti mandare de benignitate apoftolica dignaremur. Nos igitur qui Chrifti fidelium quorumlibet falutem intenfis defideriis expetimus fuper premiffis, de quibus tamen certam noticiam non habemus, debite ac talis cautele minifterio ut hujusmodi periculis falubriter obvietur, nec tamen ex hoc aliorum fuccedat offenfio providere volentes, hujusmod in hac parte fupplicacionibus inclinati circumfpeccioni tue de quo in hiis et aliis fpecialem in Domino fiduciam obtinemus, per apoftolica fcripta committimus et mandamus quatenus vocatis dicto capitulo et aliis qui fuerint evocandi fuper premiffis et eorum circumftanciis univerfis auctoritate noftra te diligenter informes, et fi per informacionem hujusmodi reppereris ita effe et id racionabiliter ac commode fieri poffe cognoveris, fanctorum *trium Regum* et fancti *Petri* capellas praedictas in parochiales ecclefias cum fontibus baptifmalibus et cimiteriis, prius tamen congrua per te dictis capitulo loco proventuum et emolumentorum que ipfis ex cura habitatorum et incolarum fuburbiorum hujusmodi et eorum juribus parochialibus hactenus obvenire confueverunt, de qua hujusmodi ereccionis circumftantiis debite penfatis tibi racionabliter videbitur et eidem capitulo merito reddere debeant fe contentos recompenfacione conftituta et affignata, auctoritate noftra erigas et feparatis a dicta ecclefia fancti *Bartholomei* dictis fuburbiis cum fuis habitatoribus et incolis eorumque cura et juribus parochialibus illa videlicet Saffenhufen fanctorum *Trium regum* cum fuis et novum opidum nuncupata fuburbia cum ipfius habitatoribus et incolis predictis fancti *Petri* ecclefiis hujusmodi jure parochiali hujusmodi ita quod extunc ipfarum ecclefiarum rectores habitatorum et incolarum fuburbiorum hujusmodi prout id eos continget animarum curam gerere et ipfis ecclefiaftica facramenta miniftrare, iidemque habitatores et incole rectoribus ipfis intendere et debita parochialia jura preftare teneantur, eadem auctoritate fubjicias et illa facias que in premiffis et circa ea fuerint neceffaria vel quomodolibet oportuna.

Si vero hujusmodi erectio modo premiffo accommode fieri nequeat, quod tuo decrevimus judicio relinquendum, dictas capellas fanctorum *trium regum* in filiales ecclefias cum cimiterio et baptifmali fonte hujusmodi erigendo ac ftatuendo et ordinando auctoritate noftra quod in illis per certos a dictis capitulo deputandos et pro eorum nutu amovendos capellanos, qui apud easdem capellas commorantes ab ipfis capitulo fuo ecclefiaftica ftipendia fub competenti ad hoc confulatus predictorum juxta tue moderationis arbitrium preftando fubfidio percipiant, cura animarum habitatorum et incolarum fuburbiorum hujusmodi exerceatur et ipfi illis facramenta hujusmodi miniftrent vel aliter per alia media, que magis accomoda profpexeris, prout tibi fecundum deum faciendum fore videbitur auctoritate noftra fuper premiffis ita provideas, ut ex hoc evitandis animarum periculis et fubmovendis aliis incommoditatibus fupradictis oportuna tutela falubriter fubminiftretur. Preterea fi ereccionem et fubjeccionem hujusmodi per te fieri contigerit, auctoritate predicta prefatis magiftris civium et confulibus jus patronatus et prefentandi perfonas ydoneas quod in capellis predictis hactenus habueruut, in hujusmodi erigendis ecclefiis perpetuo referves. Et nichilominus capellam fancte *Katherine* predictam cum omnibus juribus et pertinentiis fuis dicte tunc ecclefie fanctorum *trium regum* perpetuo unias, incorpores et annectas ita quod rectore ipfius capelle fancte *Katherine* cedente vel decedente feu illam alias quomodolibet dimittente licet rectorem ecclefie fanctorum *trium Regum* hujusmodi illius poffeffionem auctoritate propria libere apprehendere ac ejus fructus redditus et proventus in fuas ac ecclefie et capelle eorundem usus convertere et retinere dyocefani loci et alterius cujuscunque fuper hoc licencia minime requifita. Provifo tamen, quod ipfa capella fancte *Katherine* debitis propterea non fraudetur obfequiis fed ejus congrue fubportentur onera confueta non obftantibus contrariis conftitucionibus et ordinacionibus apoftolicis ac dicte ecclefie fancti *Bartholomei* ftatutis et confuetudinibus, juramento, confirmacione apoftolica vel alia quavis firmitate roboratis nec non privilegiis indulgenciis et literis apoftolicis generalibus et fpecialibus quorumcunque tenorum exiftant, perque prefentibus non expreffa vel totaliter non inferta effectus eorum impediret valeat quomodolibet vel differri et de quibus quorumcunque totis tenoribus habenda fit in noftris literis mencio fpecialis. Nos enim fi unionem, annexionem, et incorporacionem hujusmodi per te prefencium vigore fieri contigerit, ex nunc irritum decernimus et inane, fi fecus fuper hiis a quoquam quavis auctoritate fcienter vel ignoranter contigerit attemptari; quod fi tu attendere nequeas premiffis exequendis, dilecti filii beate *Marie ad gradus* intra et sancti Petri extra muros

Magunt. ecclefiarum prepofiti vel alter ipsorum ea nichilominus ac fi prefentes litere ipfis directe forent et fuper hiis ipsorum confciencias duxiffemus onerandas in omnibus juxta traditam tibi formam exequantur seu exequatur, fuper quo cuilibet ipforum prefentibus mandatum damus et eciam poteftatem. Datum *Rome* apud fanctum *Petrum* fub anno incarnacionis Dominice millefimo quadringentefimo quinquagefimo, feptimo kal. Martii, pontificatus noftri anno quarto.*

---

* Nach bürgerlicher Zeitrechnung der 23. Febr. 1451.
** Nach der Originalurkunde des Kaftenamts. Ugb. C 7 N. IV (einem kalligraphischen Prachtstück). Diese Urkunde ist auch bei Würdtwein (dioec. Mogunt. II, 509 ff.) gedruckt, dort aber wegen der vielen Abschreibefehler absolut unverständlich. Die auf der Rückseite dieses Pergaments von der Hand eines früheren Archivbeamten verzeichnete Inhaltsangabe dieser Urkunde enthält schon den Fehler, daß „septimo" zu „quinquagesimo" bezogen, und so die Urkunde fälschlich in das Jahr 1457 registriert wurde, während sie in das Jahr 1450 (nach päpstlicher Zeitrechnung) gehört.

Anhang 3.

Urkunde des Kardinallegats Nikolaus Cusanus, betr. die Gründung der Peterskirche.

Nicolaus miseratione divina tituli sancti Petri ad vincula sacrosancte Romane ecclesie presbiter cardinalis per Almaniam et nonnulla alia regna et provincias apostolice sedis legatus ac commissarius ad infrascripta ab eadem sede specialiter deputatus: ad perpetuam rei memoriam. Cum alias proposito sanctissimo domino nostro, quod in opido Frangfurdensi Maguntine diocesis ob populi multitudinem, si animarum periculum evitari debeat, opus foret alias ecclesias curatas erigere, et nobis per sanctitatem suam commisso, quod eo casu capellas sanctorum trium regum in hospitali in Sassenhusen et sancti Petri in novo opido, que sunt loca continencie eiusdem opidi Frangkfurdensis, in curatas ecclesias sine tamen preindicio ecclesie matricis sancti Bartholomei erigere curaremus, nos cunctis mature discussis de decani et capituli sancti Bartholomei ecclesie collegiate et matris dicti

opidi Frangkfurdensis ac Magistrorum et proconsulum
opidi predicti expresso consensu omnibus rite et diligenter pensatis, prefatas capellas sanctorum trium regum et sancti Petri cum cimiterijs ad sepulturam necessariis in curatas filias matricis et baptismalis ecclesie
sancti Bartholomei erigimus, ita quod in ipsis filiabus
inantea omnia sacramenta, que in curatis ecclesijs
per curatos sacerdotes ministrantur, solo baptismo
dempto, qui in matrici ecclesia sancti Bartholomei tantum uti hactenus ministrabitur, per eos, qui per decanum et capitulum ecclesie sancti Bartholomei ad hoc
in filiabus pro tempore ponentur, populo in Sassenhusen
per curatum ecclesie trium regum et populo novi opidi
per curatum sancti Petri, conferentur, et ad finem,
quod curati illi sint attenti circa commissam curam,
ordinamus, quod ad nutum decani et capituli sint removibiles. Nos autem ipsis omnibus ponendis curatis
apostolica auctoritate potestatem atque exercicium cure
ligandi et solvendi et sacramenta, ut prefertur, tradendi quotienscunque ad hoc per decanum et capitulum positi fuerint, presencium tenore tribuimus potestatem. Verum cum tales deceat curatos de stipendio ecclesiastico victum et vestitum habere, ordinamus
cuilibet curato annuam provisionem septuaginta quinque florenorum renensium in auro aut eius valorem,
quorum septem marcam puri argenti valent, quam reperimus esse rationabilem competenciam singulis consideratis ad hoc oportunis, volentes ut de tali stipendio
curati ipsi contententur et nec decanum et capitulum
nec consulatum atque universitatem opidi Frangkfurdensis pro uberiori competencia vexent aut inquietent.
Et quoniam opidani, qui ad provisionem stipendiorum

astringuntur, nisi succurreretur eis in unione certorum beneficiorum, que sunt iuris patronatus eorundem, gravari possent, nos igitur mandatum apostolicum nobis directum, ut tenemur, quantum in nobis est exequi volentes, ius patronatus, quod consulatus hactenus in dictis beneficiis sanctorum trium regum et sancte Katharine nec non sancti Petri habuerunt, extinguimus et fructus, redditus et proventus capellarum sanctorum trium regum, cuius quatuor, et sancte Katherine, cuius totidem marcarum argenti communi estimatione valorem annuum, ut iidem consules asserunt, non excedunt in Sassenhusen, nec non fructus, redditus et proventus sancti Petri in novo opido ad erectas filiales ecclesias transferimus, ordinamus et deputamus cum omnibus iuribus et pertinencijs suis. Et ut ius patronatus, quod extinctis beneficiis habuerunt, restauretur, de consensu decani et capituli duas vicarias scilicet beate Marie tertie fundacionis et sancte crucis in ecclesia sancti Bartholomei presentacioni eorundem consulum pro tempore existencium, quotiens vacare contigerit, perpetuis temporibus reservamus. Et quoniam intencio sanctissimi domini nostri est, quod sine preiudicio matricis ecclesie santi Bartholomei erectio fieri debeat, declaramus, quod nos, preterquam in preexpressatis honori et utilitati dicte matricis ecclesie sancti Bartholomei et unioni prebende unius ad plebanatum ibidem nequaquam intendimus derogare, sic etiam ab opidanis ipsis, qui curam fabrice hactenus habuerunt, in erectis filiabus ecclesijs auferre intendimus, sed omnia uti fieri consueverunt in suo robore volumus permanere non obstantibus contrariis constitucionibus et ordinacionibus apostolicis ac dicte ecclesie sancti

Bartholomei statutis et consuetudinibus iuramento, confirmacione apostolica vel alia quavis firmitate roboratis nec non privilegiis, indulgenciis et litteris apostolicis generalibus vel specialibus, quorumcunque tenorum existant, per que presentibus non expressa vel totaliter non inserta effectus eorum impediri valeat quomodolibet vel differri et de quibus quorumque totis tenoribus habenda sit in nostris litteris mencio specialis, decernentes irritum et inane, si secus super hijs a quoquam quavis auctoritate scienter vel ignoranter contigerit attemptari. In quorum omnium et singulorum fidem et testimonium premissorum presentes nostras litteras fieri ac per secretarium nostrum infrascriptum subscribi nostrique sigilli iussimus et fecimus appensione communiri. Datum in opido prefato Frangkfurdensi die decima nona mensis Marcij sub anno a nativitate domini millesimo quadringentesimo quinquagesimo secundo pontificatus sanctissimi in Christo patris et domini nostri domini Nicolai divina providencia pape quinti anno sesto. (D. i. 19. März 1453 nach bürgerlicher Zeitrechnung.)

Et ego Johannes Stam, clericus Treverensis diocesis, publicus sacra imperiali auctoritate notarius prefatique reverendissimi cardinalis et legati et commissarii secretarius, quia dictorum parochialium ecclesiarum ereccioni, ordinacioni, provisioni, extinctioni, translacioni, deputacioni, reservacioni, declaracioni omnibusque aliis et singulis premissis, dum sic per dictum dominum cardinalem legatum et commissarium presentibus eciam ibidem venerabilibus · viris decano et capitulo

predictis ac decano Wormaciensi pro tempore Simone
de Cussa, canonico ecclesie sancti Symeonis Treverensis,
ac quam pluribus providis et circumspectis viris pro-
consulibus et consulibus opidi prefati fierent et age-
rentur, una cum dictis supranominatis presens fui
eaque omnia et singula, sicut premittitur, fieri vidi et
audivi, ideo me suprascriptis litteris dicti domini commissarii sigillo suo oblongo sigillatis et munitis me
subscripsi de mandato eiusdem signoque et nomine
meis solitis et consuetis eas signavi in fidem et testimonium omnium et singulorum premissorum rogatus
specialiter et requisitus.

Mit abhängendem Siegel des Karbinals Nicolaus von
Cuſa; links neben dem Zuſatz des Notars deſſen Zeichen
nebſt Namen.

Anhang 4.
Amtseid des Pfarrers Wedekint vom J. 1475.

Ego *Henricus Wedekint* de *Cassel* juro quod ero fidelis et obediens in licitis et honeſtis decano et capitulo ecclefie fancti *Bartholomei* eosque et fingulas perfonas ejusdem capituli in debita reverentia tenebo et fecreta capituli celabo. Item quod non impetrabo quidquam contra decanum capitulum vel plebanum ejusdem ecclefie, nec utar impetratis contra eosdem quovis modo. Item quod non adherebo nec confidam alicui appellationi contra dictos dominos meos decanum et capitulum vel plebanum, nec appellationi cui ipfi non adherent nec confidunt, fed femper appellationi cui ipfi adherebunt, adherebo. Item quod capitulum prefentias, fabricam et plebanum ecclefie fancti *Bartholomei* tenus poſſe et diligenter promovebo. Item quod populum michi fubjectum diligenti cura et michi poffibili refpiciam, et eidem, cum contingit, facramenta ecclefiaftica juxta tenorem littere erectionis filialium ecclefiarum miniftrabo, et fi in hoc aliquando dubitavero, ad dominum plebanum ecclefie fancti *Bartholomei* recurram. Item quod nullum interdictum seu ceffationem divinorum in filiali ecclefia mihi commiffa fine expreffo confenfu capituli ac plebani ponam, tenebo five publicabo. Item quod nichil quod aliquo modo vergere poterit in prejudicium collegii vel parochie ecclefie fancti *Bartholomei* in filiali ecclefia michi commiffa vel in fubditis ejus vel quocunque alio modo attemptabo aut quantum poffum attemptari permittam. Item quod fermones, miffam, et alia michi incumbentia non aliter quam fecundum difpofitionem capituli et plebani ecclefie fancti *Bartholomei* perficiam et complebo. Item quod redditus et proventus perfolvendos canonicorum prefentiarum et plebani ecclefie fancti *Bartholomei* tociens, quociens requifitus fuero, in ambone diligenter monendo publicabo. Item quod per nullam noctem extra domum michi ad inhabitandum deputatam fine expreffa licentia decani vel plebani dormiam vel permanebo. Item juro quod fi ftipendium filialis ecclefie michi commiffe dimittere voluero, quod id ipfum ante hoc ad quartam anni capitulo intimabo. Item fi per capitulum a cura ecclefie michi commiffe me amoveri, prout ad nutum eorum poffunt, contingat, quod tunc ipfam fine contradictione dimittam et nec verbo nec facto, directe vel indirecte contra decanum capitulum vel plebanum aut cui poft commiferint quoquomodo refiftam neque eos aut aliquem eorum intuitu illius in caufam traham. Idem quod de emolimentis five proventibus cedentibus filiali ecclefie michi commiffe, cui cedant, nulli, nifi de expreffa licentia decani et capituli vel plebani quidquam loquar nec etiam pandam. Item quod fingula offertoria, facramentalia et generaliter omnia emolimenta, five fint in legatis, five in quibuscunque aliis que cedunt ratione populi, vel alias in filiali ecclefia michi commiffa, five intuitu cure michi commiffe, demptis confeffionalibus diligenter colligam et plebano vel ad locum qui michi deputatus fuerit per eum, fideliter et integre prefentabo. Item quod nullum, nifi prius habita voluntate plebani ecclefie fancti *Bartholomei* quod fit intronifandus, intronifabo. Item quod proventus ratione purificationis poft partum, ratione intronisfationis vel alias ab antiquo campanatori ecclefie fancti *Bartholomei* competentibus tempore quo porrigi debent, recipiam et fibi prout capitulo vifum fuerit prefentabo. Item quod fingulis annis de ftipendio five cenfibus ratione cure mihi commiffe exhibitis decano capitulo et plebano ecclefie fancti *Bartholomei* rationem faciam et exhibebo et novas dantes et fingulas alias circumftantias diftincte notificabo. Idem quod ftipendio illo contentabor et nec decanum nec capitulum nec plebanum cum eodem aggravabo sive vexabo, nec alias quicquam quod alicui eorum effet prejudiciale, ratione ejusdem attemptabo atque nec in quocunque alio ipfis ab antiquo dari folito eos impediam vel inquietabo. Item fi ecclefiam cujus cura michi commiffa eft, quomodocunque evenerit non rexero, fi tunc plus de ftipendio quam michi debetur, pro tempore quo ipfam rexi recepero, illud fecundum ratam temporis capitulo indilate perfolvam et prefentabo. Item quod confuetudines et omnia ftatuta et ftatuenda, que concernunt vel concernerent curam michi commiffam, diligenter et omni phara feclufa obfervabo. Item quod eiusdem juramenti mei tenorem propria manu scriptum et figillo meo communitum infra triduum decano et capitulo presentabo. Datum et actum in vigilia apostolorum Symonis et Iude anno Domini millefimo quadringentefimo feptuagefimo quinto.*)

*) A. B. X. 463.

Anhang 5.

Verzeichnis der Musikalien in den Frankfurter Kirchen.

Inventarium Librorum & Instrumentorum Musicorum
zu der Barfüßer Kirch gehörig.
Verfertiget den 31 August anno 1626
durch Johannem Andream Herbst.
Praefectum Musicae.*)

Gebundene Bücher.

Erstlich 15 Stimmen oder Bücher in 4to cum Basso generali in fol in geschrieben Pergament gebunden und gesprengt ufn Schnit, darinnen seindt folgende autores:

1. Sacri Concentus à 6, 7, 8 u. 12 vocibus Johannis Baptistae Grylli.

---

*) Ich veröffentliche dieses für die Geschichte der Musik interessante Verzeichnis trotz der zahlreich darin enthaltenen Schreibfehler. Zum teil rühren diese Schreibfehler von der Unleserlichkeit des Manuskripts. In weit häufigeren Fällen aber stehen sie schon im Manuskript selbst, dessen Verfasser Joh. Andr. Herbst höchst wahr-

2.. Compositioni armoniche à 1, 2, 3, 4, 5, 6, 8 di Francesco Usper.
3. Motetti et Dialoghi à 5, 6, 7, 8 voc. di Giov. Franc. Capello.
4. Sacrorum Concentuum Joh. Prioli pars prima à 5, 6, 7 et 8 voc.
5 Sacrorum Concentuum Joh. Prioli pars altera à 10 et 12 vocib.
6. Aurea Corona à 10 Di Leon Leonij.
7. Symphonie Sacrae à 6, 7, 8, 10, 11, 12, 13, 14, 15, 16, 17, 19 voci.   Joh. Gabrielis.
8. Canzoni & Sonate à 3, 5, 6, 7, 8, 10, 12, 14, 15, 22.   Joh. Gabrielis.
9. Canzoni da Sonare à 4, 5, 6, 7, 8, 9, 10, 12, 13.   Petri Lappi.

II. Item fünfzehn Stimmen oder Bücher in folio in geschrieben Pergament gebunden gesprenkt uffn Schnitt, darinnen seind folgende autores:

1 Polyhymnia Caduceatris et Panegyrica darinnen Solennische Fried und Freud, Concert à 1, 2, 3, 4, 5, 6, 7, 8, 9, 10, 11, 12, 13, 14, 15, 16, 17, 18, 19, 20, 21, und mehr Stimmen Mich. Pastorii (?).

2 Psalmen Davids sambt ettliche Motetten vnbt Concerten mit 8 und mehr Stimmen Heinrich Schultze.

III. Item Sechs Stimmen oder Bücher in 4to in ge-

---

scheinlich weder die italienische noch die lateinische Sprache kannte. Manche dieser Irrtümer wären ja sehr leicht zu korrigieren gewesen. Bei der Schwierigkeit aber, die rechte Grenze eigenen Hinzuthuns zu finden, entschloß ich mich lieber, das alte Originalheft in möglichster Treue zu reproduzieren und dann später mit Hilfe dieses Leitfadens zu untersuchen, was von diesen Musikalien noch vorhanden ist, und wie die Titel genau lauten.

schrieben Pergament gebunden, grün uffn Schnitt, darinnen seind folgende autores:
1. Sacrae Cantilenae Concertatae à 3, 5 et 6 voci. Darbey sind zu der Ripienen 4 Büchlein in 4to, und für general Bass eines in fol in Plob. Papiere gebunden Di Giovanni Croce.
2. Motetti à 5 voci Di Alessandro Grandi.
3. Sacrarum Cantionum à 2, 3, 4, 5, 6 voc. Liber tertio di Carolo Phylagis.
4. Quinto libro de Motetti à 2, 3, 4, 5 voc. Di Hortensio Polydori.
5. Il primo libro de Concepti à 4 voc Di Jacolomo Finetti.
6. Moteta binis vocibus Concinenda Liber Secundus eiusdem authoris.
7. Sacrae Cantiones binis vocibus liber tertius eiusdem authoris.
8. Sacrarum Cantionum ternis vocibus liber quartus eiusdem authoris.
9. Joannis Lucacilli (?) Sacrae Cantiones à 1, 2, 3, 4, 5 eiusdem authoris.
10. Cantici Spirituales à 1, 2, 3, 4, 5 et 6 voci Di Giov. Franc. Capello.
11. Novo Giardino di Concerti à 4 vocibus di Archangelo Borsaro.
12. Sacri fiori à 2, 3, 4. Primo libro Leon Leonij.
13. Sacri fiori à 1, 2, 3. Secundo libro eiusdem.
14. do. do. à 1, 2, 3, 4. Quarto libro eiusdem.
15. Moteta à 2, 3, 4, voc. Antonis Cifra lib 2.
16. Moteta à 2, 3, 4, vocib eiudcem lib. 5.
17. do. „ „ „ „ 6.
18. Corona di gigli à 1, 2, 3, 4 Fran. Samaruceo.

19. Sacri Concerti à 1, 2, 3, 4, voc. di Franc. Giuliary.
20. do. à duo vocib di Gabrieli Fatonii.
21. Nuovo Giardino à 1, 2, 3, 4 et 6, vocib di Giov. Cavaccis.

IV. Item 16 Stimmen ober Bücher in 4to und der General-Bass in folio in geschrieben Pergament gebunden gesprengt uffn Schnit, darinn seind folgende autores:
1. Pars prima Concertuum Sacrorum à 2, 3, 4, 5 et 10, voc. adiectis Symphonijs autore Samuele Scheidt.
2. Reliquiae Sacrorum concentuum à 6, 7, 9, 10, 12, 13, 14, 16, 18, voci. Georgij Gruberi.
3. Orpheus christianus 5, 6, 7, 8, voc. Hieronymi Bildstein.
4. Sacrorum concentuum ottonis vocibis liber Primus Adamij Gumpelshanerij.
5. Canconi à 4, 5, 6, 7 u. 8. Giovan. Valentinij.

V. Item 6 Stimme oder Bücher in 4to in geschriebn Pergament blaugesprengt uffn Schnitt darinnen seindt folgende autores:
1. Harmonia Sacra à 5 Voci. Carlo Milannzii.
2. Lamentationes à 4 voc. Antonis Burleni.
3. „ „ Dominico Borgo
4. Motectorum, binis ternis quaternis 5, 6, 7, 8. Vocibus liber primus Henrici Pfendneri.
5. Motectorum binis 3, 4, 5, 6, 8. Vocib. liber secundus euisdem autoris.
6. Motectorum binis 3, 4, 5, 6, 7, 8, vocib. liber tertius, euisdem authoris.
7. Psalmo miserere mei Deus concertato a tre voci, con sinfonie Guglielmo Miniscalelij.

8. Coenum armonicum Concentus à 1, 2, 3, voc. Guilhelmi Veneti.
9. Coeli armonici à 1, 2, 3, voc. liber secundus euisdem authoris.
10. Veco di Perle musicale à 2 Adrian Banchieri.
11. Sacri fiori à 2, Giacuto Bondieli.
12. Canconi da Sonare à 2. 4, 7, 8, voci di Guglielmo Lipparino.

VI. Item 8 Bücher ober Stimmen in 4to unb ein§ in folio in blau Papier gebunben barinnen Cantiones Sacrae vocum autore Samuele Scheidt.

VII. Item 8 Stimmen ober Bücher in 4to länglicht unb 1 in folio in geschrieben Pergament geb. uffn Schnitt, barinnen sinb folgenbe autores:

1. Sacrae Cantiones 4. Voc. Flaminii Tresti.
2. Melodiae Sacrae à 5, 6, 8, et 9, vocibus Petri Bonhornij.
3. Fascculus Sacralum Cantionum à 6, 7, 10, 12, voc. Johannis de Tebure.
4. Cantiones 4, 5, 6, 7, 8, voc. Augustini Agazzarij.

IIX. Item 8 Stimmen ober Bücher in 4to in geschrieben Pergament unb grün uffn Schnitt, barinnen sinb folgenbe autores:

1. Manipulus sacrarum Cantionum 5, 6, voc. Valentini Hussmannij.
2. Sacrae Cantiones 4, 5, 6, 7, 8, voc. Bened. Fabri.
3. Psalmi Paenitentiales 6 voc. Joh. Croce.
4. Cantiones Sacrae de festis 4, 5, 6, 7, 8, 10, 11, 12, voc. Joh. Leo Hasleri.
5. Sacrae Symphoniae diverforum authorum 4, 5, 6, 7, 8, 10, 12, 16, voc. Caspar Hasleri.

6. Continuatio Sacrarum Symph. 4, 5, 6, 7, 8, 10, 11, 12, vocum euisdem authoris.
7. Sacri Concentus 4, 5, 6, 7, 8, 9, 10, 12. voc. Joh. Leo Hasleri.
8. Cantiones sacrae de praecipuis festis 5, 6, 7, voc. Hiero Praetorij.
9. Magnificat super 8 tonos einsdem authoris.

IX. Item 9 Stimmen ober Bücher in 4to in geschrieben Pergament gebunden und grün uffn Schnitt, darinnen Musarum Sioniarum Motettae et psalmi Latini 4, 5, 6, 7, 8, 9, 10, 12, et 16, voc. Michaelis Praetorij.

X. Item 8 Stimmen ober Bücher in geschrieben Pergament gesprengt uffn Schnitt, darinnen sind folgende authores:
1. Sacrae Melodiae 4, 5, 6—12 voc. Melch. Franci.
2. Viridarium musicum 5, 6, 7, 8, 9, 10, voc. euisdem authoris.
3. Sacri Concentus à 8 lib ... (?) cum partitura Adami Gumbelhamery.
4. Conconi divers. authorum 4, 5, 6, 8, 12, 16, voc.
5. Psalmi Dividici a Andreae Gabrielis.
6. Matrigalia a euisdem authoris.
7. Flores Musicales 4, 5, 6, 8, Melch. Franci.
8. Intraden a euisdem authoris.

XI. Item 6 Bücher in Pappendeckel gebunden in 4to. Magnificat. 4, 5, 6, 8. Voc. Melch. Vulpij.

XII. Geheſte Bücher.

Threnodiae Daviticae 6 voc. Melch. Franci.

Item Chriſtlich Musicalisch Lustgarten 4, 5, 6, 8, voc. euisdem authoris.

Missae divers. autorum 5 voc.

XIII. Opus novum Musicum Danielis Selichy in fol. geheft seindt 9 Bücher seindt nunmehr in blau Papier gebunden.

Sonatae Concertatae à 2 et 3 sind 4 Bücher in fol. geheftt.

Daris Castello Salmi à 3 et 4 chori Petri Sappi sind 17 Bücher in schlecht Papir geheft.

Motecta et Psalmi 12 voc. et Antonio Cifra.

Item motecta et psalmi 8 voc. euisdem authoris.

- - 2, 3, 4, 6, et 8 voc. euisdem authoris.
- - - 8 vocil. Vincentij Ugelini.
- pars prima Sacrarum moda lat. Laurentij Ratti.
- - secunda, pars tertia euisdem authoris.

Seind 13 Bücher in geschrieben Pergament gesprengt uffs Schnitt.

XIV. Item 4 Stimmen ober Bücher cum Partitura in 4to und folio, Grün und Roth gesprengt und gebunden, darinen zu finden. Promptuarium Musicum I, II u. III. Pars Johannis Donfridi, desgleichen 4 Stimmen cum Partitura in 4to Grün und Roth gesprenget, in altes Compert gebunden, darinnen zu finden: Viridarium Musicum Marianum. Ejusdem authoris.

Verzeichnis des Gymnasiums vom Jahre 1820.

1. Novum et insigne opus Graphei civis Noribergensis 1537.
2. Muthusmus Joh. Ecard, der andere Theil geistl. Lieder 5 Voc.
3. Grylti Joh. Bapt Sacri concertus Venetii 1618.
4. Gletle Joh. Melch. Psalmi Augustae Vindelie 1668.
5. Bernobü Herculis Sacrae Modulationes 5 Voc. 2 Violini Organo Monachi 1691.
6. Monferrato Natale Salmi a due Voci con Violini Venetia 1676.

7. Bassani Battiste motetti à Voce sola con Violini et Organo. Bologna 1690.
8. Bovetta. geo: Salmi 8 Voc. Venetiae 1644.
9. Pii francesco. Salmi 8 Voc: Venetiae 1621.
10. Bazzino Natale. Messe Motetti: 11 Dialogi: 5 Voc. Venetia 1628.
11. Praetorio Sen: Hieronymo Cantiones Sacrae de festis praecipuis totius anni Cantus. Altus, Tenor, Bassus. Sexta Vox. Septima Vox. octav Vox: Defunt X: XII. Francofurti 1623.
12. Briegel Wolf Carl. Musikalische Trostquelle. 4 Singst.: generalbass 2 oder 4 Violen. Darmstadt 1679.
13. Briegel. Evangelisches Josiana. Francfurt 1677.
14. Staden Joh. Haus-Musick. Neuenberg 1646.
15. Leonii Leo. Aureae coronae à 10 Voci.
16. Bellazii Francesco. Messe magnificat. 8 Voc. Part: Venetia 1628.
17. Traditi Horatio: Motetti à 5 Voc. Ven. 1625.
18. Kraf Michael Liber. 1 Sac. Concentuum. Raschachii 1620.
19. Legrenzi Giov: Motetti Sacri à Voce, Sola contre strumenty. Venetia 1692.
20. Giuliani Francesco. Coeleste Mirlanda Venetia 1619.
21. Viredanken Johann: Geistliche Concerten. 234 Stimmen. Basso Cont. Greifswald 1641.
22. Walliser Christoph Thomas. Ecclesiodiae ander Theil. 6 Stimmen. Organo. Strassburg 1625.
23. Sagittarius Heinricus. Geistliche Concerten. 4 Voc. Org. Leipzig 1636.
24. Mestini Johannis. Melismata Sacra. 4 Voc. Org. Norimbergae 1644.

25. Anconicano Jacobo Imetto (?). Motetti Concerti et Psalmi. 4 Voc. Org. Francofurti 1631.
26. Loth Urbanus. Musa melica. Passaviae 1616.
27. Tresti flaminii. Sacrae Cantiones Motectae. Francofurti 1610.
28. Scheidt Samuel. Concertuum Sacrorum pars prima. Hamburgi 1622.
29. Bruscho Lallio. Sacrae Modulationes à 4 Voc. organi. Venetii 1625.
30. Scheidt Samuele. Cantiones Sacrae 4 Voc. Hamburgi 1620.
31. Giuliani Francesco. Celeste guirlanda. Voce sola. Venetia 1629.
32. Cechino Thoma. Psalmi Missa à 5 Voc. Org. Venetii 1629.
33. Staden Johann. Herzens Andachten. Nürenberg 1531.
34. Guiogolzheimer Adam. Lustgärtlein zu 3 Stimmen. Augspurg 1619.
35. Calvo Laurentio. Symbolae diversorum Musicorum. Venetiis 1620.
36. Mulpusinus Joh. Eccard. Geistliche Lieder, erster Theil. 5 Voc. Königsberg 1597.
37. Walliser Christoph Tomas. Ecclescodiae, ander Theil. 6 Voc. ohne Orgelstimme. Strassburg 1825.
38. Haslerus Joh. Leon. Cantiones. Sacrae 6 Voc. 7, 8 fehlen. Norimbergae 1607.
39. Franco Melchiore. Sacrae Melodiae. 7 Voc. fehlt 8, 9. Coburg 1604.
40. Andrea et Gabrieli. Concerti. 12 Voc. Venetia. 1587.
41. Anapha$\mu\mu\alpha\tau\iota\varkappa o\varsigma$. Philomela Angelica. Venet. 1688.

42. Herbst Joh. Andreas. Cantiones. Sacra 5 Voc. et Org. 1623 geschrieben.
43. Sparaciarius Joh. Georg. Lyra Sacrorum Davidis. Concertum. 3 Voc. et Org. Venet. 1628.
44. Berettae Bonaventurae. Clio. Sacrae 4 Voc. 6 u. 9. Venetia 1635.
45. Riccio Joh. Batista Divini Lodi. 4 Voc. Org. Venet. 1620.
46. Leonio Leonis sacrarum Cantionum. 8 Voc. Orgel fehlt. Venetiis 1623.
47. Donati Ignatio. Motetti concertati à 6 Voc. Org. Venetia 1627.
48. Osculati Julii. Sacra omnium Solemnitatum Vespertina Psalmodia 8 Voc. Org. Venetiis 1615.
49. Porta Hercole. Sacra Convitto Musicale. 5 Voc. Org. 2 Viol. 3 Trom. Venet. 1620.
50. Stephanini Joh. Bapt. Motetti Concertat. 9 Voc. et Org. Venetia 1618.
51. Signoretto Aurelio Vespertinae Psalmodia à 5 vel. 9 Voc. Org. Venet. 1629.
52. Ganassa Jacobi Vespert. Psalmodia à 8 Voc. Org. Venet. 1625.
53. Bizarro Academica. Motetti Concertati à 5 Voc. Org. Venet. 1623.
54. Franken Melchior. Musik. Rosengärtlein à 7 Voc. Org. Coburg 1628.
55. Casato Hieronymo. Sacrae Cantiones. à 4 Voc. Org. Venet. 1625.
56. Bernardi Stephano. Concerti Sacri. à 5 Voc. Org. Venetia 1625.
57. Bildstein Hieronymus. Orpheus christianus. 8 Voc. Org. Ravensburgi 1624.

58. Bianchi Cesare. Motetti. 5 Voc. Org. Venetia 1620.
59. Pomassi Biosio. Quaranta Concerti. à 5 Voc. Org. Venet. 1615.
60. Lappi Pietro. Salmi à 3 et 4 chorcon. Org. Venetia 1621.
61. Cistra Antonio. Motetta et Psalmi. 12 Voc. Org. Venet. 1629.
62. Sparaciarii Joh. Georg. Cantus Davidici Concentus. 5 Voc. Org. Venet. 1625.
63. Bernadius Stephanus. Psalmi integri. 4 Voc. Org. Venetiis 1627.
64. Bernadius Stephanus. Psalmi. 8 Voc. Org. Venet. 1624.
65. Staden Johann. Geistliche Gesänge, erster Theil. 12 Voc. Org. Nürnberg 1625.
66. Staden Johann. Geistliche Gesänge. 6 Voc. Org. Nürnberg 1626.
67. Bernardi Stephani. Salmi Concertati. à 5 Voc. Org. Venet. 1637.
68. Kraf Michael Liber. Secundus sacrorum concentuum. 8 Voc. Org. Ravensburgi 1824.
69. Staden Sigism. Theoph. Seelen Musick, erster Theil. Nürnberg 1644.
70. Agazario Augustino. Psalmi ac Magnificat. 8 Voc. Venet. 1615.
71. Bruscho Julio. Missa et Psalmi. 8 Voc. Org. Venet. 1627.
72. Zagatti Francesco armonici Entusiasmi Di Davide 4 Voc. Org. 2 Violini, Alto, Basso, 4 voci Ripieni. Venetia 1690.
73. Agazarius Augustinus. Psalmiae Magnificat. 5 Voc. Org. Venetiis 1615.

74. Lappo Pietro. Sacrae Melodiae. 6 Voc. Org. Antverpiae 1622.
75. Usper Francesco: Salmi Vespertini. 8 Voc. Org. Venetia 1627.
76. Cifra Antonio. Motecta et Psalmi. 12 Voc. Org. Venetiis 1629. Die Tenorstimme des zweiten Chorales fehlt.
77. Milanuzii Carlo Arnonia. Sacra. 5 Voc. Org. Venetia 1622. Tenorstimme fehlt.
78. Scheidt Samuel. Concertuum Sacrorum pars prima. 12 Voc. et Instrumentis. Hamburgi 1612. Organo fehlt.
79. Herbst Andreae. Singanweisung. Nürnberg 1642.
80. Wildmanus Erasmus. Heldengesänge. Rotenburg 1633.
81. Bocchi Antonio. Motetti à Voce pola. Biescia 1629.

Daß vorstehende Musikalien in Gemäsheit Beschlusses Wohllöblichen Allgemeinen Almosen-Kastenverwaltungs-Commission vom 24. Februar l. J. an das Gymnasium wirklich abgeliefert worden, bescheinige ich Nahmens desselben dankbarlichst.

Frankfurt a. M., 25. März 1820.

Fz. Matthiä.
Director des Gymnasiums.

Instrumenta Musicalia.

In die Parfüßer Kirch gehörig.

1. Erstlich ein Quart Posaunen mit ein Krumbögen und Setzstücken, Ist in die Catharin-Kirchen kommen.
2. Item drey gemeine Posaunen, darunter eine in ca die Katharinenkirche abgeholt worden.

3. Item Lauten, welche Joh. Daniel Mylius bei sich in Verwahrung hat.
4. Item ein alter Fagott ober Dulcian.
5. „ „ alter Tenor=Zinken mit einem Schloß.
6. „ „ Baßgeig mit 5 Saiten ist in die Katharinen=kirch.
7. Item ein groß Baßviolon.
8. „ „ Fachott oder Dulcian in Herbstmeß 1626 for 7 Reichsthaler bei Joh. Höffler in Nürnberg gekauft.
9. Item ein gemeine Posaune mit einem Krumbogen und Setzstücken und Futter von Hans Georg (?) für $6^{1}/_{2}$ Thaler gekauft.
10. Ein Theorba von roth Sandelholz sambt einem Fuder (Futteral?) hatte Hans Stechlin Lautenmacher wegen ettliche Gulden Schutzgeld, so. er meinen großgn. Herren (d. i. der Rat) zu thun gewest, in die Bar=füßer Kirche gemacht. Woraus Anno 1625 den 17. December ein Baßlauten gemacht worden ist.
11. Eine neue Quintposaun mit 4 Mundstückchen sambt dem Futteral.
12. Eine neue quart Posaun mit doppelt Aufsatz, uff beide recht zu gebrauchen mit 3 Mundstück sambt dem Futterale.
13. Ein Octavo Fagott Item ein Quint Fagott und ein gemeine Fagott und eine Italienische Plock=Flöte in das Bartholomäus Stift für 30 (??) kauft, sind nunmehr in der Barfüßerkirche.
14. Eine gemeine Posaun so Hieronymus Socall Barbirer in die Kirche verehrt.
15. Ein doppelt Regahl, so in dem Bartholomät Stift für 70 Gulden verkauft wurde, hat Herr Stadtschreiber zu sich genommen.

IV. Kirchen-Musik.*)

Autor.	Kirchen- stücke.	Kirchen-Musik in Partitur und ausgeschriebenen Stimmen.
Kellner	„	auf alle Sonn- und Feiertage im Jahr.
Vierling	„	detti.
Benda.	25	1. 2. u. 4. Advent, 1. u. 2. Christtag, Sonntag nach Neujahr, 1 2. 3. 4 u. 5. Sonntag nach Epiph., Septuagesimä, Sexagesimä, Estomihi, Invocavit, Reminiscere, Oculi, Lätare, Jubica, Palmarum, 1. u. 2. Ostertag, Quasimob., 18. u. 20. n. Trinit.
Homilius	—	auf alle Sonn- und Feiertage vom 1. Advent bis den ersten Pfingsttag.
„	24	1 u. 2. Pfingsttag, Fest Trinit., 1. 2. 3. 5. 6. 7. 8. 9. 10. 11. 12. 13. 14. 15. 16. 19. 20. 21. 22. 23. u. 25. p. Trinit.
Tag	30	1. bis 4. Advent, 1. u. 2. Christtag, Neujahr, Sonntag nach Neujahr, 1. bis 4. Sonntag nach Epiph., Septuag., Sexag., Oculi, 1. Pfingsttag, Fest Trinit., 1. 3. 4. 5. 7. 8. 9. 11. 12. 15. 21. 22. u. 33. p. Trinit.
Wunsch	48	3. u. 4. Advent, 1. Christtag, Neujahr, 1. bis 4. nach Epiph., Septuag., Sexag., Invoc., Reminisc., Oculi, Lätare, Jubica, Palm., 1. u. 7. Ostertag, Quasimodog., Misericord. Dom., Jubilate, Cantate, Rogate, 1. u. 2. Pfingsttag, Fest Trinit., 1. bis 13. 15. 17. 18. 19. 20. 21. 22. 23. 24. nach Trinit.

*) Ich gestehe, daß ich die Bedeutung und den Wert dieses Verzeichnisses aus dem 18. Jahrhundert nicht vollkommen verstehe. Ich druckte es aber dennoch ab, weil ich glaube, daß es für Musikkenner zur Beurteilung unserer Kirchenmusik von Wichtigkeit sein könnte.

Verzeichnis der Musikalien in den Frankfurter Kirchen. 335

Autor.	Kirchen- stücke.	Kirchen-Musik in Partitur und ausgeschriebenen Stimmen.
Würbach	52	1. bis 4. Advent, 2. Christtag, Neujahr, Sonntag nach Neujahr, 1. bis 4. Sonntag nach Epiphan., von Septuag. bis 23. Sonntag nach Trinitat., sodann 24. u. 25. Sonntag nach Trinit.
Agricola	2	auf Oculi und Pfingsten.
Dotes	5	Christtag den 2. 23. u. 33. Psalm und ein Magnificat.
Fischer	13	Wahl und Krönungsmusik auf Estomihi, Ostern, 2 auf Himmelfahrt, 1. u. 2. Pfingsttag, 6. 15. 16. 17. nach Trinit., Ernte- u. Dankfest, Cantate.
Gehra	4	Christtag, Ostern, Himmelfahrt, Pfingsten.
Glaser	14	Christtag, Neujahr, Sexag., Exaudi, 3. 12. 13. 14. 15. 18. 19. 20. 21 u. 26. nach Trinit.
Gölzer	24	Auf 1. Advent, Epiphan., 1. 2. u. 3. nach Epiphan., Septuagesimä, Estomihi, Invoc., Reminiscere, Oculi, Lätare, Judica, Palmar. Ostern, 2. 4. 6. 7. 8. 9. 10. 11. 15. nach Trinit.
Graf	4	2 Friedens-Cantaten u. den 26. u. 98. Psalm
Graun	—	Oratorium, der Tod Jesu.
Graupner	12	auf Neujahr, Palm-Sonntag, Ostern, Jubilate Cantate, 2. 3. 7. 22. u. 23. n. Trinitatis, Himmelfahrt.
Hofmann	27	auf den 1. Advent, 1. u. 2. Christtag, Estomihi, Reminiscere, Misericord., 2 auf Himmelfahrt, 1. u. 2. Pfingsttag, Fest Trinit., 1. 2. 3. 4. 5. 6. 8. 9. 10. 11. 12. 13. 16. 17. 18. nach Trinit. Festo purific. Maria.
Händel	—	Te Deum Laudamus.
König	2	Cantate des 50jährigen Jubiläums bei Einweihung der Armenhäuser-Kirche und 1 auf den 18. n. Trinit.

5. Anhang.

Autor.	Kirchen-stücke.	Kirchen-Musik in Partitur und ausgeschriebenen Stimmen.
Möller	5	auf den 1. Advent, 1. Christtag, 2 auf 1. Pfingsttag, 14. u. 20. Sonntag auf Trinit.
Rolle	—	Oratorium, der Tod Abels.
Seibert	42	auf 1. 3 u. 4. Advent, 1. u. 2. Christtag, Palmar., 1. u. 2. Ostertag, Chor auf Ostern, Quasimod., Misericord., Himmelfahrt, 1. u. 2. Pfingsttag, Fest Trinit., 1. 2. 3. 4. 6. 7. 10. 13. 15. 16. 17. 18. nach Trinit., Cantate auf die Einweihung der 100jähr. Jubelfeier der St. Katharinenkirche, Jubiläums-Cantate des Herrn Pfarr. Scheidt, Cantate des 100jährigen Jubiläums des Armenhauses, Cantate des Dank- u. Bettags 1784, Cantate auf die Progression, Trauer-Cantate, 6 Ernt- u. Dankfest-Cantaten, worunter eine mit doppeltem Chor u. in doppctchör. Musik auf den 1. Advent.
Telemann	37	auf den 1. 2. u. 3. Advent, 1. Christtag, Sonntag nach Christtag, Neujahr, Sonntag nach Neujahr, 1. 2. 3. 4. 5. 6. Sonntag nach Epiph., Septuag., Sexag., Estomihi, 2 auf den 1. Ostertag, 1 auf den 2. Ostertag, Misericord. Cantate, Exaudi, 1. u. 2. Pfingsten, Fest Trinit., 1. 4. 5. 6. 16. 17. 18. 19. 20. 21. 22. u. 23. n. Trinit.
Trier	1	Auf das Fest Trinit.
Westenholz	1	Cantate, die Hirten bei der Krippe.
Wolff	3	1 Oratorium, Himmelfahrt u. Fest Trinitat.

Verzeichnis der Musikalien in den Frankfurter Kirchen.

Autor	Partit.	Kirchen-Musiquen von welchen nur die Partituren vorhanden.
Benda	26	nehmlich auf die 3 Advent, Neujahr, Fest Epiphan, Miseric., Fest Trinit. 1. 2. 3. 4. 5. 6. 7. 8. 9. 10. 11. 12. 13. 14. 15. 16. 17. 18. 19. 20. 21. 22. 23. u. 24 n. Trinit. NB. In diesem Jahrgang fehlt der 20. n. Trin.
Homilius	4	der 4. 17. 18, u. 24. Sonntag n. Trinit.
Tag	80	der 5. Sonntag nach Epiph., Estomihi, Invocavit, Reminiscere, Lätare, Judica, Palmarum, 1. u. 2. Ostertag, Quasimodog., Miseric., Jubil., Cantate, Rogate, Himmelfahrt, Exaudi, 2 Pfingsten, 2. 6. 10. 13. 13. 14. 16. 17. 18 20. 24. 25. u. 26 n. Trinit. In diesem Jahrg. fehlt der 1. u. 3. n. Trinit.
Wunsch	6	auf den 2. Advent, 2. Christtag, Estomihi, Himmelfahrt, 14. u. 16. Sonntag auf Trinit. In diesem Jahrgang fehlt der 1. Advent u. Exaudi.
Würbach	3	auf den 1. Christtag, Fest Epiph. u 23. n. Trinit.

Nachtrag.

Autor.	Kirchen-stücke.	Kirchen-Musik in Partitur und ausgeschriebenen Stimmen.
Bach	1	Cantate, eine feste Burg ist unser Gott.
Bindernagel	1	Pfingst-Cantate.
Bruckmann	1	auf den 2. Sonntag nach Trinit.
Cretschmann	1	auf den Sonntag Rogate.
Hiller	1	auf den Sonntag Rogate.

5. Anhang. Verzeichnis der Musikalien in den Frankf. Kirchen.

Autor.	Kirchen-stücke.	Kirchen-Musik in Partitur und ausgeschriebenen Stimmen.
König	7	Pfingsten, 7. Sonntag nach Trinit., Ernd- u. Dankfest, Cantate bey Einweihung der neuen Orgel in der Barfüßerkirche, Cantate des 100jähr. Jubelfestes 1730, Cantate des Friedensfestes 1757 u. der 113. Psalm.
Krebs	1	Dank-Cantate.
Mahra	1	Pfingsten.
Rahmo	3	auf Rogate, Cantate u. Exaudi.
Tag	1	Ernd. u. Dankfest.
Tellmann	1	Festo Visitat. Mariae.
Würbach	2	auf Himmelfahrt u. Fest Trinit.
N. N.	5	auf den 4. Advent-Sonntag nach Christag, Ostern, 14. Sonntag nach Trinit., Ernd- u. Dankfest.

Autor.	Partit.	Kirchen-Musik von welcher nur die Partitur vorhanden.
Glaser	10	auf Christtag, 6. Sonntag nach Epiphan., 2 Lätare, Invoc., Jubica, Oculi, Ostern, Quasimodog., Palmar.
Graupner	1	11. Sonntag nach Trinit.
Graf	1	Cantate.
Hofmann	9	auf Estomihi, Invocavit, Reminiscere, Oculi, Lätare, 1. 3. 4. 7. Sonntag nach Trinit.
Krebs	1	Cantate.
N. N.	3	Cantaten: des Herrn Arth ist wunderbarlich.
		„ sey stille Welt.
		„ singet nun ein ander
Stöps	2	auf den 1. Advent u. 98. Psalm.
Telemann	1	auf Christtag.
Tag	3	Dank-Cantate, Sonntag nach Christtag und Geburtstags-Cantate.

Druck von Emil Herrmann senior in Leipzig.

www.ingramcontent.com/pod-product-compliance
Lightning Source LLC
Chambersburg PA
CBHW030303240426
43673CB00040B/1049